董子峰◎著

大结构

大转折时代大国博弈方式与方法

THE GRAND STRUCTURE

THEORY OF THE GREAT POWER GAME
AT THE TURNING POINT OF WORLD ORDER

人民出版社

策划编辑：侯　春
责任编辑：侯　春
版式设计：严淑芬
封面设计：林芝玉
责任校对：余　佳

图书在版编目（CIP）数据

大结构：大转折时代大国博弈方式与方法／董子峰　著 . — 北京：
　人民出版社，2020.8（2020.9 重印）
ISBN 978－7－01－021933－2

I.①大…　　II.①董…　　III.①国际政治－研究　　IV.① D5

中国版本图书馆 CIP 数据核字（2020）第 037581 号

大结构

DA JIEGOU

大转折时代大国博弈方式与方法

董子峰　著

人民出版社 出版发行

（100706　北京市东城区隆福寺街 99 号）

中煤（北京）印务有限公司印刷　新华书店经销

2020 年 8 月第 1 版　2020 年 9 月北京第 2 次印刷
开本：710 毫米 ×1000 毫米 1/16　印张：20.5
字数：230 千字

ISBN 978－7－01－021933－2　　定价：70.00 元

邮购地址 100706　北京市东城区隆福寺街 99 号
人民东方图书销售中心　电话（010）65250042　65289539

目 录
CONTENTS

下卷　大国策

致读者

　　此书付梓距定稿已过去两年。在这段不长也不短的日子里，世界风云变幻，天下大势浩浩荡荡：特蕾莎·梅黯然下台，英国如愿"脱欧"；俄罗斯站稳叙利亚，美国进退维谷；美军定点清除苏莱马尼，美伊对抗升级；日本持续推进"正常化"，加速南下步伐；朝鲜重启"超强硬对强硬"，朝鲜半岛走向捉摸不定。还有，北约"东扩"马不停蹄，美俄在波罗的海大秀肌肉，中美贸易战打打停停，中东乱局加剧动荡，北极"暖流"暗流涌动，大国纷纷陷入"战略贫困"……世界格局一如本书预言快速演变，但我丝毫不感到庆幸，因为我们刚刚经历了一场灾难。

　　记得一位深陷武汉疫区的作家说过：灾难文学的唯一伦理，就是反思灾难。人是被自己打倒的。人一旦解除了思想武装，疏于防范，灾难来临是迟早的事。大国兴衰更替有自己的逻辑和法则。本书一个重要使命，就是揭示大国何以崛起不易，复兴更难！假如这本小册子早点面世，让国人看到民族复兴之艰辛，听到"生于忧患，死于安乐"的呐喊而警醒，或许可以远离这场灾难。但，历史没有假如。

大国博弈史表明，大国崛起从不在吵吵嚷嚷中发生。但凡登上世界民族之林巅峰的，都是那些以低调为自信，善于战略反思，把握先机、埋头苦干的民族。大国崛起的唯一逻辑，就是赢得结构优势。然而，我们这个大转折时代充满不确定性，一着不慎就可能中止优势积累而出局。但愿我们这代人多一点忧患，能让中华民族的子孙后代少一点苦难。

出于对历史的敬畏，本书正文保持了原样。的确没有改动的必要，因为两年前写下的文字，已然穿越时空隧道，与当今世界的脉搏相吻相合。

董子峰

2020 年 4 月 4 日

序论

上有天地之象，次有帝王之治，中有五霸之权，下有战国之事，览其得失，古今略备。

——班　固

有两种伟大的事物，我们越是经常、越是执着地思考它们，心中就越是充满永远新鲜、有增无减的赞美和敬畏，那就是我们头上的灿烂星空和我们内心的道德法则。

——伊曼努尔·康德

但凡从冷战走过来的人，相信都不会忘记那个年代的腥风血雨。作为东西方对抗的直接后果，生活在这颗星球上的每一个人，无论你有意识还是无意识，都不得不选边站队，或东或西，二者必居其一。即便是自诩的中立者，也会不时地出现在某个阵营的呐喊人群之中。冷战结束仅仅 29 年，地球人仍会强烈地感受到时代的巨大变迁。导致时代巨变的动因当然难计其数，但在人们脑海中沉淀下来的寥寥无几，而苏联解体当属头号集体记忆。①

一个国家解体，即刻改变时代。把如此断言与发生在一国内部的民族分裂扯在一起，似乎有点牵强附会。但只要回眸 1991 年圣诞节之后发生的世界大事，你就无法割断它们之间的因果链：北约东扩，美国"重返亚太"，世界向东看，高技术局部战争，国际金融危机，"9·11"事件，"颜色革命"，乌克兰危机，叙利亚内战，伊核、朝核危机，网络经济，APEC，G20 峰会，还有伴随着苏维埃联盟大厦崩塌出现的科技突破——基因重组、纳米材料、深空探测、云计算、物联网、大数据、区块链、机器人，以及 AlphaGo、AlphaZero……无须一一罗列，它们已足以编织一条贯穿后冷战时期人类活动的主线。

的确，这一切都与苏联解体有关，不论你是否认同这一点。当然，我无意美化国家解体这样的悲剧，尤其不想美化一场早已危机四伏、迟早要爆发的地缘政治灾难。② 与之相反，当反思这个旦夕

① 2016 年 12 月 21 日，在苏联解体 25 周年前夕，俄罗斯总统弗拉基米尔·普京的发言人德米特里·佩斯科夫表示：普京总统对苏联解体所持观点并无变化，即这是一场灾难，但恢复苏联已无可能。佩斯科夫说："普京仍然认为，对曾居住于同一联盟国家屋檐之下的各民族而言，这不啻为一场灾难。这是一场令我们的发展进程大幅倒退的灾难。"同日，《今日美国报》网站刊登题为《25 年之后，苏联解体的 7 个冲击波》的文章称，普京表示，苏联解体是"20 世纪头号地缘政治灾难"。

② 1935 年 6 月 23 日至 7 月 21 日，应联共（布）中央邀请，法国作家罗曼·罗

间改变一个国家乃至整个世界命运的历史事件时，我还惊奇地发现了它的另一个副产品，即大国对抗本身也被彻底改变了。人们应该注意到，自从那场可以用美国大获全胜去形容的你死我活的世纪大对抗，最终以苏联解体、华约不复存在而告终之后，对抗，这个曾在大国政治舞台上领衔担纲的重角，好像一下子"失联"了。

时下，和平与发展被奉为时代主题，"合作共赢"成了口头禅而风靡一时。大国们都在忙于构建"新型关系"，美国、中国、俄罗斯皆声称"不冲突、不对抗、相互尊重与合作共赢"。俄罗斯与美国、欧洲相互开放天空，各家都可以派侦察机到对方领空转一转①，美俄还隔三岔五地搞一搞联合军演。俄罗斯为了参与北约导弹防御计划绞尽脑汁，弗拉基米尔·普京甚至说"导弹防御系统建设没有中国的参与是不完整的"。更耐人寻味的是，美军"环太平洋2012"海上联合演习破天荒地首次吸纳俄罗斯、印度等中国周边国家参加，而演习目的则是检验和完善以美国为主导的地区危

兰访问莫斯科。其间，他坚持写日记，回到法国后，又对日记加以仔细的审订，并加写了一个很长的后记。罗曼·罗兰在他的底稿扉页上郑重写明，这份日记包括其中的任何段落，都只能在 50 年（注明自 1935 年 10 月 1 日算起）后才能公开。他在日记中记录了苏联的弊端，准确预见了 50 年后将要发生的事情。参见严秀：《读罗曼·罗兰〈莫斯科日记〉》，载祝勇编：《重读大师》，人民文学出版社 1999 年版，第 100—142 页。

① "开发天空"倡议由时任美国总统德怀特·艾森豪威尔于 1955 年 7 月 21 日在日内瓦峰会上首次提出，是美国人释放的战略烟幕。其背景是 20 世纪 50 年代，美苏核竞赛愈演愈烈，同时，双方开始启动恢复军备控制和裁军谈判。为了掌握苏联军事能力和意图的可靠数据，美国中央情报局启动了 U–2 侦察机研制计划，并于 1955 年 8 月首飞。尽管"开发天空"倡议遭到了苏联领导人尼基塔·赫鲁晓夫的拒绝，但 1 年后的 1956 年 7 月 4 日，美国的 U–2 侦察机开始执行对苏侦察任务，单方面穿越苏联的领空。1992 年 3 月，为促进各国互信，完善军事监督机制，欧洲安全与合作组织 27 个成员国签署开放天空条约，俄罗斯于 2001 年 5 月加入该条约。目前，成员国已增至 34 个。参见斯蒂文·L. 瑞尔登：《谁掌控美国的战争》，许秀芬等译，世界知识出版社 2015 年版，第 168—173 页。

机应对模式，尽管中国也被邀去观摩。①2012 年 9 月，正当日本政府"购买"钓鱼岛事件闹得满城风雨，中日两国剑拔弩张的关键时刻，一向自诩对钓鱼岛问题不持立场的美国，立刻派出时任国防部部长莱昂·帕内塔闪电访问日本、中国。他在东京高调宣布将在日本西南方向部署第二套 X 波段预警雷达②后仅仅十几个小时，又在北京盛情邀请中国参加"环太平洋 2014"海上联合军演……够了，这个世界哪里还有什么对抗！分明就是一个以美国为中心的"和谐"大家庭嘛。真不知道美国人冥冥之中的安全威胁来自谁家，信誓旦旦防御的对象又是何方神圣！

　　一场改变世界格局的对抗最终改变了对抗自己。这让人始料未

---

　　① "环太平洋"系列海上演习始于 1971 年，每 2 年举行一次，截至 2017 年已经进行了 25 次。该演习是美军在太平洋地区组织实施的最大规模多国海上联合军演，旨在拓展美与相关国家间的军事合作关系，强化美在亚太地区的军事存在。2012 年 6 月至 8 月，"环太平洋 2012"联合演习在美国夏威夷海域进行，美国、澳大利亚等 22 国海空力量参加，总兵力达 2.5 万人，创历史之最。俄罗斯、印度等国首次受邀参加演习，中方派人观摩。在美国战略重心东移的大背景下，此次演习在参演国数量、投入装备及演练科目等方面，均作了精心设计与安排，比如检验"空海一体战"作战构想。此后，中国应邀参加 2014 年、2016 年环太平洋军演。

　　② 美军在日本部署的 X 波段雷达是一种车载式陆基反导预警和引导雷达，工作频率 10GHz，探测距离 3500—6000 千米，对弹道导弹的最大探测距离为 4000 千米，能实施 360 度方位、0—90 度俯仰全空域跟踪，可覆盖朝鲜半岛全境和中国东部沿海地区。整套系统可在公路上机动部署，也可由 C-5、C-17 等战略运输机空运。该雷达于 2014 年 10 月部署在日本西南部京都府京丹后市的经岬基地，同年年底投入使用。X 波段雷达是导弹防御系统的重要组成部分，能够精确识别、跟踪弹道导弹目标，侦获的目标信息可传送至日本航空自卫队"佳其"指挥控制系统，为美日联合反导行动提供情报保障。此前，美军曾于 2006 年在日本北部的青森县车力基地部署 1 部该型雷达。第二部 X 波段雷达投入使用后，可对拦截导弹实施接力引导，有效解决"宙斯盾"舰载雷达引导距离有限等问题，提升美日反导预警能力；而且，使美军在西太平洋地区的陆基 X 波段雷达增至 3 部，从而构建了北起东北亚、南至菲律宾，覆盖整个第一岛链的常态化"导弹预警弧"，体现了美国推进"亚太再平衡"战略的决心。

及，但又不得不定神料想。毫无疑问，我指的不是对抗功能、对抗强度和对抗频率，而是对抗方式。天晓得，一个因为强大对手的存在而逐步强大起来的拳击手，某一天早晨一觉醒来突然发现对手不见了；并且，他还未走下擂台便被告知：从今往后，你就是这个世界上独一无二的拳坛霸主。那将会是什么样的感觉？或许，对此感受最深的莫过于美国人。自从把苏联撕成碎片扔下擂台之后，美国再也没能遇到一个势均力敌的对手，浑身蛮劲使不出不说，无论在伊拉克、阿富汗还是在利比亚、叙利亚，博弈的残局还都很难看。特别是与北约联手处置不断升级的乌克兰危机时，同一个擂台，同一个对手，同一套拳法，却再也无法重演 20 多年前那幕不战而胜的压轴大戏。曾经屡试不爽的政治施压、经济制裁、军事威慑、外交斡旋乃至道义审判，在扑朔迷离的欧亚大陆面前突然玩不转了——那个始终保持持枪姿势走路的斯拉夫人未放一枪一弹，愣把克里米亚半岛收入囊中，重新圆了彼得一世、叶卡捷琳娜二世的百年梦。① 这一闷棍打得美西方晕头转向，重心顿失，以至于"重

---

① 俄罗斯总统普京的走路姿势令西方人着迷。他们经过研究，认为普京走路时右手始终不离右边裤袋的原因，与他出身克格勃有关，是长期持枪留下的习惯性动作。俄国沙皇彼得一世在遗嘱中写道："尽可能迫近君士坦丁堡和印度，谁统治那里，谁就将是世界真正的主宰。"他要求俄罗斯后人沿波罗的海不断向北扩张，并沿黑海向南扩张，在黑海边上建立船坞，在黑海边和波罗的海沿岸攫取小块土地，"这对实现我们的计划是倍加必要的"。叶卡捷琳娜二世对彼得大帝的用意心领神会，对法国挑起俄土战争的企图不以为然，甚至想将计就计，借机实现彼得大帝"兼并富饶的克里米亚，通向黑海和达达尼尔海峡，削弱土耳其的实力，占领东正教的诞生地——君士坦丁堡城"的旧梦。1774 年 7 月，经过长达 6 年的鏖战，俄罗斯与土耳其在库楚克—开纳吉缔结了和约。俄罗斯得到亚速海沿岸的一些要塞、布格河与第聂伯河之间的大草原，以及进入黑海和爱琴海的通道，把克里米亚汗国置于俄罗斯的保护之下，并得到 450 万卢布的赔偿。1787 年 1 至 7 月，叶卡捷琳娜二世用了半年时间巡幸克里米亚，震惊了欧洲。参见罗炜：《战略构想》，解放军文艺出版社 2005 年版，第 104—107 页；另见卡·瓦利

返大西洋"的沉渣泛起，甚至出现"冷战 2.0 版"已经降临的幻觉。但具有讽刺意味的是，恰恰就在这个克里米亚半岛上，当年以美国为首的西方暗中联手，裹挟苏联开启了彻底终结两极对抗的历史进程，迎来了重塑世界秩序的大转折时代！①

作为大国对抗的一个范式，冷战已经留在了米哈伊尔·戈尔巴乔夫以前的岁月里。现如今，膀大腰圆的山姆大叔腰缠金腰带独步擂台，时不时抡起铁拳秀秀肱二头肌，即便有那么几个不识相的家伙执意上台叫板，就像萨达姆·侯赛因、奥马尔·卡扎菲、本·拉登之流，也用不了几个回合就被打得满地找牙，最后落个死无葬身之地。然而，我要说的是，擂台上的平静并不代表擂台下没有挑战者，正面搏杀的减少并不意味对抗的消亡。人类正站在十字路口，一切皆不确定。唯一可以确定的是，大国对抗已不再是原来的样子。换言之，假如人类追逐功利不会停止的话，那么，大国对抗将不会按照人们迄今为止所熟悉的模式进行：既不会是热战的卷土重

舍夫斯基：《风流女皇——叶卡捷琳娜二世传》，姜其煌、濮阳翔译，新疆人民出版社1995 年版，第 210、243 页。

① 1991 年 8 月 18 日，正在克里米亚海滨小镇索契度假的苏联最高领导人米哈伊尔·戈尔巴乔夫的所有通信联络被切断，他遭到软禁。以美国为首的西方国家一致认为这场政变是非法的，并且拒绝同密谋发动政变者打交道。政变持续 3 天即告失败，史称"8·19"事件。尽管从政变到苏联解体还有几个月时间，但"8·19"事件后，叶利钦宣布取消苏联共产党、没收苏联共产党全部财产、解散苏联人民代表大会等等，苏联从此走上了不归路。1991 年 12 月 8 日，叶利钦与乌克兰、白俄罗斯领导人签署协议，成立独立国家联合体，决定解散苏联，并电告美国总统乔治·布什。1991 年 12月 25 日，戈尔巴乔夫在向美国总统老布什打电话致圣诞节祝福之后，向叶利钦移交了核密码，并签署终结苏联存在的命令。戈尔巴乔夫在告别演说中称，冷战、军备竞赛和国家军事化让苏联经济陷入瘫痪，扭曲了苏联的思想，削弱了士气；并称世界大战的威胁已经不再。参见约翰·刘易斯·加迪斯：《冷战》，翟强、张静译，社会科学文献出版社 2013 年版，第 296—298 页。

来，也不会是冷战的简单重复。

值得指出的是，我从不怀疑"无核世界""和谐世界""世界共同体"等人类新愿景的良好初衷，尤其是对那些怀有"和平崛起"梦想的新兴国家的巨大诱惑，但对抗的异变肯定有其更为复杂的动力学机制。否则，对抗之魔就不会在世界和平力量的围剿下无处逃遁时脱胎换骨：当人们自以为可以更多地使用合作手段解决利益冲突时，对抗却以更柔和、更残酷的方式获得新生，成为一切怀有控制、超越或击败他国野心的大国的利器而被玩得炉火纯青！从这个角度看，完全可以把美国战略东移，北约东扩，日本南下，俄罗斯、印度、越南"向东看"，以及美国的"亚太再平衡"、航行自由、颠覆性技术，认定为软对抗、暗对抗、巧对抗，即一种基于新的博弈原理的大国对抗模式。可是，无论怎样认定它们，都无法让人们感到轻松，因为传统对抗模式的消失并不意味着大国对抗的终结，它只不过是以更复杂、更隐蔽、更具穿透力的方式侵入国家有机体和国际社会罢了。经过地缘政治、自由经济和信息技术华丽包装的大国博弈，将更多地以非传统、非典型的方式展开。也就是说，人们在越来越难以看到那种两大阵营公开对抗的同时，肯定会感受到大国间政治、经济、军事、文化和技术暗中对抗的骤增。甚至，对抗将更多地以合作的形式出现，让你自己蒙上自己的眼睛，这才是要害之所在。但问题是，不管以何种方式对抗，对抗终究是对抗，方式的改变并不妨碍对人性的遵循。至于对抗的新原理，假如我说出的上半句是"将不再是围绕现实利益要素的零和博弈"的话，那么，下半句就应该是"为了潜在利益提前布局而赢得结构优势的结构对抗"，即基于"一加一大于二"有利态势正反馈的"结构中心战"，简称"结构战"。

　　大国对抗方式的异变，以及由此引发的大国博弈方式与方法的大异变，已然摆在世人面前。现在人们所能做的，就是厘清为何异变、如何异变以及何以应对异变。如是，这便是本书的逻辑起点。作为对大转折时代大国博弈特殊性的回应，揭示结构战的基本原理、阶段划分、展开方法，为新兴大国"和平崛起"提供行动路线图，也就成了本书的逻辑必然和最终落点。

写于苏联解体 26 周年前夕

2017 年 12 月 24 日

上卷

大格局

相互竞争的阵营通过自我定义形成自我。

——亨利·基辛格

大国政治的根本挑战在于主要国家间实力消长最终带来的体系稳定难题，当一个国家在实力上超过其他强国一截而直追主导国家时，往往意味着一个决定体系内所有国家命运的危险时期到来了。

——肯尼迪·华尔兹

卷首语

千百年来，人类沉迷于大国崛起的无尽追梦，战略构想的推陈出新似乎成了摆脱生存与发展困境的灵丹妙药。从"田中奏折"到"德皇雄图秘著"再到"彼得一世遗嘱"，那些把个人野心和民族雄心巧妙地糅合在一起的风云人物，都曾为其子孙后代留下了影响至深至远的战略遗产，尽管有的最终成为导致战争甚或国家灭亡的路线图。但如今，已经没有哪个战略构想可以独领风骚，也没有哪个战略理论能够经久不衰。

时下，战略创新层出不穷，让人眼花缭乱。布鲁金斯学会、兰德公司和俄罗斯战略研究所都会不时地发布战略研究新产品，战略被赋予太多的内涵与外延而让人捉摸不透。五颜六色的战略设计在使大国战略变得云谲波诡的同时，失去了穿越时空的定力。美国历届总统一向谁也不买谁的账，自会如期推出自己的战略主张。一反小布什政府"先发制人"的"莽撞"做派，贝拉克·奥巴马大打"巧实力"牌，可没玩几天就宣布"重返亚太"，紧接

着又抛出"亚太再平衡",并力推 TPP ①。扯起"美国人优先"大
旗而赢得总统大选的唐纳德·特朗普,上台后第一个动作便是废
掉 TPP,随后又宣布退出应对全球气候变化的《巴黎协定》,貌
似要把前任自鸣得意的政治遗产统统扔进垃圾箱。尽管俄罗斯人
的"战略话语"并不多,却带着悠悠的斯拉夫情结,一口气在高
加索地区打了 3 场局部战争。正当英国媒体因"别斯兰人质事件"
而担心普京的政治命运时,曾经大胆预言"美国将解体并被大卸
六块"的俄罗斯学者伊戈尔·帕纳林再次放出狠话:由普京挂帅
的欧亚联盟将在圣彼得堡成立统一议会领导全世界。② 这一战略
暗示让全世界目瞪口呆!而就在美国"战略东移"能否如愿以偿
还是一个天大的问号时,俄罗斯、印度、越南却都毫无顾忌地随

---

① 跨太平洋伙伴关系协定(Trans-Pacific Partnership Agreement,TPP),其前身
是跨太平洋战略经济伙伴关系协定(Trans-Pacific Strategic Economic Partnership Agree-
ment)。它是由亚太经济合作组织成员中的新西兰、新加坡、智利和文莱 4 国,于 2002
年开始酝酿的一组多边关系的自由贸易协定,原名叫亚太自由贸易区,目的是促进亚
太地区的贸易自由化。美国为推行"重返亚太"战略,只是"借壳上市"。目前,日本、
韩国已加入 TPP 谈判,中国被排除在外。但唐纳德·特朗普上台后,在第一时间决定
美国退出 TPP。没有美国参与的 TPP 命运如何,有待观察,尽管日本等国有意将 TPP
进行到底。

② 2009 年 4 月 1 日,俄罗斯知名学者兼俄外交部高级顾问伊戈尔·帕纳林在
接受俄《消息报》采访时,大胆预测此后 10 年国际地缘政治走势。他预言:由普京领
导的强大的"欧亚联盟"即将诞生。到时候,欧亚联盟范围内将统一货币、在圣彼得
堡成立统一议会,领导全世界。帕纳林强调,他的预测绝对不是愚人节的笑话。其实,
早在 2006 年,帕纳林就因对美国黯淡未来的预言而走红。当时,他预测,在大量移民
涌入、持续经济衰退和道德沦丧等问题的影响下,2009 年秋季,美国将不可避免地爆
发内战。届时,美元必会大幅贬值。而在 2010 年六七月,美国将分裂为"六大块",
阿拉斯加州定会重归俄罗斯所有,得克萨斯州会成为墨西哥的殖民地等等。当然,美
国并没有按照帕纳林设定的路径和节奏走,美国依然是美国。尽管帕纳林的预言不太
靠谱,但当普京再次登上俄罗斯总统宝座时,世人对这位目光睿智、步伐坚定的斯拉
夫人,多少有那么一点期许。

风起舞，也纷纷宣布"东进"。① 当俄罗斯不动声色地从高加索挥师南下剑指地中海，顺道介入乌克兰、叙利亚问题时，整个西方愕然不知所措，甚至不相信那是俄式"搂草打兔子"。② 但在普京铁腕收复克里米亚之后，美西方不得不从匆忙"东进"的路上紧急掉头，大兵压境波罗的海。这与其说是西方政治大佬们的幡然醒悟，还不如说是更加举棋不定了。

　　这就是后冷战时期的大国战略。它就像一道戴在急功近利的人类头上的金箍。在利益魔语的诅咒下，人们只能乖乖地言听计从，按照它的指引忽东忽西、忽左忽右，行踪飘忽不定。

---

　　① 美国的"战略东移"是一个战略体系，包括重返亚太、亚太再平衡、印太两洋融合等战略构想。与其说它是一个地缘政治安排，还不如说是冷战后重塑世界格局的大战略构想。在美国东进的影响下，其他大国纷纷作出各种反应，尽管各自的打算不尽相同。2012 年，俄罗斯借承办 APEC 峰会宣布转身"融入亚太"，并为 APEC 峰会投资 230 亿美元，规模超过了 2014 年索契冬奥会。印度的"向东看"包括提出两洋战略，与越南建立战略合作关系染指南海，参与美、日、菲主导的区域军事演习等。越南的"东进"以 1996 年越共八大提出"走向亚太"为标志，着力改善越美关系，发展与日本、韩国、澳大利亚、新西兰等亚太国家的经贸关系，积极参与亚太事务。具体行动包括领土、岛屿蚕食，南海油气田开发、常态化军事巡逻，支持和配合印度"东进"，加强与美、日、印、菲等国的军事合作等。

　　② 这包括 2 次车臣战争和 1 次俄格战争。第一次车臣战争爆发于 1994 年 12 月 11 日，1996 年 8 月 31 日停火，车臣获得非正式的独立地位。第二次车臣战争爆发于 1999 年 8 月。2000 年 2 月 28 日，俄罗斯控制了绝大部分车臣土地，获得了胜利。俄格战争爆发于 2008 年 8 月。武装冲突结束后，在俄罗斯支持下，南奥塞梯与阿布哈兹宣布独立，但二者的独立地位至今未得到广泛认可。这次冲突为俄罗斯确立"战略核遏制"理论提供了依据。当时，俄格发生武装冲突后，美国与北约坚定地站在格鲁吉亚一边，并把军舰开进黑海，对俄施加威慑的战略意图十分明显。俄格武装冲突使俄罗斯领导人认识到，俄军常规力量的战斗力仍不足以遏制和打赢地区战争，因此，必须把核武器定位为遏制大规模战争与地区战争爆发的重要因素，把非战略核武器重新纳入"核遏制"战略手段的范畴。这一思想成为俄罗斯在 2010 年颁布的新军事学说的核心。该学说认为，俄罗斯必须在境外用兵，与美国为首的北约组织开展全球作战，进行全球地缘政治—军事博弈，才能有效维护俄罗斯的国家利益。

要谈论战略理论创新，不能不提到美国的智库。在美国，智库一直被誉为高层决策的"外脑"、学界与政界交流的"旋转门"、外交官的"孵化箱"和战略研究报告的"增值器"。① 素有"智库一条街"之称的华盛顿"K街"，是美国内外政策构想的重要诞生地，思者云集，颇得各界青睐，富豪们也乐于为之慷慨解囊，美国政界、军界、商界人士前往研修已成惯例。位于阿姆德拉克火车站附近的传统基金会总部犹如一方磁石，吸引着议员助手、国会秘书们在那里聚首参商。战略与国际问题研究中心（CSIS）堪称"K街王子"，亨利·基辛格、詹姆斯·罗德尼·施莱辛格、兹比格纽·布热津斯基等当今钻石级智囊人物，在这里组成了一支雄壮的"梦之队"。而且，在虚拟现实技术（VR）的支撑下，智库具有鲜明的实验室特征的战略推演能力，早已使战略创新摒弃了学者冥思苦想或纸上作业的传统模式。但说来也怪，即便如此，美国也未能幸免"战略困惑"：东进还是西退？全球化还是本土化？橄榄枝还是大棒？瞄准中国还是俄罗斯……没完没了的两难选择，让美国人纠结不已、臭招迭出，与冷战刚结束时大踏步东进的果断和自信大相径庭。看来，多如牛毛的智库和浩如烟海的战略产品并不能挽救战略思维濒临枯竭。真是匪夷所思，但又让人不得不深思：这个世界究竟怎么了？

这就引出了本卷的主题：格局。自从两极格局崩溃后，世界就开启了格局重构的历史进程——从单极到多极再到新的单极。从一

----

① "增值器"是指从"思想仓库"到"政策用户"的转换。历届美国政府的外交哲学、决策力学中，深寓着思想变物质、产品变商品的辩证和飞跃：智库的能量释放，改变着美国社会的主流意识形态，影响着美国的政治运作方式。参见中国现代国际关系研究所：《美国思想库及其对华倾向》，时事出版社2003年版，第7页。

种格局到另一种格局，通常存在一个漫长的过渡期。冷战结束以来的世界就处在这一过渡过程之中。对于大国博弈而言，过渡期意味着从一种世界秩序到另一种世界秩序的转换，也意味着从一个时代到另一个时代的大转折。

尽管 300 多年前缔结的威斯特伐利亚和约依然是今天世界秩序的基石之一，但世界从未停歇它的动荡之旅——任何一种稳态所持续的时间都很短。无论是"罗马治下的和平"还是"维多利亚治下的和平"，长则百余年，短则几十年，在漫长的人类历史中都不过是沧海一粟。眼下，"美国治下的和平"究竟能维持多久，只有天知道。况且，这种"和平"充满了火药味。其实，更确切地说，这个世界压根儿就没什么稳态。因为人类骨子里始终存在一种打破现有格局的冲动，没有谁愿意接受一种秩序的永恒统治。世界一直处在不断向新格局运动的"不安分"的过渡之中：一种格局建立的同时，就意味着打破格局的开始。

大国兴衰史表明，新兴大国与守成大国博弈的最终结局如何，将在很大程度上取决于这个过渡期：怎样把握变动中的世界？如何作出战略选择？采取哪些战略行动……一句话，如何应对时代的大转折？

诚然，这一轮世界秩序整理还将持续多长时间不得而知。但值得指出的是，时代大转折首先挑战的不是权利，而是战略思维；而战略思维空间的拓展，首先挑战的是视野。如何看懂世界新图景，对于此时的大国博弈和博弈中的大国都至关重要。问题就在于此：面对过渡期错综复杂、瞬息万变的世界，人们大都会坠入五里雾中，没有谁可以保持足够的理智和清醒。因此，大转折时代也是"战略贫困"的时代。这一鲜明的时代特征无疑会折射到人类活动的各个领域，大国政治不可能独善其身。伴随着世界格局的深度调整，大国博弈的利益形态、对抗方式、时空跨度正在悄然改变。它们在加速世界秩序重塑的同时，也使大国博弈变得扑朔迷离。

按照理查德·尼克松的说法，所谓伟人就是那些改变了人民生活方式和历史进程的人。[①]毛泽东、温斯顿·丘吉尔、夏尔·戴高乐无疑都是 20 世纪的伟人，同时，他们几乎都是战略家的同义词，用这些战略大师的名字去命名他们那个时代，实至名归。可是，到了仙人早已驾鹤西去的 21 世纪，世事皆已沧桑巨变。如果说"三个世界""有限战争""确保相互摧毁"这些战略构想，由于准确捕捉到 20 世纪的时代特征而理所当然地名垂青史的话，那么，今天就很难有谁能够填补那些纵横捭阖的伟人们留下的战略空白。当五花八门的新战略、新思维就像不断绽放于夜空的焰火，使人们连眨眼的工夫都没有，就凋谢在更耀眼、更新奇的思想火花之中时，试图以某个战略理论命名整个时代，几乎是一种奢望。这是因为，在大转折时代有太多的利益诱惑和冲动，使政治家、战略家和军事家们失去了淡定，也让战略丢掉了原本的深邃，很难有哪个战略构想能在人类思想之树上刻下自己清晰的年轮。

不过，具有讽刺意味的是，在人类战略思维机器运转艰涩的"战略贫困期"，战略理论的产量却居高不下，甚至高得离奇。这只能说明，要么这些所谓的战略都是不明天下情势的废话，要么这个世界的变化实在太快，以至于让战略家们的大脑运转跟不上

---

① 尼克松在《领导者》一书中对领袖和伟人作了界定。他说，当戏剧的最后一幕结束时，观众从剧院鱼贯而出，回到家中又开始他们的正常生活。然而，当一位领袖人物的政治生涯的帷幕下落时，观众的正常生活就发生了变化，历史的进程也许就有了深刻的变更。

趟儿。如是，战略的"短命"现象也就不足为奇了。况且，当守成大国面对两个或两个以上新兴大国的挑战时，即便是顶礼膜拜于屡试不爽的地缘政治，也未必能轻易破解同一地区两个新兴大国联手跟你玩"老鼠捉猫"的游戏。毋庸讳言，今天的美国与中国、俄罗斯，就处于这种微妙的三角关系之中。不难想象，假如有一群老鼠联合作战，那只孤独的猫又何止于困惑，岂不疲于奔命？现在，人们也许多少可以明白美国深陷"战略困惑"的个中原因。

这就是世界格局重塑引发的"格局问题"。而要破解时代难题，只需找到一把开启未来世界之门的钥匙——它应该既不是盲人摸象，也不是管中窥豹，而且不以守成大国或新兴大国的意志为转移，也就是超越具体物相、抵达世界新图景底色的全息密码。它的名字叫：

大格局。

大格局就是大格式、大秩序，也是大境界。格局不同，"围城"就不同：格局小了，自以为已经从城里出来，结果却发现依然困在城中，任凭你孙悟空翻跟斗，再怎么翻也翻不出我如来佛的手心；格局大了，一直以为自己还在城里，最后却发现早已置身城外，海阔天空任鸟飞，一片自在。黄仁宇先生的大历史观在道德维度之外引入了技术之维，格局就不同凡响，视野也就不同寻常。它让人们可以超越生命的局限，看到历史隧道以外的精彩世界。① 人世间万

---

① 大历史的观点，亦即从"技术上的角度看历史"（Technical Interpretation of History），由美籍华人黄仁宇先生提出。他认为，道德非万能，不能代替技术，尤其不能代替法律，但不是说道德可以全部不要，只是道德的观点应当远大。他举例说，中国的革命，好像一条长隧道，需 101 年才可以通过。我们的生命纵长也难过 99 岁。以短衡长，只是我们个人对历史的反应，不足为大历史。将历史的基点推后三五百年，才能摄入大历史的轮廓。参见黄仁宇：《万历十五年》，中华书局 2006 年版，第 223—235 页。

事万物就是如此奇妙，在小格局下也许相互排斥，甚至彼此冲突、不共戴天，但在大格局下非但不矛盾，而且彼此相通、相反相成。格局重构，意味着原有格局将被打破，一切皆有可能。充满变数，实为大转折时代的正常格式。"穷则变，变则通，通则久。"求变，才有大国博弈的跌宕起伏，才有人类发展的波澜壮阔，才有世界秩序的沧海桑田。"变"才是大秩序。有了这样气象万千的大格局，也就有了迎接挑战和百折不挠的精神准备，才会有万水千山只等闲的大境界。

格局有多大，路就走多远，一人一家一国莫不如此。不过，仅有运筹帷幄的大格局还不够，还得有一把点石成金的利剑——新概念战略——指点江山。大转折时代最重要的转折，莫过于战略形态的改变：它破天荒地走出概念推理的象牙塔，突破了理论与实践的疆界，并将二者融为一体。在当今世界的大国政治舞台上，既没有纯粹的战略思想，也没有纯粹的战略行动，一切都是思想与行动的混合物。无论是伊拉克战争、阿富汗战争、利比亚战争，还是乌克兰危机、叙利亚内战，抑或朝核、伊核问题，大国间谈判照谈，协议照签，呼吁照喊，陷阱照布，甚至战争照打，一刻也没有停歇争权夺利、攻城略地的脚步。而且，谁也不用为自己"说话不算数"负责，也无须为自己的扩张行动埋单。如果说战略概念第一次泛化产生的战略新概念只是从军事领域进入了其他领域，仍然属于思想范畴，这在战略发展的链条上是正常的话；那么，这次泛化诞生的新概念战略，则彻底拆除了横亘在思想与行动之间的藩篱，使行动战略与战略行动相互砥砺、推挽前行，构筑了助推大国崛起的战略两翼，这无疑是战略形态的一次飞跃。面对这样的战略新形态，假如依然死咬传统战略思维不放，抱残守缺，那么，想要读懂五彩缤纷的世界新图景，摆脱大转折时代的"战略贫困"，那是不可思议的。

现在，人们要做的就是，手握新概念战略的大国佩剑登高望远，把格局放大再放大，在重新审视大国博弈的战略形态、对抗方式、地缘政治和军事竞争模式之后，拔剑劈斩缠绕在脚下千山万壑间的"战略贫困"之结，再蓦然回首，此时多半会看到世界新秩序的阑珊灯火。

你，不妨一试。

第一章
时代大转折

> 思想走在行动之前，就像闪电
> 出现在雷鸣之前一样。
>
> ——海因里希·海涅

第二次世界大战结束后，由于随之而来的东西方"遏制"与"反遏制"，冷战干脆就在时代的铅版上铸就了自己的名字。在漫长的冷战岁月里，人类的思想似乎就凝固在"确保相互摧毁""有限战争""三个世界"之类的单调框架里，战略理论因为有了超长寿命而几乎与时代齐名。以至于今天，人们谈论时代话题时，还习惯性地套用某个战略理论去称呼它。殊不知，在思维机器惯性运转的背后，一种悄然而至的战略贫困正在让这种奢望化为乌有，只是不曾被世人察觉而已。

于时代拐角处

我们正处在什么时代？这个貌似中国人见面就要问"吃了吗"的问题，答案绝不会只是"吃了"和"还没吃"那么简单。"一千个人眼中有一千个哈姆雷特。"眼下，对时代的称谓五花八门、莫衷一是。经济学家说，从全球经济一体化趋势看，我们正处在全球化时代；历史学家说，从人类社会技术形态演变角度看，是信息时代；哲学家说，这是人类中介系统革命的虚拟时代；行为学家说，这是人类认知方式变革的视听时代；而社会学家说是人类交往方式革命的网络时代，新闻学家说是人类表达方式创新的新传媒时代，科学家说是海洋时代，军事家说是空天时代，政治家说是多极化时代……美国前总统奥巴马则说，这是"太平洋时代"，因为美国也是太平洋国家！① 真是公说公有理，婆说婆有理。其实，他们只是从各自角度朝时代这只大苹果切了一刀，而每个剖面折射出一个领域的路径转折。当且仅当这无数转折的涓涓细流，汇聚成浩荡潮流一日千里时：一切原有秩序被打破，人类站到了历史拐角处。世界正处在深度整理之中。一切皆在改变，一切皆在未定之天。想在此刻为时代命名，真是"蜀道难，难于上青天"。

从逻辑上说，太平洋只是个地理概念。在拥有七大洲、四大洋的这颗星球上，能否用一个有限地域为瞬息万变的时代命名，这本身就是个问题。假如明天美国换上一位新总统，人们是否还得按他（她）提出的新战略、新玩意儿再次为时代命名？如是，那将会给时代称谓带来多大的麻烦和混乱？况且，一个战略是否有效，究竟应该用什么来检验？就理论本身而言，任何战略都带有时代印记，因而也就不可避免地具有时效性。今天"有效"，明天就可能"失

---

① 2012年新年伊始，美国总统奥巴马按照惯例发布《国情咨文》。他除了赞颂"阿拉伯之春"彰显美国的外交胜利之外，还刻意宣称美国是太平洋国家，21世纪是太平洋世纪，他自己则是太平洋总统。在这个《国情咨文》中，奥巴马先后5次提到中国。

效"；而昨天的"主导"，很可能沦为今天的"从属"。在"超越遏制""国家参与和安全扩展"等"失效"战略面前，"先发制人""巧实力"也许是有效战略；相对于"高边疆""星球大战计划"和"空地一体战"来说，"亚太再平衡""全球公域"和"空海一体战"①正是时下的主导战略，而到了2017年新人入主白宫时，它们很可能又成了明日黄花。不难看出，内容不断更新的战略，在山姆大叔那里只不过是一只筐，乱七八糟往里装，其归宿当然是世异则事异。很显然，在人类历史上延绵不断、环环相扣的大国博弈链条中，每一个战略构想都将随时代变迁，由主导变从属、由有效变无效而淡出人们的视线，没有哪个战略学说可以久居思想高地的王座，而语焉不详的地缘概念更难成为时代的同义语。作为我们这颗星球上的第一大洋，眼下最"热闹"的太平洋，也不足以用来命名一个时代。即便是将来人类所有活动都被打上太平洋的烙印，仍不能把这个时代称作太平洋时代，因为无论太平洋多么重要，它都不能完全替代其他大洋的功能与作用。比如，被"边缘化"的印度洋仍是世界上最繁忙的贸易通道聚集地，不是世界中心的大西洋仍是

---

① "空海一体战"作战概念，由时任美国国防部部长罗伯特·盖茨于2009年启动研发。根据盖茨的指示，从2009年下半年开始，美军效仿20世纪80年代初以苏军为对手推出"空地一体战"理论的做法，组织研以中国为假想敌的"空海一体战"理论。他们运用军民结合的开放式研究模式，在组织海、空军和太平洋司令部联合开展研究的同时，授意具有官方背景、同时又超越军种利益之争的智库开展相关研究。曾被盖茨公开称为"真正的智囊"的著名智库——美国战略和预算评估中心，承担了主要研究任务。2010年5月18日，该中心正式推出研究报告《空海一体战：作战构想的出发点》。在2010年年底发布的《四年防务评估报告》中，美军正式提出"空海一体战"构想，并明确以西太平洋地区为主要战场，把中国作为主要作战对象。该构想对中美未来可能发生的冲突样式、战争进程、战争准备、作战需求等问题进行了顶层设计，并试图解决美海、空力量在"反介入/区域拒止"的多维战场环境下，实施一体化联合作战的能力整合问题。

连接欧洲与美洲的"内湖",而地球变暖中的北冰洋正在悄悄改变人类活动的格局。一方水土养一方人。这些大洋沿岸国家长期形成的民族性格、地域文化,以及相应的经济、政治、军事合作与对抗关联及框架,在与包括太平洋地区在内的世界各地交往中发挥着特定的地缘政治功能,而不能张冠李戴,把它们称作太平洋时代的印度洋、大西洋、北冰洋。

此外,大洋图腾制造的当代神话,还使人们误以为太平洋是当今世界的唯一重心,大西洋已经日薄西山。这种图腾除了可以给奥巴马的投票箱带来更多的选票之外,却无法改变这样一个客观事实:大西洋地区的经济总量占世界的1/5,大量核心技术仍然掌握在欧洲人手里,欧洲一体化进程对世界格局的演变举足轻重,太平洋地区的发展依然有赖于大西洋地区的发展。更何况,现如今拉美地区风生水起,新兴大国不断涌现;非洲地区作为一片尚未开垦的处女地,战略资源无人可比……其实,美国人对这一切都心如明镜。由此看来,试图用"太平洋"这种宽泛的地缘政治概念替代美国战略指向的做法,即便是再捆绑上TPP,似乎仍然无法破解时代冠名这道难题。

大脑风暴一向是时代变革的前奏。不过,正在徐徐拉开的时代变革大幕,将不再被少数大国的战略学说左右。曾几何时,只要一两个大国或国家集团提出某个战略构想,就足以引起大国博弈方式的改变。[1] 现在即使提出N个战略学说,也无法从根本上影响时代的走向。世界格局的快速演变,在不断刺激人们对新战略好奇心的

---

① 比如,苏联的"卫星计划"与美国的"高边疆"、华约的"大纵深作战"与北约的"空地一体战"等等,这些相克相生的计划与理论,均曾在引发美苏军备竞赛的同时,导致东西方对抗方式的重大改变。

同时，也在迅速消解每个战略构想的神奇。而且，新战略发明越多，单一战略对时代的影响力就越小。这是当代的战略悖论。从这个意义上说，除了"确保相互摧毁"这一日益被导弹防御系统对冲而渐渐失效的传统核威慑战略，可以勉强维持"核时代"的称谓之外，其他任何一种哪怕是极富创新性的战略，都已失去对时代的独家冠名权。

我并不否认在未来的大国博弈中，某些大国或大国集团的战略理论在特定条件下仍会起到引领作用，但对于整个世界的走向，没有谁可以一手遮天。它即便可以引领，却不能"吃独食"，更不会亘古不变。苏联解体留下的权力真空，导致世界格局严重失衡。而大国们忙于全球布局和利益争夺引起的世界秩序混乱，反而使每个国家都有机会在改变自己的同时改变世界。即使是当今世界的唯一霸主，也摆脱不了对时代变迁的无奈，惊呼美国无法独自引领世界。① 这就是说，从今往后相当长的日子里，谁也没有资格在时代的胸前贴上自己的名签。假如一定要贴的话，这个名签只能叫：大转折时代。

---

① 美国东部时间 2013 年 2 月 27 日上午，查克·哈格尔获美国国会通过任命后不到 24 小时，即在五角大楼宣誓就职，成为首位越战老兵出身的美国国防部部长。他在五角大楼对国防部工作人员发表讲话时说：美国绝不能对世界发号施令。任何国家都不能单独引领世界。美国必须参与国际事务，而且要和盟国合作。他还说："我们都知道，我们生活在一个对世界起决定性作用的时代。这是一个艰难的时代，也是一个具有巨大挑战性的时代。但是，这些为我们提供了良机。"他强调，全球社会期待美国的领导，但美国不可能独自领导世界。"我始终认为美国在世界上的角色应该是与世界接触——我们的这种角色在整个历史过程中有过不同的表现形式。"谈到今后的工作重点时，哈格尔称："当翻过持续 10 多年的严重冲突这一页的时候，我们必须加强对未来威胁和挑战的关注。这意味着继续加大对亚太地区的重视，让像北约这样的历史性联盟焕发活力，并在网络等关键能力上进行新的投入。"

从时代催生战略到战略塑造时代

之所以把当下称为大转折时代，不仅仅是因为当今世界正处在从一种稳定格局到另一种稳定格局的过渡时期，更重要的是诚如前面所言，世界经济、政治、军事、科技、秩序，一切的一切正在发生大转折。

时代大转折造就大转折时代。也许，时代大转折可以在一夜之间完成，就像从冷战时代到后冷战时代一样，但大转折时代则要经历漫长的岁月，其进程与大国博弈战略息息相关。

就战略与国际环境的关系而言，"时代催生战略"与"战略塑造时代"这两个命题，揭示了冷战时代与后冷战时代的不同特质，也点明了它们之间的迥异关系。前者反映了在两极对抗格局下人们处理国际事务时对战略与环境关系的被动适应，后者则预示着进入多极化之后人们对这一命题的主动选择。更重要的是，从"时代催生战略"到"战略塑造时代"，意味着大国博弈方式的颠覆性变化。

自有帝国史以来，人类一直恪守一条不成文法则，那就是"什么样的时代采取什么样的战略"。对于大多数国家而言，往往在先有了一种国际格局之后，才开始出台与之匹配的国家战略。时代在前，战略随后，世界格局对每个国家战略的演变具有质的规定性。这里固然有地缘、生存、发展和文化等考量，但也不能说与战略的制定者大都只考虑其在当下是否有利可图而不看长远的"短线"功利思维无关，或许这也正是脑袋革命总是先于时代变革到来的原因。尽管这一思维模式就其本质而言是消极的，因为它折射的是对国际竞争中丛林法则的一种无奈，但我们绝不能无视它所蕴含的积极意义。这就是：立足国际环境现实，作出最佳战略选择。换言之，就是力求找到最能与既定环境相匹配的国家战略定位及其外交策略，从而使国家利益最大化。

不过，新一轮大国博弈正在为上述法则注入新的活力，使其完成从消极向积极的华丽转身。比如，找到某种框架，也就是找到最合适的博弈战略及制度安排，融合新旧国际联盟及其规则，不仅可以弥补传统联盟的缺陷，还可能让它重新焕发青春，转为冷战后全球治理的有力工具。曾被学者预言早该寿终正寝的北约，在经历欧盟东扩、职能调整、指挥领导体制改革和导弹防御系统建设之后又大放异彩，至今仍未停歇它的指挥棒。独联体这种松散的国家联盟被普京赋予地区安全防卫功能后，又让这些昔日的臣民突然想起些什么，生生在西亚筑起一道阻挡美西方东进的无形铁墙，以至于美国怀疑俄罗斯正在重振当年华约雄风而惶惶不可终日。① 可见，"什么样的时代采取什么样的战略"在冷战后并非毫无用处，只是人们误以为这是多数国家面对守成大国的霸权战略在被动中唯一可能采取的主动。其实不尽然，即便像美国这样的超级大国，也同样得面对这种被动。尽管守成大国在新老盟友及其战略资源的选择上无疑拥有更多自由，但未必能独步天下，一味用强势去赢得每一场权利

---

① 2012 年年底，俄罗斯组织独联体国家进行防空演习，普京反复强调俄罗斯对它们的安全防护责任。2013 年 11 月，乌克兰在与欧盟签约前突然变卦，导致该国亲欧派与亲俄派激烈冲突，美俄则在暗中角逐。2014 年 3 月 1 日，俄罗斯突然出兵克里米亚半岛。在联合国安理会紧急磋商会议上，俄代表出示了乌克兰流亡总统请求俄罗斯出兵的亲笔信。在奥巴马发出严厉警告和拟制制裁清单的同时，"布什"号核动力航母奔赴黑海，但并未改变普京收复克里米亚的决心。更有甚者，在叙利亚内战如火如荼，巴沙尔·阿萨德政权危在旦夕的千钧一发之际，俄罗斯军队直接进入叙利亚，参与空袭极端组织武装。现如今，北约与俄罗斯在波罗的海轮番出招，剑拔弩张。人们惊讶地发现，莫非新的冷战已经来临？

争夺战，该妥协的还得妥协。①

　　新兴大国没有必要凡事都另起炉灶，现有的国际组织、国际运动以及人类活动的遗迹或传说都可以加以利用，搭上历史的快车。至于谁是始作俑者、谁是主导者，抑或离现在有多遥远，那都无关紧要，紧要的是为我所用。就是用我的战略碎片去分化、瓦解并整合它、改造它，最后在悄然间完成脱胎换骨。古丝绸之路被赋予"一带一路"新意义之后风生水起，无论是容量还是品质都已今非昔比。在分分合合的大转折时代，平台由谁搭可以不在乎，在乎的是你搭台我唱戏，倒要看谁的节目精彩纷呈，青出于蓝而胜于蓝。

　　另外，全球化、信息化进程中日益开放的国家经济、政治和军事边界，以及多元的价值取向，为国家间合作提供了更大的选择空间。在国际金融危机和世界经济复苏乏力的大背景下，大国跨域合作比以往任何时候都更迫切，机遇也更难得。只要摒弃把合作或联盟意识形态化的冷战思维，就有可能化干戈为玉帛。反之，以为大国竞争就是血腥对抗，一味迷信战争的"最后裁判"功能，反倒会化玉帛为干戈。当今世界，已进入由美国主导的单极格局向"一超多强"格局演变的多极化进程。眼下虽然无法预见它将持续多久，但可以肯定的是，无论世界格局的重塑是否完成，"什么样的时代采取什么样的战略"依然是任何国家包括美国这样的霸权国家，处

---

　　①　围绕叙利亚危机，美俄博弈的结果是，天平已向俄罗斯一方倾斜。美国推翻巴沙尔·阿萨德政权的目标非但没有实现，而且使俄罗斯在叙利亚站稳了脚跟，中东格局发生了戏剧性改变。2013 年 9 月，当使用化学武器问题让局势骤然紧张之际，俄罗斯提出叙利亚在联合国监督下主动销毁化学武器的调解方案，让美国人失去发动战争的理由，已经进入地中海的美军航母只能打道回府。在空袭极端组织的问题上，俄罗斯人捷足先登，使叙利亚战局迅速发生逆转，而美国人处处被动。尽管美俄两国战机多次发生空中危险接近，但最后，美国人不得不妥协、避让。

理与周围世界关系的基本方法。

然而，基本不等于全部，也未必代表朝阳。在被动之框里的积极作为只是特定历史条件下的特定方式，并非普世法则。大转折时代为人们提供了打破旧框架的契机。美国"以新战略塑造世界新秩序"[①] 的行动，引发了战略与时代关系自冷战结束以来的一次革命：构建什么样的战略就塑造什么样的时代。先确定全球战略目标，然后设计国家战略，再确定大国博弈方式，这一新模式彻底颠覆了战略与时代的关系。在这方面，美国人蹚过的第一条河就是"塑造、反应、准备"战略[②]，曾经沸沸扬扬但时下命运未卜的 TPP 和 TTIP[③] 则是它的最新尝试。北约东扩无疑是美西方联合实施"战略塑造时代"的另一个成功案例，它曾一路高歌猛进，把触角一直伸

---

① 1990 年 3 月，老布什向美国国会提交了他上台后的第一份《国家安全战略报告》，首次提出"开创一个超越遏制的新时代"的主张。1990 年 9 月，在海湾危机爆发后不久，老布什即正式提出建立"世界新秩序"的战略构想。尽管此时苏联还在苟延残喘，冷战也未结束，但美国人从海湾战争中似乎悟到了什么，因为这场一边倒的高技术战争，从动议到发起再到收官，美国大兵所向披靡，没有遇到任何障碍，苏联已不再是原来那个处处与美国作对的苏联了。

② 苏联突然垮台，着实让美国人有点措手不及。从当时美国实施的"参与和扩展战略"看，实际上，美国进入了战略贫困，因为这一战略指向的本质是试探性的。直到 1997 年 5 月美国发布《面向新世纪的国家安全战略报告》，才明确在"参与和扩展战略"的基础上，提出"塑造、反应、准备"三位一体的全球战略构想。这是真正意义上的"以战略塑造时代"的开始。

③ TTIP 即跨大西洋贸易和投资伙伴协定（Transatlantic Trade and Investment Partnership），旨在建立世界两大市场——美国和欧盟——相互开放并成为全球生产和消费品贸易标准的先驱。目前，TTIP 面临欧美多方阻力，比如法国、奥地利等国表示反对，但 TTIP 在欧盟理事会的政府代表中已经得到足够多数支持票，在欧洲议会中的支持者也占了多数，该协定获得通过不成问题。美国国内的反对者主要担心食物的标准会下降，而且欧盟国家在政府采购方面会形成竞争，华盛顿不再期望 TTIP 能够在奥巴马执政期间签署。参见沃尔夫冈·伯姆：《TTIP 的机会消失》，载《参考消息》2016年 4 月 25 日第 10 版。

到俄罗斯西部的战略缓冲地带。① 这种做法标志着"存在"总是领先于"意识"的传统模式已被打破，战略首次走到了时代的前面，战略先行而时代跟进或是彼此相互影响、推挽前行，构筑了它们的新型关系。与此同时，战略自身也发生了具有划时代意义的嬗变。一个战略的优劣高下已不再只看某个概念的光鲜，而要看它是否具备与环境之间良好互动、伺服调整的自适应功能。就像当年高跷独行的"先发制人"战略，因其代价过于昂贵、无法与时代潮流同步而只能草草收兵一样，那种企图靠扳倒一两个"无赖"国家领导人，来充当杀一儆百道具就可以制服所有对手的思维模式也已明显过时。相反，俄罗斯人的地缘战略紧紧抓住中东秩序未定而美国又无心恋战这一千载难逢的大好时机，适时完成了从参与到主导的转变，在叙利亚果断出手而一举改变了中东地缘政治格局。普京在叙利亚的"闪电行动"博得了世人的啧啧称奇，堪称"战略塑造时代"的典范。其实，冷战后俄罗斯的类似举动并非第一次。在科索沃战争即将收官的最后关头，俄空降兵部队突然占领普里什蒂纳机场，让美西方目瞪口呆、不知所措。这一天兵天降行动，使俄在科索沃战后重建中分得了一杯美羹。2008 年爆发的格鲁吉亚危机期间，俄罗斯如法炮制，迅速军事介入的回报是获得了一块土地——南奥塞梯……尽可以把这些看成是苏联的后人们亡羊补牢式的挣扎，但它们对世界格局的重构无疑影响巨大。一句话，大转折时代只要出

---

① 美西方低估了普京的决心，它们没想到在第聂伯河畔遭到俄罗斯人的强烈阻击。北约东扩推到了乌克兰——被布热津斯基称为"没有它，俄罗斯就不再是一个欧亚帝国"的神秘国度，就止步不前了。不仅如此，俄罗斯沿着彼得大帝指引的路径迅速挥师南下，生生把叙利亚这枚棋子做活了，不仅为越过黑海进入地中海打通了通道，而且在中东开辟了与美西方博弈的第二战场。

手就会有收获。

"什么样的战略塑造什么样的时代"这种带有"唯心"色彩和实验室特征的新模式的出现，除了世界格局尚未定格提供的战略机遇之外，还得益于信息时代虚拟现实技术及其手段的迅猛发展。2500多年前孙子想象中的"庙算"，在今天已不再是掐指"多算"或"少算"那样高深莫测，也不再是"善战者"的专利。相反，它可以通过各式各样的战略推演系统，把构思中的战略和行动全方位、动态地展现在世人面前，把评估与优化提前到行动实施之前，以最大限度避免一失足成千古恨的悲剧。[①] 更为重要的是，"预实践"扮演着加速从思想到行动的中介系统的角色，已经成为一切战略行动包括战争行动不可或缺的组成部分——"预实践"就是实践。值得指出的是，尽管"战略塑造时代"既可以被视为一种主动设计，也可以被当作先入为主的万全之策，但它在酝酿世界秩序重构的同时，也隐藏着加剧大国对抗的潜在危机：为一种尚在思维层面的构想量身定做一套战略和行动，不亚于为不知对手是谁的战争准备战法，免不了会把力气用错地方。从美国在朝核问题上遭遇金正恩的

[①] 在信息时代，"战争从实验室首先打响"并非耸人听闻。当海湾战争以"38天空中打击＋100小时地面战斗"模式，并且美军仅阵亡184人画上句号时，又有谁知道，这个作战方案在美军上下经历了多少次规划、推演、验证，以及方案的肯定、否定、否定之否定。在利雅得，当美国空军的约翰·沃登上校他们把计算机推演发现"仅凭空中打击就能将敌军军事实力削减50%"的结论，告诉前来最后核查"沙漠风暴"行动计划的国防部部长理查德·切尼和参谋长联席会议主席科林·鲍威尔时，面对切尼的质疑，甚至连沃登自己都感到担忧和疑虑了，因为此前无人尝试过这种事情。还是老布什总统在听取空军参谋长梅里尔·麦克皮克"慷慨激昂"的汇报后才敲定方案，最终避免了一场血腥的地面战役。或许是在海湾战争中尝到了甜头，从此以后，美军对作战实验室达到几近痴迷的程度，无论是理论还是手段，以及条令条例，都得到快速发展。参见斯蒂文·L.瑞尔登：《谁掌控美国的战争》，许秀芬等译，世界知识出版社2015年版，第538—539页。

"全面对决战"后一筹莫展的表现看，当今世界老大也不具备摆平一切的能力，难以应付"以超强硬对强硬"的对手。在广袤的太平洋，TPP 也很可能会像擅长于建高楼大厦的建筑大师，面对坚持住茅草房的环太平洋发展中国家徒呼奈何，无果而终。不同国家和地区经济社会发展不平衡是不容忽视的。发展水平越接近，相互融合的程度就越高；而差距拉得越开，彼此间的"共集"就越小，最后是你走你的阳关道、我过我的独木桥，谁也无法改变谁。从历史和现实两个维度看，守成大国时常应对不了极度贫穷落后国家或不按常理出牌的非国家主体的非常规抵抗，其中或许有文化差异因素，但不得不说这是"战略塑造时代"必须面对的奇特现象。

有必要说明，大转折时代在人类历史上曾不止一次地出现。世界每每从一种稳定格局过渡到另一种稳定格局，大转折时代都会如期而至，只不过，这一回来得更突然、转折更彻底罢了。但在过去，人们更多地关注"时代催生战略"的被动一面，而忽视了"战略塑造时代"的主动一面。今天，我把这两个方面融合在一起，就得到了战略与时代的完美关系。然而，在世界格局未定之天，谁都有机会；一旦尘埃落定，"战略塑造时代"必将时过境迁！这里就是罗德斯，请在这里跳吧。究竟谁是世界性大国，是骡子是马拉出去遛遛，看谁真正重塑了这个世界的秩序。

从战略新概念到战略新形态

假如以战略新形态为参照系，那么，迄今为止人们有关战略的讨论，几乎都是在旧形态的语境下进行的。之所以称其旧，是因为此类战略的基本结构无非就是构想加对策，纯属于思辨层面的东西。即或像罗纳德·里根时期的"新遏制战略"，也不外乎添加了"以实力求和平"的愿景而已。从战略运用的角度看，概念再怎么推陈出新也改变不了其传统战略的属性，即它始终是被职业政治家用来表达个人和国家意志的理论工具。所有沿这一思路炮制出来的战略或战略构想，在面对错综复杂的当代国际政治时，无一例外地暴露出致命缺陷，那就是理论与实际脱离、思想与行动脱节。那些想用华丽辞藻哗众取宠、让它们化腐朽为神奇的企图，最终都落入了相互猜忌、彼此戒备和无休止争论的概念陷阱。这就是大国战略无法回避的宿命：为保持战略上的领先优势，只能在战略目标上吊高胃口；胃口竞相吊高的结果，则是战略投入层层加码直至无以复加，最后，谁也没有足够的力量支撑其战略优势。结局是，维护国家利益的战略构想，反倒成了指引大国走向衰败甚至灭亡的路线图。

苏联解体也许是一个最有说服力的例证。苏联领导人约瑟夫·斯大林敏锐地捕捉到了"核时代"战略制高点的历史方位，在秘密主持制订代号为"旅行伴侣"①的人造地球卫星发展计划时，他的战略眼光之长远、目标之宏大，显然在他的对手之上。但"超前"非但没有给这个国家和苏联人民带来福祉，反而带来了灭顶之灾。苏联第一颗人造地球卫星上天，即刻震惊了美国朝野和整个西

---

① "旅行伴侣"是苏联系列人造地球卫星的发展战略计划。1957 年 10 月 4 日莫斯科时间 22 时 28 分，苏联成功发射"斯普特尼克 1 号"。这是人类第一次送上太空的人造物体，为直径 580 毫米的球形，重 83.6 千克。自从"斯普特尼克 1 号"发射成功后，有一段时间，"Sputnik"成为英语和其他语言中"人造卫星"的代名词。1 个月后，苏联又成功发射了"斯普特尼克 2 号"，总重量达 508 千克，并携带 1 只狗"莱卡"，开创了活物进入太空的先河。1960 年 8 月 19 日，"斯普特尼克 5 号"发射成功，携带 2只狗、40 只小鼠、2 只大鼠和一些植物。"斯普特尼克 5 号"于第二天成功返回地球。

方。这个曾被苏联的华约"卫星国"视为独领风骚的战略计划一经实施，便大大加剧了美苏之间的军备竞赛，因为在苏联把人类带入太空时代的同时，也拉开了美苏太空争夺战的大幕。① 只是当时还没有人会预料到，其结果竟会是苏联解体，在世界霸主的角逐中彻底出局。卫星上天、红旗落地，一座宏大的帝国大厦在一枪未放的情况下瞬间崩塌，印证了唐纳德·查普拉诗一般的预言："帝国不会被攻克，而只会分崩离析。"② 但话又说回来，你要说苏联一点便宜也没有占到，那也不是。在空间技术领域抢得先机，好生让苏联领导人风光了一阵子。赫鲁晓夫曾口吐狂言：我们"造导弹如同做香肠"，让美国人听后，脊背直发凉。几乎就从卫星上天那一刻起，伴随着 20 世纪六七十年代的民族解放运动，美苏之间的战略态势悄然逆转：苏联转守为攻，美国则变攻为守。③ 以至于共和党保守

———————————

① 苏联第一颗人造地球卫星发射成功后，美国惊恐万分。时任美国总统德怀特·艾森豪威尔亲自下令："要查一下美国的教育制度究竟出了什么问题。"在随后不到 1 个月的时间里，大量战略举措密集出台，包括艾森豪威尔任命麻省理工学院院长詹姆斯·基利安为美国首任总统科学顾问，美国政府开始强调数学和科学教育，美国航天局 NASA 应运而生……仅仅 3 个月后，美国第一颗人造地球卫星即腾空而起。

② 唐纳德·查普拉认为，帝国的这种分崩离析通常是非常缓慢的，但有时也会非常迅速。参见兹比格纽·布热津斯基：《大棋局：美国的首要地位及其地缘战略》，中国国际问题研究所译，上海人民出版社 2007 年版，第 8 页。

③ 20 世纪 50 年代，美国保持着强大的空中优势，每年，其飞机侵犯苏联领空的次数不下 1 万次。美国还经常举行大规模军事演习，成群的战略轰炸机经大西洋飞往苏联边境示威。但苏联当时没有强大的空军，无法对此作出有效反应。苏联第一颗人造地球卫星上天后，美国误以为苏联能够把卫星送上天，也一定拥有了制造洲际弹道导弹的能力，使得骄横一时的美国战略轰炸机群趴在机场不敢动弹。在经历 60 年代的激烈对抗、70 年代的缓和之后，美苏冷战以 1979 年苏联入侵阿富汗为标志进入新阶段，苏守美攻的战略态势发生逆转，苏联的攻势战略基本确立。"尼克松主义"就是在美国实力、地位严重削弱情况下提出的，核心内容包括伙伴关系、实力地位、谈判三个部分，是美国处于战略守势的代表性战略。其中，实现中美关系正常化、借中国牵制苏联，成为尼克松政府最主要的政治遗产。

势力的代表人物里根入主白宫后，发动了著名的"里根革命"。①
在丹尼尔·格雷厄姆将军"高边疆"理论②的催化下，"星球大战"
计划的出炉也就水到渠成了。尽管这个科幻般的军事发展计划因时
代变迁而最终被搁置，但今天美国"你妈的"（NMD，国家导弹防
御系统）、"他妈的"（TMD，区域导弹防御系统）以及未来"干妈的"
（GMD，全球导弹防御系统）计划中，当年"星球大战"的影子依
然清晰可见。只不过是苏联没能躲过战略领先背后伸出的那只绊倒
它的脚，而美国则成功规避了风险而已。③难怪在 2007 年 10 月纪
念人类太空活动 50 周年之际，美国人煞有介事地说要感谢"斯普
特尼克 1 号"。问题是，美国人总会是这样幸运吗？

---

　　①　所谓"里根革命"，旨在通过"重振军威"、扩军抗苏，"将苏联推回至原有
的势力范围内"。里根政府提出了新的遏制战略，即"新灵活反应战略"，标志着美国
进入主动进攻、灵活反击的新阶段。其纲领性文件就是《战略防御倡议计划》，即"星
球大战"计划。1984 年 1 月，里根政府批准了战略防御研究计划，并成立战略防御计
划局。1985 年 3 月，该局首次向美国国会提交了题为《战略防御倡议研究计划》的报告，
提出发展 5 大技术、建立 3 层 4 段拦截体系的战略防御设想。今天，人们朗朗上口的
定向能武器、动能武器几乎都出自该计划。
　　②　1981 年秋，以美国国防情报局局长丹尼尔·格雷厄姆和美国"氢弹之父"爱
德华·泰勒为首的 30 多位科学家向里根建言，提出一份题为《高边疆：国家生存的战
略》的研究报告。他们认为：太空是人类的高边疆，"那些在空间领域里显得突出的国
家或国家集团，将赢得这一战略'高地'的决定性优势"。该研究报告提出，利用现有
和潜在的技术可在 21 世纪建立确保美国安全的战略防御体系，从而夺取对苏冷战的全
面优势。野心勃勃的里根就此拿到了推动"里根革命"的最有说服力的"科技证词"。
　　③　"星球大战"计划既是美国加速国防科技发展、夺取军事优势的计划，也是
美国虚张声势、将苏联拖入更高层次军备竞赛的计划，同时还是军民融合、牵引经济
的计划。当时，苏联的经济结构已经严重失衡。为了调整产业结构、恢复经济健康运
行，苏联从 1977 年开始不断削减军费开支。到 1983 年，军费开支平均增长率降至 2%。
但是，美国"星球大战"计划出笼后，苏联被迫大幅增加军费，到 1985 年，其国防预
算增长高达 12%，完全落入了美国设计的"只要把苏联拖进来让它花大钱就是胜利"
的战略陷阱。你高我比你更高，这就是从背后伸出的那只脚。

大国的兴衰更替终究不可抗拒。人类历史上，所有帝国都免不了"总有一死"，尽管每个帝国及其辩护士们都说自己的帝国是多么与众不同。不独苏联如此这般，今天的美国似乎也在步其老对手的后尘，继续为我的战略宿命论提供新的证明。冷战一结束，美国就迅速抛出一系列战略新概念，诸如"接触与参与""塑造、反应、准备""遏制加接触""先发制人""重返亚太""亚太再平衡""第三次抵消战略"，等等等等。单极世界的到来，让美国人"世界警察"的感觉油然而生，并在狂言像美国这样拥有全球至高无上地位的帝国前无古人、后无来者的同时，免不了自己给自己的战略目标层层加码。① 结果是地盘越占越大，国防经费越投越多，海外军事行动和反恐维稳的浩大开支，让美国政府背上了沉重的包袱而步履维艰。诸如"财政悬崖""自动减赤"，这些当年的制度设计者未曾考虑过能否用得上的制度安排，如今像电视连续剧一般你唱罢来我登场。"上帝想让你灭亡，必先让你疯狂。"当这些鲜为人知的经济学术语变成美国总统案头的优先事项和实实在在的国家政策两难选择时，奥巴马真是伤透了脑筋。共和、民主两党不得不摒弃前嫌，

---

①　布热津斯基说，美国是第一个也是唯一的一个全球性大国。他称，美国作为真正意义上的全球性大国，前无古人，后无来者；美国霸权是新型的，不同于过去一切帝国那样是建立在直接控制基础之上的；美国建立冷战后世界秩序的构想源于美国的国内政治和社会模式，其实现主要是借助美国价值观和制度对其他国家的间接影响；由于美国的政治体制、多元社会和社会思潮具有的某些特点，有关未来的最大的不确定因素，很可能在于美国是否会成为第一个没有能力或者没有意愿运用其实力的超级大国。它是否有可能变为一个软弱无能的全球性大国？民意调查表明，只有一小部分美国人（13%）赞成"美国作为剩下的唯一超级大国在解决国际问题方面继续担任一个举足轻重的世界领袖"，压倒多数的美国人（74%）都赞同"美国在与其他国家一道解决国际问题的努力中做自己公平的一份"。参见兹比格纽·布热津斯基：《大棋局：美国的首要地位及其地缘战略》，中国国际问题研究所译，上海人民出版社 2007 年版，第 8 页。

坐下来谈妥协，免得政府关门。不计代价的全球战略布局、大规模攻城略地的高额成本，把美国一步一步拖入目标与成本相互加码的"自我冷战"式恶性循环，让美国滑入自己挖好的战略陷阱，露出典型的"亡相"。[1] 超级大国如此做派着实让那些弱小国家好生暗中窃喜，有的干脆就在大国间玩起了脚踏两只船的危险游戏：吃罢"原告"吃"被告"，在石头夹缝中求生存。问题是，这种玩法无异于与虎谋皮，红旗究竟能打多久？乌克兰危机便是前车之鉴。[2] 显

---

[1] 冷战结束以来，美国先后发动了一系列高技术局部战争，战争成本节节攀升。2010 年，美国国会研究部向国会提交了一份题为《美国主要战争开支》的研究报告，详细对比自 1775 年独立战争以来参与的 12 次重大战争的开支情况。该研究报告称，按当前美元比价计算，自 2001 年开始的反恐战争投入已达 1.147 万亿美元，约为朝鲜战争的 3.4 倍、越南战争的 1.6 倍，成为美国历史上仅次于第二次世界大战（美投入 4.1 万亿美元）的最昂贵的战争。2010 财年，美反恐战争经费为 1300 亿美元，占国防预算总额的 20%；2011 财年，计划为 1590 亿美元。根据美国战略和预算评估中心的预测，2018 年的反恐战争经费将达 1.72 万亿美元。另外，美国投入武器研发的费用越来越多，武器的价格也越来越昂贵。20 世纪 60—70 年代研制 F-16、F-15 飞机的花费是 10 亿美元，80 年代研制 B-2 飞机就突破了 100 亿美元，而 90 年代 F-22 飞机的研制费超过了 130 亿美元。若以重量计，造价 24 亿美元的 B-2 飞机比服役时同等重量的黄金还要贵 2 至 3 倍。而且，价格昂贵的武器装备在美军的武器库中比比皆是，如 F-35、F-22 飞机的单价，均超过 1 亿美元。近年来，美国在全球快速打击、导弹防御、太空巡航、非动能武器、颠覆性技术等领域的投入更大，让全世界的跟风者叫苦不迭的同时，也使美国军费开支往上翻跟斗。美国军费开支从 20 世纪 90 年代初不到 3000 亿美元，一路飙升到 2011 财年的 6820 亿美元。尽管奥巴马政府迫于财政赤字压力将国防预算有所减少，但特朗普政府上台后，国防预算止跌回升。2017 财年，国防预算增加 540 亿美元，总额达 5837 亿美元，以兑现其"保卫美国"的承诺。

[2] 乌克兰在欧盟与俄罗斯之间摇摆，付出了沉重代价。2013 年 11 月 29 日，乌克兰总统维克托·亚努科维奇在维尔纽斯召开的欧盟东部伙伴关系峰会上，拒绝签署联系国协定，凸显欧盟与俄罗斯对东欧的前苏联卫星国的争夺战ώ加剧。欧盟领导人抨击俄罗斯插手其事务。欧盟委员会主席若泽·巴罗佐在上述峰会闭幕时说："在欧洲，有限主权的时代已经一去不复返了。"他还说："我们不能接受……第三国行使否决权。这违背了国际法的所有原则。"法新社基辅 2013 年 11 月 29 日电称，维尔纽斯峰会凸显欧盟外交失灵。德国《明镜》周刊网站在 2013 年 11 月 29 日刊登文章，题为：亚努科

而易见，带有冷战色彩的战略或战略构想已经不适应大转折时代。在传统战略框架下，谁的日子也不好过。摆脱战略困境的唯一出路，只能是另起炉灶。

于是，战略新形态呼之欲出。战略新形态和人们所追捧的战略新概念完全是两码事。一方面，它走出了思辨的象牙塔，变为行动哲学；另一方面，作为战略与时代关系逆转的结果，思想与行动比以往任何时候都密不可分。如果说战略新概念依然是没有超出传统战略范畴、可以在思维层面上操控、能够给对手造成精神杀伤的理论武器的话，那么，这种战略在战略新形态面前仍旧是狭义的。这是因为，战略新形态是一种广义战略观，它把所有超出了理论思维但服从于长远利益需求的思想与行动，统统都纳入自己的怀抱。在它的眼里，战略是思想，也是行动；战略思想指导行动，行动修正行动战略，二者相互渗透、推挽前行，共同指向大国目标。战略新概念为战略新形态提供思想的方向，战略新形态则使战略新概念在行动上落到实处。显然，这是一种融理论与实践于一体的新概念战略。它在客观上要求人们对战略本质的认识来一个脱胎换骨，彻底打破传统思维定式。如果还以为战略不过是概念的堆砌，仍抱守战略只是时代副产品的老观念，那就大错特错了。在战略新形态看来，一场思想盛宴、一次街头政治、一个理论框架，以及有计划的海外收购、全球军事部署的调整、跨国合作机制的构建，乃至网络

维奇在欧盟和普京之间进行索要巨额资金的危险博弈。该文认为亚努科维奇是一个人格分裂的人，是小说《化身博士》中的杰基尔博士和海德先生的乌克兰版本。具有海德人格的亚努科维奇，在欧盟东部伙伴关系峰会上让"东部伙伴关系"破产。他想继续在欧盟和俄罗斯之间渔利，目标是获得 6.1 亿至 10 亿欧元的巨额资金援助，以保证他在 2015 年连任。尽管欧盟与俄罗斯争夺欧洲东部中间地带是导致乌克兰危机的深层次原因，但乌克兰在欧盟与俄罗斯之间玩脚踏两只船的把戏，却成了危机爆发的导火索。

空间行动规则的设计，或是深空星际旅行与探索，只要整合在大国长远利益的旗帜之下，皆可纳入战略之列。

历史表明，每当时代大转折之时，但凡能把眼光及时转向新领地的民族，总是能获得巨大的战略回报而傲立时代潮头。美利坚就是这样的民族之一。早在冷战初期，美国现实主义政治家提出的"权力政治"，就曾使美国人在战略远见和战略定力两个方面独占鳌头。此后40多年里，尽管也出现过短暂的战略守势，但美国凭借理论与实力的双重优势，在战略新概念的研发上几乎无人望其项背。长此以往，就在国际战略界留下了一个后遗症：但凡一个战略主张一经从美国人的嘴里说出，全世界都会为之侧耳，多少有点"原来如此"的感觉。各国学者们大多会鹦鹉学舌式地鸹噪一阵，其中免不了过度解读一番。不过，美国人也未必事事敏感。这一回，在战略新概念到处碰壁甚至招致失败之后，提出内涵与机理更加切合时代特征的战略新形态，本该是顺理成章的事，但未见他们有突破性建树。究其原因，撬动新概念战略破壳而出不仅需要以行动为杠杆，而且需要以思想为支点，但这并非崇尚进攻性现实主义的美国人之所长。山姆大叔总是喜欢在战略行动的疆域里冲刺而失去了思想的支点，深陷其中而不识庐山真面目。应当承认，美国的"塑造、反应、准备""全球公域""印太一体化"以及航行自由等战略新概念，已明显带有战略行动与行动战略相互融合的色彩，它们的指尖已经触及战略新形态的窗框。但令人扼腕的是，美国人在距捅破窗纸仅有毫厘之遥又把手指缩了回来，重新把它们定格在为获取现实利益服务的战略新概念上。

当时代正在催生战略新概念的数量之际，视野的撕开则一举拓展了战略王国的广袤疆域。相形之下，传统战略因为缺乏行动的校正而更像一匹脱缰的野马，使战略行动时常脱离实力的支撑，进而脱离国家战略目标而失去控制，变得一发而不可收。而且，战略目标越高，摊子铺得就越大，付出的代价就愈发沉重，结果是行动偏离长远利益的轴线，使战略沉沦为满足政治家当下虚荣心的狗皮膏药。新概念战略则不同，它打破了战略与战术、思想与行动的界限，内涵、功能和运行机理都发生了质变。最重要的是，作为一种全新的系统战略观，它通过思想与行动相辅相成、互为校正的方式实现战略目标。也就是说，新概念战略在思想与行动之间搭起了实时互动的桥梁，在战略目标与战略能力之间建立了反馈和修正通道，担负起避免国家走向灭亡的神圣使命，使战略不再像过去那样云山雾罩、漂浮不定。新概念战略顺应时代需求而生，服从服务于更加遥远的大国博弈目标。对于它而言，理论新发现已不再是主因，而利益新需求才是真正的内在动力。

大国战略碎片化

战略碎片化与一体化战略相对。所谓一体化战略，是指把所有战略方向和领域的战略需求整合在一起，浓缩为一个战略，让世界朝一个方向迅跑。如第二次世界大战后的美国，从杜鲁门的"遏制战略"、艾森豪威尔的"大规模报复战略"，到肯尼迪的"和平战略"、尼克松／福特的"尼克松主义"，再到卡特的"世界新秩序战略"、里根的"新灵活反应战略"，最后到老布什的"超越遏制战略"，贯穿冷战时期美国战略繁衍链的主线就是争夺世界霸权。尽管提法因白宫主人的更替有所不同，但彻底击败苏联及其华约集团的战略指向高度一致。在世界格局相对稳定时期，由于大国博弈关系清晰且固定，人们别无选择，战略思维凝固了，大国战略目标和指向被固化，"一根筋"战略大行其道很正常。与此相反，战略碎片化打破了某个战略一统天下的格局，把大战略撕成一张张碎片，以一个个小战略的形式出现。现如今，无论在一国、一个地区还是全球，已再也看不到非我莫属的宏大战略的身影。而且，世界局势一有风吹草动，各国战略都会随风起舞，迅速作出反应和调整。战略，这个一向高冷、严肃的概念，破天荒地有了弹性，去掉了呆滞刻板，看起来倒更像战术。随之而来的是，大国的定力不再坚如磐石，战略定力失去了定力。

在碎片化大潮的冲击之下，大战略在一改往日宏大叙事、高高在上风格的同时，摇身一变，蜕变为林林总总目的明确、散落四处的小战略。从形态上看，这些小战略不再以纯粹的理论出现，如同一片片折射战略行动背后宏大图景的马赛克，一切思想和行动都变成碎片。只有把这些马赛克按照一定规则重新合成时才会再现图景，让人豁然开朗，看到大国战略清晰而完整的模样。在这宏大图景之下，作为独立的战略碎片，渺小而微不足道，也许掀不起什么大浪，但当它们朝特定方向汇聚在一起时，则浩浩荡荡、势不可挡。眼下，"战略"已成为时髦词。战略投资、战略合作、战略伙伴、战略规划……但凡什么事都要贴上战略标签，"战略"成了上至国家领导人、下至普通百姓当之无愧的口头禅。更有甚者，战略研究产品如同螃蟹摊地，泛滥成灾，战略的存续时间、影响范围和辐射能力都大打折扣，甚至出现了"白菜价"战略，可以被"秒杀"。结果是，没有哪个战略可以独步天下，也没有哪个战略理论可以长时间统领世界。

　　与大转折时代世界格局重塑相暗合，战略碎片化折射的是大国力量碎片化。散落于世界的战略碎片，其实就是散落于世界的大国力量。一方面，冷战后，美国整天在世界各地打打杀杀，力量遍布世界每一个角落，同时，力量相对分散；另一方面，新兴大国快速崛起，力量也纷纷走出国门、走向世界，"走出去"几乎成了它们的共同口号。这个世界看似美国一家独大，其实不然，大有诸侯割据、占山为王的架势，说大国混战并不过分。今天，没有什么地方不能去，也没有什么地方纯属于谁，即便是最敏感、最危险的中东。地球上的每一寸土地，都你中有我、我中有你，力量犬牙交错，目标各不相同，这个世界似乎得了"势力分裂症"。一个有趣的现象也许能说明这一点。伴随着战略碎片化，国际组织如雨后春笋冒了出来，各式各样的伙伴关系、协定、联盟、共同体、自由贸易区乃至峰会、论坛轮番登场，世界好不热闹。诸如G20峰会、金砖国家领导人峰会、APEC、世界经济论坛、东盟地区论坛、上海合作组织、中国—东盟（10+1）、独联体安全会议等等等等，它们充斥媒体和网络，人们耳熟能详。时下，但凡一个大国或地区国家群，都随时随地可以发起以特定利益为指归的某种联盟，与守成大国分庭抗礼，在全球利益的大锅里舀一碗汤喝。① 联合国越来越

---

　　① 英国《经济学人》周刊在2016年11月19日刊登题为《买卖清淡下来》的文章，称TPP走向崩溃几乎可以确定。这篇文章认为，其影响是深远的。TPP崩溃，推翻了贝拉克·奥巴马大肆宣传但基本失败的"重返亚洲"政策的主要经济纲领。该文指出，大规模地区贸易协议并非只是作秀。TPP是历史上最大的地区贸易协议，美国想要表明它可以制定亚洲经济议程。近年来，出现了一系列令人眼花缭乱的小规模协议，通常是双边协议。亚洲目前有147个自由贸易协议生效，10年前则为82个。还有68个正在谈判。从贸易理论的角度看，这不是最理想的：这是一个杂乱重叠的景象。参见《参考消息》2016年11月22日第10版。

像一个国际道义的花瓶。也许是号错了脉，每一任联合国秘书长都扯起改革的大旗，可每一次都未果而终。作为利益联盟的国际组织只是战略的一种外化物，战略碎片化导致联盟碎片化理所当然。它们呈几何级数增长，恰恰映射了小战略铺天盖地、鱼龙混杂的乱象，也反映了世界权利格局严重失衡的状态。在大国争相填补世界权利格局空白的博弈中，力量碎片、联盟碎片总是与战略碎片相伴相生。这就意味着，假如你想一睹大国战略图景的芳容，那么，你只能一头扎入碎片马赛克的海洋尽情畅游，因为这一图景已被深深地藏到了那些不起眼儿的海量小战略的背后。从这个意义上说，想要有一个全新的联合国，首先得问道于世界新秩序。

更具深意的是，战略碎片化开启了一个充满战略困惑与迷茫的时代，即战略贫困时代。其实，战略碎片化就是战略贫困的一面镜子：战略的品种越多、产量越高，则战略思维愈发苦涩，战略思想愈发枯竭，战略理论愈发贫乏，结果自然是战略困惑蜂拥而至。作为大转折时代的特有现象，战略碎片化貌似把一个大战略分解为 N 个小战略，分步实施，各个击破，就可以为实现大国目标添砖加瓦。但也不尽然，大战略一旦被拆成若干个小战略，当把它们重新拼接在一起时，未必能够复原。当且仅当这些小战略服从于长远利益大战略的总体设计时，才有可能再现原有的战略图景，而这只是理想情况。在现实利益的驱动下，这些小战略很可能南辕北辙、各自为战，甚至相互冲突。还拿美国来说，尽管冷战后美国的战略新概念花样翻新，但不同政府甚至同一政府的不同时期，其战略指向大相径庭。老布什的"超越遏制战略"旨在和平演变苏东集团，克林顿"参与和扩展战略"的目标是建立以美国为主导的国际新秩序，小布什的"先发制人"战略为的是打赢反恐战争，奥巴马的"重返亚太"战略则把矛头对准了中国和俄罗斯，只是眼下特朗普对究竟把谁作为主要对手还没有彻底想明白。[①] 美国人在全世界东征西讨，东一棒西一棒，战略指向举棋不定。这只能说明，美国人面对时代大转折同样无所适从，在战略创新上江郎才尽。

原点即是终点

战略起源于战争。

在战略的演变历程中，有过两次泛化。第一次泛化——战略越过战争的门槛，为全社会的各行各业所共同拥有。以至于后来人们谈及战争时，不得不在战略的前面冠以"军事"二字，以示与其他战略的区别。[②] 第二次泛化——战略突破思想的疆域进入行动层面，出现理论与实践相互渗透、彼此融合的新形态。如果说第一次泛化由于战略进入非军事领域是一种典型的"软化"的话，那么，第二次泛化因为战略超越了思辨范畴进入实践，就是一次地地道道的

---

① 冷战结束后，美国把中国视为主要战略对手，但俄罗斯在乌克兰危机、叙利亚内战等重大国际事务中的战略行动，让美国不得不重新评估威胁。美国担心苏联死灰复燃，甚至怀疑"冷战 2.0"版已经开始。美国国内也出现"反中"和"反俄"两派争论不休，面临两难选择的窘境。

② 泛化是一个行为主义心理学概念，又称条件反射的泛化。泛化是指当某一反应与某种刺激形成条件联系后，这一反应也会与其他类似的刺激形成某种程度的条件联系。关于战略的泛化，有学者表示担忧，认为受战略概念泛化的影响，在如今的战略研究领域，也出现了一种将军事战略研究对象泛化的现象：一是把战争全局改为军事全局，二是将军事战略分成战时战略和平时战略。这种泛化淡化了战略的核心内容，割断了战争与和平的必然联系，非但不利于战略研究的深化，也容易对战略实践产生误导。参见姚有志：《战略泛化的忧思》，载《解放军报》2002 年 1 月 22 日网络版。

"硬化"。① 不言而喻，当两次泛化的基因重组完成之后，涌现大量非驴非马战略也就不足为奇了。

"硬化战略"是战略新形态的派生物，而行动战略与战略行动"二位一体"则是"硬化战略"的突出特点。自从战略走出战争的象牙塔，继而从思想高地下凡到行动之野后，传统战略概念框架的颠覆已经不可避免。行动战略与战略行动是原本属于两个范畴、由两类人在不同时段完成的两件事，思想在前，行动在后，风马牛不相及，如今却浑然一体、天衣无缝。战略的"硬化"，一方面拉近横亘在战略大战略与战役战术之间的层级阶梯，大战略与小战术间的界限愈加模糊；另一方面，行动战略与战略行动彼此融合，纯粹思辨型战略越来越少，而行动型战略越来越多。行动背后有思想，思想背后有行动，看似无意却有心，看似无心却有意，知与行高度合一。时下的大国博弈，一切言与行无不打上战略的烙印，既听不到没有战略行动支撑的"说"，也看不到没有行动战略指导的"做"。悠悠天下事，"说"之前早就"做"了，"做"之前早就"说"了，已很难找到思想与行动的界碑。从战略思想到思想战略，从行动战略到战略行动，背后似乎都有一只无形的手在操控。而大千世界就像"泥人张"手中的泥巴，朝着大师心中的偶像快速改变着神态，进而栩栩如生。这种先经过"软化"又充分"硬化"的战略，除了具有覆盖经济、政治、军事、文化、技术、外交一切领域的广泛性

① "战略硬化"一词，借经济产业结构软化而来。产业结构软化是指在社会生产和再生产过程中，体力劳动和物质资源的消耗相对减少，脑力劳动和知识的消耗增长。与此相适应，劳动和资本密集型产业的主导地位日益被知识和技术密集型产业所取代。战略硬化现象，强调的是战略已经超越理论思辨的窠臼，把战略行动纳入自己的怀抱，并形成了思想与行动相统一的新形态，从而突出了大转折时代战略的行动性特征。

外，还有一个特别重要之处，就是当下的说与做不仅为了当下，而是把矛头指向未来，锁定几年、几十年甚至上百年后的目标。在新概念战略面前，人们很可能无法一下子判断对手的真实意图，更难以发现螳螂扑蝉时那黄雀躲在何方。就如同想从马赛克碎片判断图景一样，尽管每一个碎片携带着色、形、意全谱信息，却无从下手。让我们看看美国人今天的做派，或许大有裨益。不论是硬围堵的岛链战略，还是软遏制的参与战略，它们的目标当然不是攻城略地那么简单。这些披着政治对话、地区参与、军事存在、经济合作、文化交流华丽外衣的新战略体系，共同指向维护美国全球首要地位这一核心利益。

战略的"硬化"倾向萌芽于核时代，发展于冷战之中，成熟于后冷战时期。这是因为，重塑新格局、打造新秩序离不开战略设计与战略规划，更离不开战略布局和战略态势的建构。问题是正如前面所言，伴随着大国力量对比的此消彼长而快速演变的战略态势，让每一个战略及其策略的适用期大为缩短。一个战略学说过不了几天就离现实世界而去，很快被时代抛弃而无人问津。正如摇滚歌星崔健所唱："不是我不明白，这世界变化快。"正当人们渴望抚慰战略贫困引起的时代痉挛时，恰逢其时出现的信息平台，为战略新概念与新概念战略的研发提供了新的手段，战略这一特殊产品可以破天荒地进行批量生产。为了想象中的世界而量身定做一套战略，这种带有鲜明时代特征的战略规划新机制，实际上是"思维行为化"①

---

①　人类如何表达思维？在语言符号出现之前，远古人类用手势等肢体语言表达思维，那时"行为即是思维"。语言出现后，语言符号就成为思维的中介系统，人类处于"语言即是思维"的阶段。当代的信息革命开创了数字化信息表达一切的历史，出现了思维行为化现象，人类进入"思维即是行为"的新时代。所谓思维行为化，就是

的产物。从今往后，战略将从人类神秘的大脑中走出来，变为思维与行为的载体，而不再仅仅停留在纸上。战略的生产如此这般，战略的运用这般如此。在此，不能不提到被称作"战争之母"的美军作战实验室。"战争首先在作战实验室打响"，这听起来像天方夜谭的说法，在美军那里可都是不争的事实。令人感叹的是，美国人在军事领域掘到第一桶金后并未收手，而是把作战实验室那一套极富创意地搬到战略领域并很快尝到了甜头。现如今，战略推演、战略实验、战略评估在美国白宫已是家常便饭，甚至改变了那里的工作流程，而整个世界说白了就是美国的战略实验室。一张白纸，好画最新最美的图画。全球化、信息化、多极化浪潮冲刷下的世界大棋局，正在等待大师们纵横捭阖、谋篇布局。这也就不难理解冷战结束后，当很多大国忙乎"家里事"的时候，为什么美国人在全球范围大开杀戒，并获得超出预期的战略回报。如果说战略新概念追求的是思想的力量的话，那么，新概念战略则是追求力量的思想。还是这几个字，前后对调一下，意义有天壤之别：力量在前，思想在后，从战略行动号切行动战略的脉搏，一语道破战略新形态的天机。

把原本在人的大脑思维空间中进行的思维活动转化为软件，变成了计算机 0—1 二进制系统的运算过程，变成了机器的行为，也就是数字化信息在虚拟空间里的代码化、网络化、行为化运动过程。信息平台在开启信息存在与运动方式革命的同时，开了信息表达方式革命的先河：把"知识的知识"作为表达对象。在以语言符号为中介的思维阶段，思维只能在人的大脑中进行，其过程是极其神秘的。进入以数字信息为中介的思维阶段后，思维开始从人脑中移出，转化成某种软件。软件是一种程序化、模块化、策略化了的思维表达，看得见、摸得着，而且可以重复，是一种行为化的思维。它首次把人类的思维过程，即运用知识和如何运用知识的知识，变成如同行为过程那样的实实在在的系统，从而引起人类生存方式的一系列革命。参见董子峰：《信息化战争形态论》，解放军出版社 2004 年版，第 71 页。

战略"硬化"意味着从认识到行动的距离在缩短，这是向战略原点的历史性回归。早期的战略原本就以实践形态存在，作为独立的理论形态出现，那是后来的事情，是人类战略思维发展的产物。有趣的是，经过两次泛化之后的战略尽管不再为战争独家所有，但就其实践的本质属性而言，转了一大圈竟然又回到了起点。否定之否定意味着更加肯定。在人类虚拟实践的最新发展面前，再把战略人为分割为战略理论和战略实践已不合时宜，而把战略限定在"指导""艺术"范畴更是一个误区，因为这种界定混淆了战略与战略研究之间的关系。就像军事理论只是军事研究的副产品一样，战略理论也只是战略研究的副产品，而用副产品替代产品本身就是问题。也就是说，军事理论不能等同于军事，战略理论也不能等同于战略。坚持战略的思想与行动双重属性，古今中外大有人在。当年，德国的老毛奇（1800—1891）就把战略定义为"实际运用"[①]；俄罗斯人至今仍保持苏联的传统，认为战略由理论与实践两大部分组成。[②] 如果说战略从一开始就具有实践性，在当时还带有明显的理论思维滞后的被动性的话，那么，新概念战略突出战略的实践性特征，就是恢复战略与生俱来的主动性的本来面目，因为这种战略主动和战略自觉对于今天大国博弈的意义非同凡响。

战略即行动、行动即战略，这极可能是战略在大转折时代最重要的转向，理所当然会带给我们今天还无法想象和预知的大国对抗

---

① 老毛奇认为，战略是"一位统帅为了达到赋予他的预定目的而对自己手中掌握的工具所进行的实际运用"。参见利德尔·哈特：《战略论》，战士出版社 1981 年版，第 446 页。

② 苏联认为，军事战略是"军事学术的组成部分和最高领域，它包括国家和武装力量准备战争、计划与进行战争和战略性战役的理论与实践"。参见《苏联军事百科全书》第 1 卷，战士出版社 1982 年版，第 342 页。

新形式抑或未来大国新关系。如果说世界新军事革命的说法成立的话，那么，我们完全有理由把这场大国战略及大国关系的转型称为"世界新政治革命"。这是人类战略发展史上迄今为止最具深刻内涵的转折，新旧大国博弈的分水岭将由此划定。因为它的出现，已足以把冷战结束以前的对抗方式统统扔进"旧"时代的大筐里。尽管如此，我们仍不能沉湎于理想主义的幻想。在核武器这把高悬在人类头顶上的达摩克利斯之剑的震慑之下，面对新兴大国崛起的挑战，经过两次泛化之后的新概念战略，可能不会让美西方把注意力仅仅放在军事领域，或为当下世事与新兴大国一决高低。但我们绝不能因此就高枕无忧，以为大国对抗从此就会变成达沃斯论坛上的高谈阔论，抑或香格里拉对话中的唇枪舌剑。千万别忘了，即便是在虚拟战场展开的虚拟对抗，也同样需要以国家整体实力为后盾。一个纸老虎即便摆出十套吃人 POS，也不足以威慑一个在实力上强于它的对手。何况争夺世界未来的大国对抗，比以往任何时候都要激烈百倍千倍。

　　大国博弈，乃国运之大事、存亡之地、兴衰之道，容不得半点天真也。哪怕有一天，所有的大国对抗都被披上了"合作"的外衣，一场合作中的无声对抗或对抗中的微笑合作依旧是对抗。它可以改变大国博弈的残酷过程，却无法改变大国之间的结构性矛盾，因而也就无法改变大国兴衰更替的残酷结局。

第二章
对抗魔方的异转

> 人类在进步，不再认为战争是潜在的上诉法庭。
>
> ——I.S.布洛克

> 如果美国在全球图腾柱上的位置空出来，中国的重要邻国——印度、日本及俄罗斯——都不会准备承认中国继承该位置的权利。
>
> ——兹比格纽·布热津斯基

对抗像人类一样古老。

尽管和平与发展在当下被立为时代的主题，但自先民们把对同类个体生活资料的掠夺演变为族群之间的生存博弈之后，对抗这只恶魔就像幽灵一样时隐时现，从未远离人类。① 千百年来，生存资

---

① 也有人认为，大国对抗不是必然的。比如，时任美国总统国家安全顾问托马斯·多尼伦说：我不认同某些历史学家和理论家抛出的所谓正在崛起的大国与已有的大国必然陷入纷争的言论。纷争不是必然的。这并非物理定律，大国对抗是由领导人

源、地缘政治、领袖意志（民族荣誉）一直是引发大国对抗的三大动因，而国家利益则始终是永恒不变的轴线。问题是，如果有一天，人们猛然发现这一架构已被时代转折的大潮冲得物是人非时，对抗的魔方还会照老套路旋转吗？

结构对抗的兴起

对于春秋战国时期的越人来说，为了灭吴而卧薪尝胆，越王勾践入吴为臣仆 3 年的屈辱以及美女西施的眼泪都是值得的，如果史书的记载真实可信的话。尽管人类早期进行的战争，无论在对抗领域还是在对抗手段上都不能与现代战争同日而语，但战略思维能力相差无几。曾有多少战略构想，其目标之远大、构思之巧妙，历经千年岁月的消磨，至今依然闪烁着智慧之光，令后人叹为观止。

战争只是对抗的一种特殊形式。古往今来，处在权力巅峰的政治家和军人们只要有足够的理由，但凡用合作手段无法得到的东西，都会毫不犹豫地使用对抗手段去获取，包括发动战争。战争因为惨烈而让人刻骨铭心，与之相反，族群间横跨几代、几十代人的

作出的一系列选择造成的。美国前总统奥巴马多次说过，美国欢迎中国和平、繁荣地崛起，不希望两国关系被定义为竞争和对抗。问题是，从人类历史长河看，大国的竞争与对抗无法避免。这并不排除特定阶段、特定条件下的合作，甚至共赢、多赢。我们将证明，在大国博弈的不同历史阶段，或在不同性质的大国博弈中，存在短暂的合作共赢，甚至出现蜜月期都是可能的，但这改变不了大国博弈的对抗本质，以及人性对利益追逐的规定。参见美国白宫网站 2013 年 3 月 11 日的文章《2013 年的美国和亚太》，作者为时任美国总统国家安全顾问托马斯·多尼伦；另见《中美建设性关系将翻开新篇章》，载《参考消息》2013 年 3 月 15 日第 16 版。

持续对抗却常常被视而不见。我想说的是，这颗栖息着上千个民族、数百个国家的小小星球上，无论时代如何更替，总有一些民族国家注定是要相互对抗的，尽管彼此对手的名字可能会随着时间推移而有所改变。每一轮大国博弈尘埃落定之日，便是国际政治舞台上大国席位刷新之时。鲜有名不见经传的小国一夜暴富，一跃成为叱咤风云的世界性帝国。更多的则是，多少泱泱大国在一夜之间成了历史的记忆，甚至销声匿迹、无影无踪。面对大国兴衰的恢宏画卷，历代政治家、历史学家和国际关系学者们曾蚁附其上苦思冥想，都自信地给出了自己的洞见："修昔底德陷阱"，国家有机体理论，海权至上学说，世界大洼地构想，海陆冲突假定，心脏地带决定论，国家间权力争斗论，经济军事决定论，大国政治悲剧假说，等等等等。我无意评说这些研究成果的功过是非，相信它们在特定的历史时期肯定发挥过特定的引领作用。但不得不说还有一个肯定，那就是独立使用它们中的任何一种理论，都无法圆满回答大国究竟为何而对抗。只有登上思想高地俯视这一切，你才会发现，它们只是各执一把手术刀在人类社会肌体上拉开一个小口子，然后把自己所见告诉世人，尽管切口是经过精心挑选的，但仅此而已。或许这正是即便用最权威的理论去解读大国对抗的缘由，却依然有以偏概全之嫌的原因所在。

搞不清楚大国为何而对抗，也就没有资格奢谈大国兴衰的秘密。既然现成的路走不通，那只能另辟蹊径。当用系统眼光纵览大国兴衰的全部历史，且把所有的理论、假说、构想统统都放在同一个框架里考察时，我看到了两个冰冷的文字：结构，以及与之密切关联的结构要素、结构布局、结构冲突、结构对抗……一言以蔽之，导致大国对抗的根本原因在于它们的终极目标存在结构性矛盾。由此引发的结构性冲突，从一开始就规定了大国关系的基本走向，而不管你是否愿意接受或改变它。这听起来多少有点宿命，但事实的确如此。远的不说，就拿当初美国人立志把欧洲殖民统治者赶出北美而言，足见美欧之间的结构性矛盾何等尖锐，它们之间的对抗注定是血淋淋的。在整个 18 世纪，英国焕发勃勃生机、顺风顺水的年代里，唯有一件事令它颇感挫折，那就是海外殖民地北美 13 州的独立，这暗示了大英帝国的真正对手已然站立在它的面前。1897 年 6 月，英国举行维多利亚女王登基 60 周年盛大庆典。威仪万端的维多利亚女王驾临伦敦圣保罗大教堂，万民欢声雷动之时，谁敢说这不是大英帝国登峰造极的年代？可就在第二年，美国同时在太平洋和大西洋与西班牙开战，最终以西班牙割让波多黎各、关岛和廉价转让菲律宾群岛的主权收局。西班牙帝国从此辉煌不再不说，大英帝国也随之濒临式微，而美国一跃成为世界第一强国。与其说世界霸主的桂冠是在第二次世界大战之后易主的，还不如说是在美西战争中悄然易位的。① 历史与美、英帝国开了一个无情的玩笑：一个从谷底爬上巅峰，另一个从巅峰跌落深渊。它们就在巅峰上的瞬间完成了世界霸主权杖交接，把当年的暗示变成了现实。

　　毫无疑问，所有大国对抗几乎都与争霸有关，尽管争夺范围有

---

　　① 一般认为，美国是在第二次世界大战之后一跃成为世界头号强国，与英国"换了岗"。但不少学者对此并不认同，认为美西战争才是美国从世界大国变为世界强国的转折点。根据 1898 年 12 月 10 日签订的《巴黎条约》，西班牙放弃对古巴的统治，将波多黎各和关岛割让给美国，并以 2000 万美元的代价把菲律宾群岛主权转卖给美国。保罗·肯尼迪认为，美西战争改变了一切，"这不仅给了美国在西太平洋（菲律宾）一席之地，还使它成为又一种类型的亚洲殖民主义大国，也使那些赞成专横政策的人时来运转"。从此，美国扩张政策出现对外干涉的新特点，开始参与西半球以外所发生的事件，尽管当时孤立主义在美国依然挥之不去。参见保罗·肯尼迪：《大国的兴衰》上卷，王保存等译，中信出版社 2013 年版，第 256 页。

全球与地区之分。大国为争夺全球或地区主导权采取的所有行动战略和战略行动，皆属于结构对抗范畴，而不论这些战略和行动是否具有对抗性。这里的"结构"一词，并不像《现代汉语词典》解释的那么简单。它包罗万象，大到天体、宇宙，小到原子、细胞，从自然科学到哲学社会科学，一切皆有结构。[①] 物理学关注物质结构，建筑学算计力学结构，系统科学探寻体系结构，化学有结构化学，艺术有结构美学，哲学有结构主义、后结构主义……一句话，万事万物皆以结构的方式存在。既然结构具有普世价值，相信就不会独独在国际政治领域留下空白。20 世纪 90 年代，建构主义在西方国际关系学中异军突起，就是一个例证。[②] 令人惋惜的是，这些国际

---

① 结构指系统中各要素之间相互联系与相互作用的方式。结构标志着系统组织化、有序性的程度。物质系统的结构分为空间结构和时间结构。空间结构指系统各要素之间由于相互作用在空间上形成的同时态的稳定的结构，通常有三个层次：一是中层结构，即系统各要素之间相互联系与相互作用的方式；二是深层结构，即组成要素各自的内部结构；三是外部结构，即该系统与其他物质系统相互联系与相互作用所形成的较大系统结构。时间结构指系统的要素相互作用所经历的历时态的包含结构，表现了系统结构的流动性、可变性和演化性，表明物质世界没有绝对不变的结构。结构既是物质系统存在的方式，又是物质系统的基本属性，是系统具有整体性、层次性和功能性的基础与前提。参见冯契主编：《哲学大辞典》上卷，上海辞书出版社 2007 年版，第 950 页。

② 西方建构主义大体分为两支：现代建构主义和后现代建构主义。前者强调世界政治中主客体的社会语言建构，后者强调权力与知识之间的关系。现代建构主义又分为两种：一种是体系建构主义，它赞成新现实主义从体系层面研究国际政治的观点，从体系层面对世界政治进行社会文化分析，重视研究国际社会相互行为的构成作用，认为国际结构的本质是国家，反过来，国家的实践活动再造了这类结构。另一种是整体建构主义，它注重历史角度的研究，更为具体地关注国际政治变化的动力问题，把国内和国际政治结构及过程视为全球性社会秩序整体的两个方面。后现代建构主义关注世界政治中主客体的社会语言、含义和社会力量如何相互作用，尤其对含义如何形成并以何种形式进行运作感兴趣。参见倪世雄等：《当代西方国际关系理论》，复旦大学出版社 2001 年版，第 223 页。

政治学大腕们只是热衷于学理层面的论战，而把探寻大国兴衰秘密的初衷抛在了脑后。他们走到结构对抗的殿堂门口，便停止了思想的脉搏。①

在一切战略资源中，有一种比任何要素都重要的特殊资源，那就是结构。从结构对抗角度看，粮食、土地、石油、可燃冰、无人岛等等，只不过是生存资料的要素而已；但这些要素在时间、空间上的分布一旦折射到国际关系之中，就会形成一种特殊结构，暗中左右大国关系的走向。比如岛屿，位于鄂霍茨克海南部的北方四岛（即南千岛群岛）介于俄罗斯千岛群岛与日本北海道岛之间，略靠近日本。这一时空关系决定了俄日难以避免的结构性冲突，况且，日本北方四岛的主权归属一直存有争议。又如石油，中东丰富的石油储量、西方大国对石油的过度依赖，以及海湾国家靠石油挣钱的状态，暗中规定着石油需求国与中东国家的关系，也命定了这个东西方大走廊永无宁日的归宿。可见，西格蒙德·弗洛伊德的隐结构理论同样适用于国际关系领域：如果说显结构与要素利益相对应的话，那么，隐结构就与结构利益相对应。

应当承认，不同的时代有不同的大国品质，因而，大国对抗的重心也不尽相同。仅就要素而言，过去为粮食、香料、鸦片、美女而战，今天为土地、石油、可燃冰、无人岛而战，明天可能为太空、互联网、国际规则、大国排名而战，但恰恰在这些唾手可得的

---

① 当代西方国际关系理论发展史上，曾经出现过现实主义和行为主义两次革命，发生了理想主义与现实主义、科学行为主义与传统主义、新现实主义与新自由主义三次大论战，形成理想主义、现实主义、科学行为主义、传统主义、新现实主义和新自由主义六个学派。参见倪世雄等：《当代西方国际关系理论》，复旦大学出版社2001年版，第28页。

要素利益背后，是被人们长期忽视了的对结构利益的争夺。冷战结束后，美国大兵大举进攻中东、西亚，为的是地缘政治结构；俄罗斯大规模增兵北极，为的也是地缘政治结构；欧盟快速东扩，为的还是地缘政治结构。尽管这些战略举动只是大国博弈的一个侧面，而军事、政治、经济、文化等领域的结构对抗每时每刻都在发生，尤其对于那些终极目标指向相同的大国而言更是如此。因为任何一种有利结构都会带来单个要素无法给你的好处，让你在大国博弈中始终处于主动地位而游刃有余，这就是国际政治隐结构的奥秘——一种看不见、摸不着并且超越了要素本身的核心利益。说穿了，大国间的结构性矛盾其实就是基于这种隐结构的核心利益的冲突，它丝毫没有转圜余地，除非你放弃初心。

以长远利益为参照系

当称霸世界的野心附丽于时代精神之上时，大国的对抗性竞争也就有了全新的方式。但要真正回答大国为何而对抗，仅仅停留在结构性矛盾的层面是远远不够的。让我们再往深里挖一挖，看看还有什么秘密隐藏其中。

第一个映入眼帘的是对抗目标。毋庸讳言，并非所有大国之间都存在结构性矛盾。这种矛盾的产生必须同时满足两个条件：一个是大国的终极目标存在冲突，另一个是它们的国家利益轴线在时空上至少存在一个交会点，二者缺一不可。A 国要当世界老大，B 国要当世界第一，而世界老大、世界第一只能有一个，因此，A 国与 B 国之间的远景目标冲突就会扑面而来。可是，拥有这样光荣与梦想的国家很多，它们中只有为数不多的大国由于实力相近，核心利益的轴线因时空重合而在国际政治舞台上迎面相撞，才会爆发双方都难以独立掌控的结构性冲突。如果彼此实力差距过于悬殊，或"冲顶"时间相隔甚远，或不在同一个时空里发力，即便想人为制造结构性冲突都难。比如，当年美苏两个超级大国实力相当，都把战胜对方视为终极目标，由此展开了包括核军备竞赛在内的全方位对抗，尽管它们在第二次世界大战中有过反法西斯的战略合作，但在这种结构性冲突面前即刻反目成仇，判若两人。如果说当年美国从英国手里夺得全球王冠后曾一度出现孤立主义倾向①，是对拥有世界霸权的不适反应的话，那么，经过太平洋战争战火洗礼的美国奉行进攻性现实主义政策，就是对失去霸权的恐惧心理的条件反射。这是因为，在苏联咄咄逼人的攻势行动面前，美国人的不安全感陡然上升了。约翰·刘易斯·加迪斯甚至断言："冷战的根源就在第二次世界大战中，这一事实说明了为什么旧的冲突刚刚结束，新的冲突就这么快地发生了。"的确，1941年太平洋战争爆发后，同盟国围绕第二战场开辟、战后国际秩序设计以及势力范围分割展开的种种明争暗斗，在价值观、安全观和意识形态冲突的推波助澜下，使东西方冷战其实早在盟军诺曼底登陆之前就开始了。② 美苏

---

① 美国学者尼古拉·斯巴克曼指出，孤立主义既是一种感情，也是一种国家战略。在孤立主义政策中，人们往往只看到美国不愿意卷入英法争端、不愿意加入国际联盟，但是，人们没有看到，美国的战略意图是在欧亚保持秩序和均势，把西半球作为它自己的势力范围。这是美国最重要的利益所在。因此，斯巴克曼认为，盲目地坚持孤立主义或者反对孤立主义的人都没有看到问题的关键。参见倪世雄等：《当代西方国际关系理论》，复旦大学出版社2001年版，第65页。

② 第二次世界大战中，苏联付出巨大代价，有2700万人直接死于战火，这个数字是美国在第二次世界大战里死亡人数的90倍。关于开辟第二战场，英美联军从1942年11月在北非登陆开始，后又于1943年夏进军西西里岛和意大利南部，直到

的核心利益轴线在同一时空交会，只是，它们之间的结构性冲突在战后以冷战方式延续近半个世纪之后，最终以戏剧性方式画上句号，大大超出了地球人的想象。

人们曾感叹先人们为生存资料而战的简单性，但是，战争手段的简单并不代表目的单纯，战场单一并不代表动机唯一，在生存资料匮乏的年代，更需要借助于复杂的战略设计来达成目标。希特勒"为德意志民族争取生存空间"以及日本天皇裕仁"建设大东亚共荣圈"的狂言，尽管只有寥寥数字，却源于威廉二世、东条英机之流的精心设计。[①]战争史上看似令人啼笑皆非的香料战争、情人战争、朗姆酒叛乱，其背后都隐藏着更大的玄机。即便是英国人为鸦

1944 年 6 月在法国诺曼底登陆，才减轻了苏联红军的军事压力。苏联怀疑英美故意推迟诺曼底登陆，好尽量让苏联担负同纳粹德国作战的重任。1943 年 9 月，英美迫使意大利投降时，没有让苏联加入在意大利开辟的第二战场。苏联以同样的方法对付英美：当苏联红军于 1944—1945 年占领罗马尼亚、保加利亚和匈牙利时，没有让英美参加。原子弹的出现，愈发加深了美苏之间的不信任。在苏联看来，美国使用原子弹把广岛、长崎夷为平地，是在奉行"原子弹讹诈政策"，是向苏联索取战后让步的手段。因此，冷战的根源就在第二次世界大战中，这一事实说明了为什么旧的冲突刚刚结束，新的冲突就这么快地发生。参见约翰·刘易斯·加迪斯：《冷战》，翟强、张静译，社会科学文献出版社 2013 年版，第 28 页。

① 《德皇雄图秘著》是威廉二世的秘著，原名为《朕之作战》，原稿藏于德国皇宫波斯达宫。德皇威廉二世主张进行军备竞赛和建设强大的海军，向中国、巴尔干地区、近东和非洲扩张。这本秘著被法国一名军事间谍偷出，译成法文，风行法国。日本人泉口丽阳在得到朋友从法国寄回的一册《德皇雄图秘著》后，把它译成日文，在日本大受欢迎，据说在 3 年间重印 30 多次。《大东亚建设的构想》为时任日本首相东条英机，于 1942 年 1 月 21 日在第 79 次帝国会议上的演说。他在演说中叫嚣："大东亚战争的关键，一方面在于确保大东亚的战略据点，一方面在于把重要资源地区收归我方管理和控制之下。""帝国将这个地区加入进来，在人类历史上划一新纪元的设想……而这个大事业的成功，又是我国武力作战的成功导致最后胜利的必要条件。"东条英机提出了"战争即建设，建设即战争"的法西斯理论。参见罗祎：《战略构想》，解放军文艺出版社 2005 年版，第 19—28 页。

片贸易对大清国发动的"国家贩毒战争",除了到中华大地搜刮银圆的利益驱动之外,当然还有借鸦片的毒性依赖从精神上控制"东亚病夫"的狼子野心,因为这是日不落大英帝国殖民政策的应有之义。宗教涉及信仰,那可是信徒们不可侵犯的精神领地。为本教派的正宗地位而战,就如同今天被罩上光环后的圣战,当一回人体炸弹,那是天经地义的。毋庸讳言,鸦片、香料、烈酒、美女、牧场、名分等等,不过是大动干戈的导火索,在战争之上肯定还有更重要的东西。相信政治家和军人们在发动战争之前,一定会细细掂量过利益的砝码,不管是出于国内还是国际原因,也无论公之于众的理由多么道貌岸然。看看吧,1969年3月美国秘密轰炸柬埔寨时,据说主管此事的时任美国总统国家安全事务助理基辛格博士,曾经一丝不苟地注视着地图,亲自为轰炸机选定目标。格雷格·格兰丁认为,不论轰炸的真正战略价值或名誉价值是什么,也不论受害国为之付出的生命代价多么巨大,但对于当时的基辛格来说,表达美国的凶猛和强硬,显示美国有意动用其可以任意使用的可怕实力,本身就是一个重要目的。① 如今,人们大可当一回事后诸葛亮:美国入侵柬埔寨的真正目标在于越南,是美国把自己从越南脱身的需求凌驾于一个弱小国家的利益之上。而这种一个目标背后隐藏着一系列目标的手法,只是基辛格惯用的外交"连环套"而已。②

---

① 美国《洛杉矶时报》于2015年8月20日刊登题为《基辛格的影子》的文章,探究这位外交家对于美国对外政策的长期影响。这篇文章称,从1969年到1973年,美国对柬埔寨采取的行动估计造成了10万平民死亡,格兰丁将其定性为"悖德狂行为"。参见《参考消息》2015年8月27日第12版。

② 代号为"早餐"的大规模秘密空袭柬埔寨计划,由基辛格与两名美军上校军官在早餐时商定。1969年3月17日晚,空袭第一波次的60架B-52轰炸机从关岛安德森空军基地起飞,经5个小时的长途奔袭,把炸弹倾泻在柬埔寨境内一个叫鱼钩的

第二个映入眼帘的是对抗目的。今天的大国都在争夺什么？如果带着这样的疑问组织一次街头采访，答案恐怕逃不出两个字：利益。人为财死，鸟为食亡。大国为了利益而对抗，这无须证明。汉斯·摩根索曾经断言："这个世界本质上是一个利益对抗和利益冲突的世界。"但我想说的是，在显而易见的眼前利益之外，还存在一种看不见的利益——不为人们所轻易察觉、只有少数天才政治家才能感悟到的潜在利益。它才是导致大国对抗的深层次原因，也是关乎大国兴衰的核心利益之所在。

伊拉克战争爆发 10 周年之际，军事评论家们也包括部分美国人在内，在重新评估这场战争之后得出了新的结论：这是一场愚蠢的战争。[①] 他们认为，具有实用主义传统的美国人，在透过上千度近视镜去乞灵膜拜于战争解决利益冲突时，看到的只是一仗打下来可以创造多少个就业岗位、能往自己的口袋里多搁多少美金。但是，请别忘了冷战时期的世界政治版图。在那个时候，中东、西亚可是美苏两个超级大国都垂涎三尺的地方，双方曾在伊拉克、伊朗、阿富汗接连上演了一幕幕明争暗斗的大戏。更重要的是，在美

地方，因为情报显示那里藏匿着越南劳动党的指挥部和补给站。而直接导致尼克松下达轰炸令的正是两天前，即 1969 年 3 月 15 日，北越自 1968 年 10 月美国停止轰炸越南北方后第一次炮轰西贡（今胡志明市）。参见沃尔特·艾萨克森：《基辛格：大国博弈的背后》，国际文化出版公司 2008 年版，第 127、186 页。

① 美国在伊拉克战争中花费了 3 万亿美元，死亡 4500 名美军官兵。美国盖洛普公司的民调结果显示，在美国发动伊拉克战争 10 年后，53% 的美国人认为这场战争是一个错误。有学者认为，伊拉克战争是美国由盛转衰的起点。美国发动的伊拉克战争打开了盛满宗教矛盾的潘多拉魔盒，基地组织、伊斯兰极端主义、恐怖主义趁机坐大，打破了中东地区的力量平衡。最大的赢家既不是美国，也不是伊拉克，而是伊朗、伊斯兰极端组织和恐怖主义组织。伊拉克从形式上建立起"刺刀下的民主"，但伊拉克人民除了动乱、动荡外，什么也没有得到。

国人的内心深处，欧亚大陆乃是世界的中心，他们绝不允许冷战结束后在那里，再冒出一个有资格挑战美国全球首要地位的挑战者。眼下，块头足够大的只有俄罗斯、中国、印度这样的棋手国家。[①]美国想要遏制这些大国的崛起，中东、西亚这步棋非走不可，而且必须把这些棋子完全做活。伊拉克战争做到了，因为这场战争彻底改变了中东格局。从海湾战争、科索沃战争到伊拉克战争再到阿富汗战争，美国大兵的铁靴一路东进，一脚踩在了中国、俄罗斯的西部边界，并且与太平洋方向依托三大岛链及一系列军事同盟的西进力量，形成了东西对进、南北夹击的态势。难道不是吗？这是美国人做梦都想要的格局！可以想象得到，此时此刻美国的老共和党人一定是有口难辩：我们在为帝国的长远利益而深谋远虑，外人看不明白也就罢了，可咱自己人也跟着瞎起哄，你们傻不傻呀！尽管美国人都在骂自己，认为伊拉克战争打错了[②]，可就在圣战组织"伊

---

① 布热津斯基从地缘政治角度把欧亚大陆国家分为两类：一是地缘战略棋手国家，二是地缘政治轴心国家。他认为，目前的全球情况下，在欧亚大陆新的政治地图上，至少可辨明5个关键的地缘战略棋手国家和5个地缘政治支轴国家。他认为，地缘战略棋手国家只有法国、德国、俄罗斯、中国和印度。英国、日本和印度尼西亚虽然无疑也是十分重要的国家，却不具备当棋手国家的资格。支轴国家包括乌克兰、阿塞拜疆、韩国、土耳其和伊朗，而土耳其和伊朗在某种程度上——在它们较有限的能力范围之内——在地缘战略方面相当活跃，也有资格被视为地缘战略棋手国家。参见兹比格纽·布热津斯基：《大棋局：美国的首要地位及其地缘战略》，中国国际问题研究所译，上海人民出版社2007年版，第35页。

② 有批评者认为，伊拉克战争是小布什政府根据错误的情报、在错误的地点发动的一场错误的战争，把美国再次拖入战争泥潭。于是，奥巴马上台后，急忙宣布从伊拉克撤军，而且标榜美国为伊拉克留下了一个友好、稳定的新政府。其实，这只是美国推行"离岸平衡手"策略的一个动作，与其说是撤军，还不如说是角色的改变。冷战结束以来，美西方在中东、北非地区先后发动了海湾战争、伊拉克战争、利比亚战争等高技术局部战争，不仅改变了地区地缘政治格局，而且构建了更加完善的军事基地体系，重兵集结于中东、北非地区已常态化。目前，仅美军中央司令部就在该地

拉克和黎凡特伊斯兰国"（IS 组织）夺取摩苏尔、提克里特、祖卢耶等城镇后，一路南下逼近巴格达时，整个西方世界惊恐万分。除了联合国安理会召开紧急会议之外，美国在第一时间发声要出手相助。奥巴马明确表态，不排除包括军事行动在内的任何选项。① 西方媒体惊呼，IS 组织攻城略地，反恐战争前功尽弃，奥巴马的中东战略宣告失败，美国人在那里通过大量流血换来的东西又都失去了。② 那么，人们不禁要追问了，他们所说的那些"大量流血换来的东西"又是指什么？也许有人看到了中东"乱局"，可问题是：乱的是人家，美国自己好着呢。况且从长远眼光看，一个国家或地区要完成政治体制转型和格局重塑，乱上几年、几十年再正常不过了。从辛亥革命到新中国成立，中国足足乱了 38 年，并没有人以此质疑列强的对华政策或战争犯了什么错。这样看来，这些经过各

区驻有超过 8 万人的陆、海、空军部队，主要包括常驻的美海军第 5 舰队、轮换部署的空军航空航天远征部队以及陆军前沿部署部队，可对地区危机作出迅速反应。此外，美军还在意大利部署有空军第 16 航空队和海军第 6 舰队，一旦遇有突发情况，即可实施快速增援。

① 从 2014 年 8 月开始，美、法等国的空中力量相继对伊拉克、叙利亚、也门等国境内的 IS 组织目标实施空中打击。美军不仅使用 F-15、F-16、F/A-18 战斗机及 B-1 轰炸机、AH-64 直升机等第三代武器装备，而且还动用了 F-22 隐形战机和 MQ-1B"察打一体"无人机等新型作战平台。尽管空袭收效甚微，甚至带来误炸误伤、恐怖报复等"附带损伤"，但不能否认的是，美西方对该地区的控制能力与冷战时期相比，已不可同日而语了。

② 德国《世界报》网站于 2014 年 6 月 11 日发表文章，题为《美国人在伊拉克丢掉的胜利》。原文提要为："9·11"事件过去 13 年之后，全球的恐怖主义再次胜利进军——不论是在伊拉克，还是在叙利亚或北非。奥巴马的撤军政策失败了。这篇文章指出，兰德公司的一项研究表明，过去几年里，全球恐怖主义的威胁以令人不安的方式增加。2007 年，像基地组织那种类型的组织只有 28 个；但 2013 年，这一数字就增加到 49 个。目前，这些组织可能拥有 4.4 万至 10.5 万名成员，比 2007 年多一倍。奥巴马摆脱全球危机的战略、美国的厌世情绪和阿拉伯国家政权的瓦解，在以下地区造成了可被不同恐怖组织利用的真空——不论在叙利亚、伊拉克、利比亚，还是在其他地方。

式各样"颜色革命"冲刷的国家，乱只是开始，而不是结束。想必在西方大国那里，对它的精神准备是相当充分的，甚至早有预料和预谋，因为它们对颠覆他国政权这种事情并不陌生，对如何"善后"轻车熟路。

大国对抗自有铁的法则。如果说，狭路相逢勇者胜是战争的不变法则的话，那么，棋逢对手智者赢就是对抗的铁律。大国博弈必须得"识货"，看得懂对手的招数才能煮酒论英雄，不然的话，你连博弈的资格都没有。毛泽东与蒋介石斗了一辈子，但毛泽东说他与蒋介石有"共同语言"。毫无疑问，毛泽东指的是思维层次，他们大致在同一平台上，半斤斗八两。只是毛泽东技高一筹，最终让蒋介石败走台湾岛。① 时下，新兴大国遭遇到了诸多难题和困惑，诸如发展困境、强权政治、"中等收入陷阱"、"修昔底德陷阱"等等。相反，美国人在诸多领域如入无人之境，放开手脚布局世界，最大限度攫取长远利益，扩张那些看不见的潜在利益。出现这种一边倒的局面，如果把原因仅仅归结为单极世界中美国失去制衡是不够的。新兴大国对战略形态、利益形态的改变反应迟钝，跟不上大转折时代的大国对抗新方式，不能不说是一个致命伤。看不懂守成大国暗中做的局，也就谈不上对国家长远利益的呵护和坚守。很多受害国也许还都蒙在鼓里，丢了核心利益却全然不知，要等到若干年后才会明白，但晚了。

于是，在结构对抗的视野下，对利益就有了全新的价值判断：所谓眼前利益，是指那些能够实现当下态势从不利到有利转变的博

---

① 蒋介石也有过类似的表达。他曾经多次说，他与毛泽东的"心"是通的。他知道毛泽东在想什么、做什么，也知道毛泽东知道他在想什么、做什么。

弈选项。而只有那些可以构建长期有利态势并放大利益总量的博弈选项，才能算得上长远利益。请注意，从态势高度评估利益的属性，是一种与以往迥然不同的利益观。态势源于结构，有利结构产生有利态势。那么，什么是态势？态势如同一条流动的长河，水体的一切数据（水质、流速、流量、高程等）都是动态的，取决于自然环境和人类活动的干预。一个政治家的成败得失，全看他或她为这条长河带来怎样的变化。而对于这种变化，只有位于下游的后人的感受才最真切，他们对处于上游的前人的功过是非最有发言权。所谓千秋功罪且待后人评说，其实评的就是态势，全看你留给子孙后代的是什么：或有利态势，或不利态势。就那么简单。以这种新的利益观看世界，何为当下利益、何为长远利益，什么利益要坚守、什么利益可以暂时放弃，如同明镜一般了然于胸。而这在过去一直语焉不详，捉摸不定。

超越国家私域

"同胞们，拿起武器把侵略者赶出去！"台上政治家挥舞拳头，台下民众群情激奋，这是影视片里经常出现的战争动员场景。至于这位政治家将要发动陆战、海战还是空战，抑或联合作战，那都不重要，重要的是亘古不变的主题——保家卫国。一句话，国家私域不容侵犯，自古至今莫不如此。

在漫长的农耕时代，大国冲突的"域值"相对较低。一个人质、一寸土地抑或一座城池，就足以引发大国对抗和厮杀。陆战以马拉松战役最具代表性，希腊人创造的"口袋"战术，为300多年后汉尼拔在坎尼会战中所效仿。不过，令人扼腕的是，就在罗马城岌岌可危之际，汉尼拔停下了进攻的脚步，要不然，历史或将被改写。① 经过滑铁卢战役，英国分得马耳他、好望角、毛里求斯和锡兰（今斯里兰卡）。更重要的是，这场战争使英国变成了海洋的绝对控制者。所以，J. F. C. 富勒引用费歇尔的话说："有些作者简直认为大不列颠帝国的建立实为拿破仑事业的最重要后果。"② 在西方人眼里，那充满传奇色彩的古丝绸之路不过是人们陆、海交往留下的痕迹，根本容不下物欲横流的现代国际贸易大市场。是火药、蒸汽机、电力的发明开启了动力革命：生物体能逐步被化学能、电能、原子能所替代。火车、轮船、飞机把人们的交往从点状区域扩展为带状地区再扩展到全球，人类的活动空间开始由平面进入立体。这个过程并不似想象的那么久，几乎是接踵而至：当"火箭"号火车轰鸣着从利物浦抵达曼彻斯特，"响尾蛇"号螺旋桨军舰威震四海的时候，莱特兄弟的"飞行者1号"腾空而起，而人造地球卫星、宇宙飞船也很快进入了太空。对于整个20世纪来说，大国对抗意

---

① 公元前216年8月2日晚上，在坎尼会战中，迦太基军队彻底击败罗马军团之后，布匿的骑兵司令马哈尔拔曾经大胆想象4天后汉尼拔在朱庇特神庙用餐的情形。遗憾的是，当马哈尔拔将这个想法告诉他的领袖时，汉尼拔却回答说他需要时间思考。马哈尔拔不无懊恼地反驳说："你知道如何打赢一场战争，汉尼拔！但是，你不知道如何利用你的胜利。"史学家普遍认为，汉尼拔的犹豫无疑挽救了罗马城和罗马帝国。据传，公元前211年，汉尼拔有好几次带领骑兵远达罗马城下；公元前203年，当汉尼拔即将离开布鲁提安海岸时，他为当年没有设法征服命运而感到扼腕。参见赛格·兰斯：《汉尼拔：伟大的战略家》，琚宏、彭志军译，广西人民出版社2008年版，第104页。

② 富勒认为，对于大英帝国而言，特拉法尔加之战是最初的一块奠基石，而滑铁卢之战是最后的一块墙顶石。前者使英国获得了制海权，后者则为它打开了通往世界市场的门户。从海洋权力、蒸汽权力、金钱权力，以及滑铁卢之战为英国赢得的威望中，产生了"不列颠和平"时代。参见J. F. C. 富勒：《西洋世界军事史》第2卷，钮先钟译，广西师范大学出版社2004年版，第446页。

味着结盟、战争、瓜分、制裁和联合国，给这种赤裸裸的生存资源争夺战冠以"资源战争"头衔，可以说是实至名归。

　　然而，物质活动只是人类活动的一个维度，与之平行展开的另一个维度是理论思维，尽管它们谁先谁后并无定数。我想说的是，投送工具等物质手段的发展并不会自动改变大国关系，历史上每一次国际格局的重塑都有赖于战略家的理论设计。阿尔弗雷德·马汉的《海权对历史的影响》加上哈尔德福·麦金德的"欧亚大陆中心说"再加上朱里奥·杜黑的《制空权》，一下子把人类在地表上的数千年争斗托举到了空中。说到这里，有一个人不得不提，那就是丹尼尔·格雷厄姆将军。他的"高边疆"理论牵引美国把战略重心从地球转移到太空，由此产生的"星球大战"计划开辟了"空天一体"新境界。尽管该计划后来搁浅，但格雷厄姆成了制天权思想实至名归的先驱。不过，他的视野注定只能定格在从地球仰望苍天所见的方寸空间，这是一个老将军和他那个时代的宿命。他的思想触角不可能比血气方刚的史蒂夫·乔布斯的鼠标更深刻，自然也就无法勾勒出一幅从现实空间穿越到虚拟空间的"信息高速公路"图景。在短短30多年之后，比格雷厄姆更幸运的朱利安·阿桑奇运用网络武器，让不可一世的美国在"第一次世界信息大战"中遭遇滑铁卢。① 随后发生的"斯诺登事件"，更像一颗重磅信息炸弹。美国

---

　　①　2010年7月以来，"维基解密"网站先后披露美国47万余份涉密文件，让美国人颜面尽失。这一事件被媒体称为"第一次世界信息大战"的导火索，以及外交界的"9·11"事件（时任意大利外长佛朗哥·弗拉蒂尼语）。让人意外的是，这个仅有5名全职志愿者、年运营成本不足20万美元的网站，以"透明有助于正义"一声呼吁，就让当今世界的唯一霸主败下阵来。在这场信息对决战中，"维基解密"如同一个脆弱的鸡蛋，却击碎了美国这块大石头。参见董子峰：《战斗力生成模式转变》，军事科学出版社2012年版，第263页。

本可以将爱德华·斯诺登捉拿归案后内部处理的，可在俄罗斯人横插一杠子之后，事件的走向就变得扑朔迷离了。这小斯隔三岔五抖搂出来的秘密监视丑闻，让美国在世人面前丢尽了脸面不说，还迫使那些受到美国伤害的国家，无论是敌是友，都不得不一边骂娘一边扎紧自家的信息篱笆。这无异于又一次提供了鸡蛋可以击碎石头的证明，让不可一世的美国人大为光火，只能很不情愿地收紧联邦调查局等机构的权限。① 在这些没有硝烟和国界的信息战争中，自由理念与网络技术的完美结合无疑起到了决定性作用。既不是战略家也不是哲学家的阿桑奇、斯诺登凭借直觉，翻越了现实世界与虚拟世界的藩篱，却没有意识到打破国家私域和全球公域（Global Commons）这堵围墙的战略意义。或许，对于他们这些十足的网络黑客和半吊子政治家来说，这是注定无法完成的使命。

　　不过，围城迟早会被突破。这一回，美国再一次走在了全世界的前面。当还没有哪个国家把网络攻击与战争联系在一起时，美国人不仅认定网络攻击就是战争行动，而且率先把大国对抗的疆域由国家私域扩展到了全球公域——包括海洋、天空、太空和网络在内的全人类共有的活动空间。公域相对于领陆、领海、领空等国家私域而言，最早由马汉提出，并不是新概念。② 只是这一次，全球公

---

　　① 2015 年 5 月，美国国会通过《自由法案》，限制联邦调查局等机构监听的权力。

　　② 马汉在《海权对历史的影响》一书中认为，海洋是政治和社会学视野下的"辽阔公域"。他把海洋形象地描述为"一条广阔的高速公路，一个宽广的公域"。20 世纪60 年代，美国生态学家在研究人口与资源之间的关系时，曾经以"牧民争相增加羊的数量，导致公共牧场毁坏"为例，提出了"公域破坏论"。从此，公域的概念被引入经济、社会、环保、心理和管理等领域。冷战结束后特别是进入 21 世纪以来，美国军方学者开始关注全球公域，及其对巩固美国实力、地位的重要性，并赋予公域以战略意义。奥巴马政府上台后，全球公域一词频繁出现在美国官方的战略报告和政策表述中，

域突破了单一疆域的边界，用信息这根纽带把海洋、天空、太空、网络联结在一起，对国家的战略边疆作了一次新的历史性综合。显然，这是一个无边无际的新领地。在全球公域面前，长、宽、高等尺度概念都已显得陈旧过时，因为宇宙空间、网络空间是无限的，它们将随着人类的想象力和技术力而膨胀，要多大就有多大，而领陆、领海、领空这么点儿"一己私利"根本不足挂齿。公域概念在沉寂百年之后再度兴起并上升为大国战略概念，自有其道理。私域分完了，大国就把目光转向公域，这很正常。也许，"航行自由"可以说明这一点。这些年来，围绕南海"航行自由"问题，域内域外的国家吵吵嚷嚷、各执一词。一方说南海"航行自由"历来没有问题，另一方说南海"航行自由"是国际法赋予的权利，美国干脆说这"攸关美国的实力、地位和国际影响"。这种争论看似无病呻吟，大有哭了半天都不知道谁死了的味道，殊不知，它们压根儿就不在一个话语体系里。因为在美国人眼里，航行自由意味着那里是不属于任何人的公域，意味着他们可以如入无人之境甚至捷足先登，分明是在挑战他国主权。令人遗憾的是，对守成大国天天琢磨的全球公域，许多国家根本不知其为何物，有的国家甚至帮美国人吆喝，把自己卖了还替人家数钱，更谈不上与之抗衡了。①

美军高层开始频繁使用全球公域的说法，相关研究和讨论甚嚣尘上。美国认为，全球公域包括海洋、天空、太空和网络空间等全人类共有的活动空间，具有共享性和完整性，攸关美国的实力、地位和国际影响。参见董子峰：《战斗力生成模式转变》，军事科学出版社 2012 年版，第 255 页。

　　①　布热津斯基把世界上所有国家共享的全球公共品，归结为两类主要的全球关切：战略公共品和环境公共品。战略公共品包括全球公域，以及涉及全球防扩散的核领域。环境公共品包括对水资源、北极和全球气候变化加以管理带来的地缘政治影响。他认为，在这些领域，美国依赖于拥有的近乎全球性的霸权地位，近年来有机会塑造人们所说的"新世界秩序"。他直言不讳，像其他任何大国一样，美国试图构建一个首

你无法把全球公域视作传统意义上的空间，尽管它是从地缘政治出发但又超越了地缘政治的另类空间。在那里，大多属于法律"盲区"，各类空间在现有国际法和国际公约中所处状态也不尽相同。人类的生存与发展已须臾离不开海洋、天空、太空和网络，极地、深海、深空和深网潜藏着巨大的开发价值，战略资源高度集中。相对于传统的领陆、领海、领空而言，全球公域是一个主权国家的"虚拟领土"。在这里，既没有界碑，没有主权之争，也没有外交难题，而且还是许多弱小国家够不着的地方。如今，有能力抵达全球公域深处的国家不多，具有深空、深海、深网探测能力的国家更是屈指可数。你有多大能耐就可以圈出多大的领地，这在全球公域那里根本不是传说。这种无限性意味着资源的取之不尽、用之不竭，无限性创造无限价值，全球公域将为人类的生存和发展提供无限的可能性。人类新的处女地？新的战略制高点？大国对抗的新战场？不管怎样评估它，有一点肯定无疑，那就是在大转折时代，大国博弈仅仅在私域布局已经远远不够了，因为大国实力新的增长点大大超越了私域的界碑。在私域越来越收缩为国家象征和荣誉的今天，大国的战略能力在转型升级，全球公域才是大国结构对抗的主战场。

非友即敌与亦敌亦友

人类为了利益而释放的种种阴谋和狡诈，以及由此引发的或敌

先对自身发展有利的世界。参见兹比格纽·布热津斯基：《战略远见》，洪漫等译，新华出版社 2012 年版，第 113—114 页。

或友的悲欢离合的故事，相信很难逃过哲学家、政治家和文学家的法眼，更不会被人类自导自演的大国兴衰的历史活剧遗漏。于是，便有了如下箴言：没有永远的朋友，也没有永远的敌人，只有永恒的利益。问题是，今天再想凭借以往的标准和经验去准确判断敌友，恐怕就没有那么容易了。技术上的"0—1"时代开启之时，便是政治上"0—1"时代的终结之日。[①] 人们突然发现，"谁是我们的敌人？谁是我们的朋友？"这个当年被毛泽东称为革命首要问题的问题，再一次摆在了全人类面前。但可以肯定，这一回是敌是友的追问，不会是以往非敌即友、非友即敌的简单站队，也不会再是昔日的敌人今成朋友、今日朋友或是明天的敌人那样的简单轮回。

在这个彼此利益犬牙交错的大转折时代，或敌或友随时间推移不断生变是不足为奇的。然而，真正令人诧异的是敌友共时性。也就是说，此时此刻、此地此方，彼此既是朋友同时也是敌人，是盟友同时也是对手，没有绝对的朋友也没有绝对的敌人。今天，在经济上的合作伙伴，同样是今天，在政治上却成了战略对手。在这个会议室，彼此握手、微笑、鼓掌，一派和平景象；在另一个会议室的谈判桌上则互不相让，甚至恶言相向、拳脚相加。更有甚者，政治家、外交家大都失去了原来的风格，见人说人话、见鬼说鬼话，此地说人话、彼地说鬼话。"说话算数"成为一个美丽的传说，定格在了奥托·俾斯麦以前的时光。在峰会上，大国领袖们尽可携手漫步，大谈新型大国关系，甚至不忘弄出点儿火花，给彼此关系披

---

① "0—1"为二进制，表示只有 0 或 1 两种状态、两种选择。这里借二进制比喻世界格局，非友即敌，非敌即友，没有中间状态。冷战就属于这种状态，东方与西方、华约与北约，两大阵营怒目圆睁、阵线分明。所有国家必须选边站队，即便是自封为中立国的国家也无法中立。

上丝丝暖意，可一扭头，没准儿一个干预他国内政的军售抑或制裁大单随之出笼。一国之立场可以同时被分解为 N 个：A 代表团在北京与中国阔谈合作共赢，B 代表团在吉隆坡就南海主权问题与东方古国唇枪舌剑，C 代表团则在莫斯科与俄罗斯漫谈中国于朝鲜半岛无核化问题上应承担的责任……各个大国乐此不疲，心照不宣。这岂不是说，如今政治家的人格、国家的国格都是分离的？是的。不仅如此，在世界秩序重构的年代，敌人与朋友的界限已模糊不清，再也没有纯粹的敌人或纯粹的朋友可言。如果说一定还有的话，那么，这种或敌或友身份的存活期会非常短暂，而且适用范围极其有限。即便是所谓的全面战略伙伴关系，也保不准会与风风雨雨、磕磕碰碰相伴而行。

照此说来，革命的首要问题岂不是进入无解的不可知论？那也不是。在决定是敌是友的诸要素之中，起主导作用的当然还是利益。只是，仅仅明白这一点还不够，因为究竟是敌是友只有放在长远利益的天平上，才能知晓孰轻孰重。毋庸怀疑，每一个投身利比亚战争的人都会告诉你，他们是为推翻奥马尔·卡扎菲的独裁统治而战，为利比亚的光明未来而流血牺牲。但战争的真实目的，只有美西方自己才知道。与历史上的任何一场联盟战争并无两样，每个参战国都是在反复揣摩自己的动机和利益目标之后才决定加入"奥德赛黎明"行动的。[①] 有观察家认为，在这场战争中，整个西方都

---

　① 2011 年 3 月 20 日零时 45 分，美、英、法等国对利比亚发起代号为"奥德赛黎明"的军事打击。先后有美、英、法、意、加等 14 个北约成员国及卡塔尔、阿联酋、约旦、瑞典 4 个非北约国家，共 18 个国家参与此次对利比亚的军事行动。根据北约公布的数据统计，各国参与对利比亚军事行动的各型飞机约 350 架、舰船 38 艘。从 2011 年 3 月 20 日发动空袭至 2011 年 10 月 31 日停止在利比亚的军事行动，共出动各型战机约 2.7 万架次，其中 8000 余架次执行了对地面目标的打击任务。

在为他们的石油生命线而战：美国人把这个目标依附于美式民主之上，略带有几分传教士色彩；英国人自以为是山姆大叔的小兄弟，只要奥巴马使个眼色就会赴汤蹈火。卡塔尔人、阿联酋人、约旦人则为的是声讨穆罕默德的"逆子"，甘愿与狼共舞，即使背上"穆斯林打穆斯林"的骂名也在所不惜。至于法国人，为了恢复他们在非洲传统领地的影响力而打响第一枪，并浓墨重彩地绘出如下战争画面：时任法国总统萨科奇麾下的20架"阵风""幻影-2000"战斗机千里奔袭，在班加西上空投下第一波次精确制导弹药，于卡扎菲部队猛烈进攻的前沿阵地撒下一道"铁幕"，迅速扭转战场态势，反对派武装起死回生。① 众多参战国的不同利益诉求，无疑使利比亚战争变成了一场利益争夺战。于是，所谓的利益共同体便成了各参战方利益的最大交集，其背后是地缘政治＋生存资源＋领袖意志＋国家长远利益的天平。在如此复杂的利益关系面前，世人很难把利比亚战争归结为究竟是为石油而战，还是为民主而战，抑或是为利比亚的未来而战。或许，有少数人可以领悟到只有战略家才会懂得的原理：大转折时代，大国对抗与以往的最大区别就在于，公开的要素利益背后隐藏着更大的结构对抗目标，那就是重新布局非洲。这才是美西方共同的长远利益之所在！② 不过，让人有点看不

---

① 法军战机在班加西附近的利比亚政府军阵地上空投下第一波次精确制导弹药后，美英使用部署在地中海的潜艇和水面舰只发射了112枚"战斧"式巡航导弹。美军还出动3架B-2隐形轰炸机对利比亚纵深目标实施打击，派"全球鹰"无人侦察机进行作战评估，并首次出动EA-18G新型电子战飞机为北约联军的空袭提供支援。北约联军的空中遮断，让部署在艾季达比亚的利比亚政府军坦克团数十辆坦克、装甲车和保障车20分钟内化为乌有，并在班加西的西部撒下一道"铁幕"，阻止了利比亚政府军前进的步伐，在危局中挽救了反政府武装。

② 美国在利比亚问题上频频出招，持续施压，扳倒卡扎菲的态度坚决。比如，时任美国总统奥巴马发表声明，称利比亚当局镇压群众示威活动"令人愤慨"；利用网

懂的倒是美国人，他们煽点起利比亚战争的阴风鬼火之后，就把指挥权如数交与北约而退居二线，不知葫芦里究竟卖的是什么药。尽管后来人们恍然大悟，美军"海豹"突击队在巴基斯坦境内实施刺杀本·拉登行动——一解美国人对"9·11"事件的心头之恨，可能是这一美国异常举动的原因之一；但是，美国人对非洲这块不毛之地的矛盾心理，以及欧亚大陆在美国心目中至高无上的地位，不能不说才是美国行动迟缓的深层次原因。与其说奥巴马是在为自己任内"最糟糕的错误"忏悔 [①]，还不如说在为美国的长远利益纠结，至于他的决策是否维护了美国的长远利益，那就不得而知了。

没有人可以否认，在国际关系史上，撕毁协议、出尔反尔、翻脸不认账这些事比比皆是、见怪不怪。而我想说的只是，今日世界不再有对抗阵营的楚河汉界，也不再有敌我战线的泾渭分明。人类需要有与鸽子和毒蛇共存的境界，凡事都得留一手。如果说，在冷战时代为朋友两肋插刀、倾其所有是讲义气的话，那么，今天对敌

络等舆论工具加大对利比亚的宣传力度；对利比亚实施系列制裁；推动联合国中止利比亚在人权理事会的成员资格；直至利用北约实施军事打击。其出招之狠，不免使人产生"项庄舞剑，意在沛公"的联想。事实也的确如此，自 2010 年 12 月突尼斯爆发"茉莉花革命"之后，西亚、北非地区国家接连出现大规模反政府抗议示威活动，政权危机在埃及、利比亚、叙利亚、也门等 10 多个国家相继出现，人称"阿拉伯之春"。而美国通过搞垮卡扎菲政权，对他国可以起到很好的震慑和示范作用，产生了多米诺骨牌效应。从地缘政治角度看，利比亚战争实际上只是美西方争夺非洲大陆的一场热身赛。

① 2016 年 4 月 10 日，美国总统贝拉克·奥巴马参加《福克斯周日新闻》节目访谈。当主播克里斯·华莱士问奥巴马任期内"最糟糕的错误"是什么时，奥巴马罗列了奥马尔·卡扎菲倒台并身亡后的种种乱象后说，最大的错误"或许是没能对介入利比亚之后的情况做规划"。他承认利比亚在卡扎菲倒台后陷入"混乱"，但仍坚称当初军事干涉利比亚的决定"正确"。奥巴马把出现混乱的原因，归结为"无法在推翻卡扎菲之后扶植出稳定的政府"。

人幸灾乐祸、落井下石也未必够意思，因为或敌或友没准儿一眨眼工夫就对调了位置。大国利益纷争的年代，在新领地上迈出一小步，民族长远利益将会跨出一大步，没有谁对此无动于衷，也没有谁把道义的旗帜扯到底，甚至都懒得把它挂在嘴边。

基于结构优势的大和平观

时下，政治家们最不愿意谈论的话题恐怕就是对抗。他们对于"对抗"一词讳莫如深，即便心里明白，眼前分明是一场绕不开的对抗，也会标榜自己多么不愿意看到对抗，至少得披上合作的外衣，否则就似乎不合时代潮流。就连那些处在明争暗斗之中的大国，也都信誓旦旦地宣称彼此间要建立战略伙伴关系，尽管它们的目标相去甚远，甚至说这番话时，没准儿正与对方展开一场殊死搏斗。

毫无疑问，人们正面临对抗形态认知上的困境。走出困境的唯一正确路径，当然是从观念上寻求突破，摆脱传统思维定式的束缚，进入大对抗、大合作的新境界。什么是大对抗？大对抗就是包含合作的对抗，即从对抗中合作到合作中对抗，最终落在对抗上。什么是大合作？大合作就是包含对抗的合作，即从合作中对抗到对抗中合作，最后以合作为指归。千万不要以为这只是顺序上颠来倒去的文字游戏，因为观念向前一小步，视野跨越一大步，人们就会看到一幅对抗与合作相互渗透、相互激励的奇妙图景。

在冷战结束以前的年代，征服性对抗和对抗性征服是大国博弈的主战场。即便是短暂的"罗马治下"或"维多利亚治下"的和平时期，依然充满掠夺、吞并和杀戮的血腥。今天，就像"战略碎片化"一样，作为整体的帝国似乎已土崩瓦解，取而代之的可能是经济帝国、政治帝国、军事帝国、文化帝国等"帝国碎片"，从而使国家利益的形态及其获取方式，比以往任何时候都要丰富多彩。这样一来，所谓的利益"最大公约数"就有要素过于单一之嫌，代之以"最大集合体"可谓实至名归。而大国的"利益交集"——动机、目标、方式、手段、时间、空间、路径等构成的要素矩阵，才是它们发起或加入包括战争在内的联盟行动之前，必须得想透的首要问题。与之相适应，作为传统征服方式的替代品，非征服对抗和非对抗征服开始登堂入室，成了大国博弈的主要方式。如果把政治逼宫、军事政变、暴力颠覆和"颜色革命"这类对他国政局的操控，统称为非征服对抗行动的话，那么，以经济、政治、军事、文化合作为幌子的大国竞争就是非对抗征服行动。前者以扶植傀儡政权、完成地缘政治布局、捞取战略资源为动机；后者以构建全球性框架体系，如规则体系、技术标准、联盟机制等，迫使对手屈服为目的。这些看似没有任何对抗痕迹的"和平行动"，却以征服对手为终极目标。在征服与对抗之间，对抗只是手段，征服才是目的。为了征服，对抗与否以及以何种方式对抗，只是对手段的不同选择。不过，与殖民时代的帝国征服不同，与冷战时期的意识形态联盟也不同，历经冷战风雨冲刷后的西方世界，貌似对过度卷入他国内政心存忌惮，不愿意过多承担地区安全与治理责任。从希拉里·克林顿任美国国务卿开始，奥巴马政府曾一度盛行"巧实力"外交，说穿了就是"花小钱办大事"，最好只干无本万利的买卖，奥巴马"最糟糕的错误"恐怕与此脱不了干系。但，千万不要以为这就是问题的症结所在。事情远没有那么简单，还是让我们往下看看再说。

诚然，伴随着从征服性对抗转向非对抗征服、从对抗性征服转向非征服对抗，眼下大量以合作方式出现的新型对抗已风靡一时。由此派生出来的一系列新的国际关系命名，诸如新型伙伴关系、新型大国关系、全面战略伙伴关系、全天候伙伴关系等等，着实让人目不暇接、眼花缭乱。在人们更多地看到打着合作旗号出场的区域联盟、联合军演、危机处置和外交斡旋，或是以国际组织名义出现的贸易限制、经济制裁和利率操控时，也许有人心存疑虑，不相信大国对抗会在一夜之间偃旗息鼓，但多半还是从善良的愿望出发，看不到或不愿看到合作背后的暗对抗正大行其道。最容易让人迷失方向的，要数对抗与合作的共生性——合作中对抗与对抗中合作浑然一体、天衣无缝。对抗与合作相反相成的共生性，源于敌和友的共时性。既对抗又对话、既对话又对抗，既对抗又合作、既合作又对抗，既是朋友也是敌人、既是敌人也是朋友，既要和平也不放弃战争、即便战争也不放弃和平，这才是当下大国关系的本真态。也就是说，现如今的大国对抗已不再只是兵戎相见或死磕到底，大国合作也不全是一团和气或一味谦让。这恐怕是迄今为止人类对抗方式最重要的变迁。当然，在大国博弈与生俱来的复杂性和欺骗性面前，即便是再隐秘的暗对抗，抑或再虚伪的假合作，其实都算不了什么，用不着大惊小怪。只是，当政治大师们在大国利益博弈的万花筒里加入了时代色素之后，世人顿感色彩斑斓、头晕目眩也就不足为奇了。

如果把视野再扯开一点，从大国崛起的长周期考察，就不难发现战争与和平原本就像孪生兄弟一样血脉相连。迄今为止，波斯帝国、罗马帝国也好，大英帝国、美国也罢，无论哪个大国的崛起都得经受战争的千锤百炼，不经风雨何以见彩虹！不过，在国家利益形态发生重大变化之际，迫切需要重新定义各自的国家利益及其获取方式。① 以大对抗、大合作为主要特征的结构对抗，在重新定义国家利益边界的同时，使传统的战争与和平观的格局显得过于狭小，已难以包容大国对抗新方式、新样式带来的溢出效应。于是，大和平观呼之欲出。这种大和平观从大国兴衰的整个进程看待战争与和平问题，同时立足大转折时代的特征，主张不以战争作为国家利益扩张的主要手段，但绝不放弃战争选项；不以争夺生存要素作为大国崛起的主要路径，但绝不放弃谋求结构优势以实现"不战而屈人之兵"。

结构优势基于要素在时空上的合理分布，具有要素独立时所没有的超强结构力。处于博弈中的大国，主动权从来都属于拥有结构优势的一方。这种优势一旦建立，它的对手就会被无形的框架框在那里动弹不得，成为笼中之鸟、瓮中之鳖，有劲使不出、有力使不上，即便是强行采取行动，也无法扭转败局。而且，结构优势通常是在动态中表现出来的，只有事物发展到那一步，其四两拨千斤的结构力才会显现。唯有少数天才的政治家、军事家，才有在大脑中

---

① 不同时代，有不同的国家利益形态。如果一个大国不能正确认识国际环境、准确定义国家利益，自然也就不知道自己想要什么、该要什么以及怎样得到想要的东西，那么，灾难恐怕就离它不远了。对此，日本有切肤之痛。在新世纪即将到来的2000 年 1 月，"日本 21 世纪构想"恳谈会向日本政府递交了一份题为《日本的新天地在日本崛起——以自立和协同治理开创新世纪》的报告书。该报告书称："在国际上，本国的需求通常被称作国家利益。日本之所以在第二次世界大战时期走向毁灭，是因为在国际环境剧烈变化的情况下，未重新定义国家利益，墨守成规地实行当初日本获得成功时所执行的方针。"这份报告书在分析日本现状、面临的国际国内问题基础上，对日本如何立足于 21 世纪提出了政策性建议。不管日本将来能否如愿崛起，但这个报告书把日本在第二次世界大战中的惨败归因于"对国家利益定义不准"，是耐人寻味的。

提前上演整个过程，并敏锐地捕捉到结构优势在哪里、何时发挥作用的本事。常人很难看懂大师的布局，或许原因就在于此。解放战争时期，毛泽东为达成和平解放北平的目标，把北平与张家口、绥远、天津、塘沽放在一起布局，并形象地概括为"吃一个、夹一个、看一个"。对此，傅作义开始并没有看懂；到了他的主力第35军被吃掉、张家口失守后，也没有看懂；直到林彪的部队秘密入关、天津解放、绥远退路被切断，才恍然大悟，但为时已晚，由不得他了。结构优势既是一个目标，也是一种视野。如果不认识它，就无法领悟大师的意图，也无法破解对手的布局。辽沈战役时，林彪迟迟不打锦州，就是没有从结构优势的高度理解毛泽东的战略布局，只从局部看，当然看不懂。其实，蒋介石也没有看懂，至少在节奏上慢了半拍。他们的通病就是从要素、从静态看问题，格局太小，与毛泽东不在一个平台上。

　　现在，再来看看奥巴马"最糟糕的错误"。冷战结束仅仅20多年，美国就完成了从西向东的快速推进，现已大兵压境中国、俄罗斯的西部。在这个过程中，既有战争开道，也有"革命"鸣锣，抑或双管齐下。① 不过，与冷战刚结束时美国大开杀戒不同，作为奥巴马政府"巧实力"外交的一个回报，人们定不会忘记前些年"颜色革命""花朵革命"遍地开花，横扫北非、西亚的情景。尽管在北美、欧洲也曾一度出现"占领"运动，但这些看似引火烧身的"小

---

　　① 美国从1776年建国到2015年，仅有239年历史，但从1810年通过战争扩大领土算起，美国发起的对外军事干涉和战争达200多次，平均每年1次。从1945年第二次世界大战结束到1990年，美国对外军事干涉和战争达124次，平均每年约2.8次。从1991年到2003年，美国进行对外军事干预和战争40多次，平均每年约4次。参见李长久：《美国对外干涉和战争"常态化"》，载《中国战略观察》2015年第7期。

插曲",并不影响美国布局全球的决心和节奏。更重要的是,在战略东移、"重返亚太"过程中,美国奉行"打一枪换个地方"原则,蛙跳前进,直奔目的地——西亚,从不在某个点上纠缠不前,甚至为了快速占领关节点,放弃或牺牲某些局部利益也在所不惜,利比亚就是个典型案例。如此看来,奥巴马把利比亚乱局归结为"规划"不及时,与其说是轻描淡写、一笔带过,还不如说是避重就轻、欺骗舆论。因为面对冷战后出现的大面积权力真空地带,美国真的顾不上一国内部"乱还是不乱"这些细节,尽快完成全球性布局比什么都重要。这倒有点成大事者不拘小节的味道,尽管美国人在结构优势问题上还没有完全理清头绪。

值得指出的是,尽管以夺取结构优势为目标的大国对抗,把国家利益的重心从要素利益转移到结构利益、从眼前利益转移到长远利益,压后大国结构性冲突的爆发时间,并大幅削减冲突的"峰值",已大大降低了战争风险,但在大国博弈的特定阶段,以战争慑止战争、以"小战"换取"大和",仍不失为"和平崛起"的应有之义。① 在大和平观看来,战争与和平并非简单对立。而且,在守成大国真正放弃战争选项之前,只有充分准备战争才能慑止战争。如果新兴大国在战争与和平的纠结中作茧自缚,就不可能"和

---

① 从大国崛起的整个历史进程考察,没有哪个大国的崛起可以避免战争,无论是主动发起战争还是被动卷入战争。而且,在冷战之前,所有大国崛起皆以战争方式开疆拓土、扩张实力,无一例外。中华民族的伟大复兴运动可追溯到辛亥革命,至今已有百余年历史。此间,中国先后经历了土地革命战争、抗日战争、解放战争、抗美援朝战争等内外大战,各种局部冲突和局部战争更是不计其数。尽管"世界第一"的接力棒未必会以战争方式交接,因为冷战已经提供了和平"易主"的先例,但战争威胁并没有彻底消解。不过,正在徐徐拉开大幕的结构对抗已显示出无比广阔的前景,从而为未来新兴大国的"和平崛起"开辟新路径,并非没有可能。

平崛起"。这就是说,大和平观并不排除战争选项,但不再把战争作为解决利益冲突的"最后上诉法庭",而是通过在国际体系中积微成著的结构优势去破解难题,因而有可能赢得相当长历史时期的相对和平状态。

这就是基于结构优势的大和平观。从这里出发,在历史车轮滚滚向前的闪缝处,人们不难发现一条隐藏在当今大国博弈背后的清晰轨迹:在为捍卫国家长远利益打牢根基的同时,尽量避免大国间正面冲突的提前爆发,并为后人留下更多的主动权选项。超越对抗与合作、敌人与朋友、战争与和平的二元对立,不仅成为大国处理彼此关系的新模式,而且理所当然地成了当代大国政治的主色调。

大国体系对抗

博弈方式决定对抗样式。尽管我们已然明白大转折时代的大国博弈方式与以往相比有多么不同,但在列举它的具体表现形式之前,还是多少带有抽象色彩。"挥舞一万次拳头,还不如晃动一下轰炸机翅膀。"那就看看人们早已司空见惯,甚至看似与对抗半毛钱关系都没有的那些行动,最后竟成了非征服对抗和非对抗征服的利器,为大转折时代大国间体系对抗的新样式画龙点睛。

战略战——刀尖上的智慧博弈

战略远见如何,大体上决定了一个民族国家的前途和命运。拥有远大战略抱负的国家未必能够成为世界性大国,但没有远大战略构想的国家一定成不了世界性大国。对全球和地区话题主动进行战略规划与设计，利用双边、多边或联合国机制，吸引、裹挟甚至绑架目标国参与其中，最终形成利己但未必损人的国际新关系、新体系、新秩序，这就是战略战。大战略、小伎俩，诸如通过网络、媒体、论坛、智库、联盟、非政府组织、地缘政治等资源和手段，干预他国大选、扶持贴心政权、重构国际组织，改变全球政治环境或重塑区域政治生态，或运用虚拟仿真等现代技术，干扰对手特别是最高决策层的认知、心理、思维、判断和定力，诱导其战略策略选择走向特定方向，进入预先埋下的圈套和陷阱，等等，这些都是战略战玩家的惯用手段。也许用不了多久，世人就会明白，今天的中东乱局只是美西方操控的人造"政治厄尔尼诺"现象，而美国的"亚太再平衡"也不过是虚晃一枪的战略烟幕弹而已。

在非对抗征服行动中，最高境界要数无形对抗，即一种双方都乐于接受的对抗方式。这种方式有极大的迷惑性，常常让专家学者们大跌眼镜的同时，考验着大国领袖的定力。当年，美苏关于《消除两国中程和中短程导弹条约》（简称"中导条约"）谈判取得突破之际，没人会想到反对声最大的，恰恰是"空地一体战"理论创始人、时任北约最高指挥官伯纳德·罗杰斯。好在里根的头脑还算清醒，非但没被这些不同声音吹软了自己的耳根，而且还称赞它是"合乎实际的协议"，可以提供一个从根本上改善美苏关系的"框架"。①

---

① 美苏在 1987 年 12 月签署的《消除两国中程和中短程导弹条约》饱受争议，在双方国内都有不少强烈反对者。当 1985 年 3 月戈尔巴乔夫开始执政时，他面临的情况是：一方面，"北约复兴、西方强化对新技术的应用以及苏联国防规划人员出现信心动摇迹象"；另一方面，苏联经济满目疮痍，"而抑制因沉重的国防支出导致的国力衰竭的当务之急"。对于戈尔巴乔夫来说，"中导条约既是一个惊人的善意之举，巩固了他在西方作为和平缔造者的声誉，又是对策划了勃列日涅夫执政期间军备建设的克里

事实上，即便在戈尔巴乔夫与美国领导人的"甜蜜"交往期，双方的防范之心也从未旁落，只是包括戈尔巴乔夫本人以及里根的继任者老布什在内，并不知道苏联会在自己的手上轰然崩塌。老布什甚至试图通过赞美戈尔巴乔夫来支持他，以至于在基辅的"炸鸡演说"惹怒了乌克兰人，因为他对那些破坏苏联稳定的行为表示了不解和迷茫。[①] 然而不管怎样，美国对苏联国内异动的应对策略无疑是明智的，尽管里根、老布什在很多事情上懵里懵懂，甚至有时还跟着感觉走。战略框架通常是无形的。即便在战略新形态的语境下，战略战依然是无形的博弈，因为大国的战略图景会被淹没在无数的战略碎片之中。根据一个高超的战略设计，后人只要按照前人开辟的大框架勇敢前行——首先进行全方位的非征服对抗行动拖垮对手，夺取全面优势后迅即转入非对抗征服行动，对手大都会像作无痛手术一样完蛋得更快更利索，你就能沿着预定的路径抵达成功的彼岸。

如果说非对抗征服稍许有那么一点温情味道的话，那么，战略战作为大国的智力博弈一向针尖对麦芒，从未有过一丝丝的心慈手软。在一切尚未定格的大转折时代，战略战早已成为大国手中的一张非征服对抗王牌。纵然只是带有某种争霸倾向的大国，也都希望按照自己的逻辑出牌，频频成为发起战略战的主体。但现实的困境在于，守成大国为攫取最大利益，提前在世界各地四处插手，使全

姆林宫强硬派国防规划者的致命一击"。对戈尔巴乔夫真诚和认真的示好，里根最初非常谨慎，"但随着他们彼此越来越熟悉，他们达成了思想上的一致，并形成了密切而富有成效的伙伴关系……并最终结束了冷战"。参见斯蒂文·L.瑞尔登：《谁掌控美国的战争》，许秀芬等译，世界知识出版社2015年版，第476—478页。

　　① 老布什在日记中写道："你特别不愿意……（鼓励）破坏稳定……我在想着，我们该去哪里、我们如何到达？"参见约翰·刘易斯·加迪斯：《冷战》，翟强、张静译，社会科学文献出版社2013年版，第296—297页。

球政治生态时常处于灾变的临界点。新兴大国任何微小的扰动，都足以引发一场将自己卷入其中的战略大洗牌而被踢出局。打战略战确有风险，但战略战与反战略战的最终赢家，并不以当下实力论英雄，而要看谁站得更高、看得更远。最后也是最重要的，当然是看智慧——对不确定性的把握能力——孰高孰低。

布局战——抢占制高点的游戏

在经历了海湾战争等一系列战争风暴之后，相信没有人会比中东石油大亨们对美西方布局战给他们留下的印象更深刻。不，岂止是印象，简直是终生难忘：一场接一场由美国及其小兄弟处心积虑发动的高技术局部战争和"颜色革命"，竟把不久前还被誉为"铁腕""巨人"的统治者一个接一个掀翻在地，曾令整个西方垂涎三尺的"石油圣地"一夜间被尽数收入囊中。仅几个回合下来，不止一个国家政权更迭、政府大换血，尽管这些国家名义尚存。政治战线的失守，更使经济社会秩序几近崩溃。此起彼伏的恐怖袭击、贫困饥饿、宗教冲突、族群骚乱和难民潮①造成的失控局面，反过来

① 2015 年 9 月 3 日，叙利亚 3 岁小难民艾兰·库尔迪浮尸海滩的新闻照片令无数人心碎。有评论员说，这张照片的冲击，可与越南战争时期一名女童为逃离凝固汽油弹袭击而赤条条地向摄影机狂奔的照片相比。意大利报纸评论说，这张照片让世界沉默。此次难民危机，已在欧洲国家内部引发一场关于危机根源和危机应对的讨论。一些欧洲国家领导人承诺，将肩负起"道义责任"准备接纳更多难民。欧盟提出各成员国共同分摊 16 万难民的配额计划。很多人认为，这场危机的根源在于美国的中东政策导致的连年战乱，美国不能袖手旁观。联合国官员说，自 2011 年叙利亚内战爆发以来，已有 400 万人因战争逃离了这个国家。美国已经接收约 1500 名难民。白宫表示，正在考虑应对这场危机的举措，包括安置难民。参见《美欧加联手"迎战"难民危机》，载《参考消息》2015 年 9 月 9 日第 8 版。

又加深了中东国家对美西方的依赖，效果完全不亚于一场帝国征服，而对社会机体的控制甚至比帝国征服还要严密得多。这是冷战后美国及其盟友向中东地区发起的第一场大规模非征服对抗行动，尽管不同于殖民占领，但美国大兵已沿着"不稳定弧"快速抵近中国、俄罗斯和印度的西部边界。

由此，地缘布局战作为虽非直接吞并，但同样具有地缘控制力的对抗方式，正式登上了曾被领土扩张、军事占领一统天下数千年的帝国征服舞台。相信用不了多久，它将成为正式的国际关系术语被收入各类国际政治词典，并且在 21 世纪人们编修的后冷战国际关系史中成为最醒目的一章。在这一章里扮演最重要角色的，既不是纯粹的政治家，也不是纯粹的军事家，而是像兹比格纽·布热津斯基这样横贯政治与学术的智囊型人物。当然，把地缘政治用于布局战并非布热津斯基的独家专利；而且，地缘布局战也只是名目繁多的布局战中的一种。因为在布热津斯基之前，哈尔德福·麦金德用一个"心脏地带"概念就让大国剑指东欧，进而打开了血与火都未曾征服的神秘东方。① 而在布热津斯基之后，基辛格为了"世界

---

①　哈尔德福·麦金德的《民主的理想与现实》一书，写于第一次世界大战刚结束的第一个冬天，其"动机出自于作者对需要利用胜利和确保最有利的和平的强烈信念"。此书中，麦金德在他于 1904 年提出的"枢纽区"基础上，把中亚细亚的山地和东欧扩展进来，重新命名为"心脏地带"，并断言占有东欧是控制心脏地带的关键。这一论述缩略成一个著名的三段式警句，由"活泼的小天使"对着谈判桌旁的政治家们耳边窃窃私语：

谁统治东欧谁便控制心脏地带，

谁统治心脏地带谁便控制世界岛，

谁统治世界岛谁便控制世界。

20 世纪初的英国，衰退征兆明显。作为英国下院议员、伦敦政治经济学院院长和"协同因素俱乐部"发起人之一的麦金德，为他的国家的前途而忧虑。《民主的理想与现实》一书无疑是他的本能反应，因为在他看来，"把英国从历史上使她框得很紧的环境束缚

永久和平"提出"太平洋共同体"构想，以期缓解中美双方的战略紧张和战略焦虑。① 这还不算在此轮地缘政治利益饕餮大餐中，一拥而上的大大小小"打手"们，包括以发表战略评估报告为名，给政治大鳄们提点布局对象的布鲁金斯学会、兰德公司和伦敦国际战略研究所这类间接参与并获益者。

　　值得注意的是，进入 2005 年春季以来，开启于苏联解体的新一轮布局战，在更广阔战场上打响了它的新一轮战役。这回唱主角的，则是吉恩·夏普和他的阿尔伯特·爱因斯坦研究所。而被拖入生死博弈的，不光是在上一轮惨遭败绩的中东诸国，还添入了两个战略要地——西亚和北非。当"阿拉伯之春"盛开的"花朵革命"让突尼斯、埃及、利比亚悉数变色时，全球政治生态愈加扑朔迷离：看不见的战火所到之处，人们涌向街头，社会秩序瘫痪，政权改弦易辙，甚至点着了玩火者自己的战袍。据说，仅在美国和欧洲两地出现的各式各样"占领"运动，造成的直接损失就不下数百亿美元。布局战威力之巨大，由此可见一斑。在帝国征服已成为过街老鼠的今天，布局战正以其动作隐蔽、操控灵便、杀伤力强的优势，一举成为守成大国的超级战略武器。更重

中解救出来是大有可为的"。他试图通过此书把全世界的目光引向东方，聚焦在东欧和亚细亚。但令人遗憾的是墙内开花墙外香，他的主张在英国并没有引起关注，却使盎格鲁—撒克逊的地理学家和政治领袖们刮目相看。参见杰弗里·帕克：《二十世纪的西方地理政治思想》，李亦鸣等译，解放军出版社 1992 年版，第 20—31 页。

　　① 基辛格认为，战略紧张的一方面是中国人担心美国企图遏制中国；同样，美国人担心中国试图把美国赶出亚洲。太平洋共同体概念能够缓解中美双方的担心。共同目标以及对共同目标的阐释，将在一定程度上取代战略焦虑。不过，他坦承："对这两个代表不同版本例外主义的社会来说，合作之路必定复杂。"其实，在基辛格的内心深处，"庞大的机器失去控制迎头相撞"才是真正的战略焦虑。参见亨利·基辛格：《论中国》，中信出版社 2012 年版，第 515—517 页。

要的是，布局战一向与战略战脱不了干系，甚至一场布局战就是一张战略碎片。乌克兰危机中，在各种基金会、智库和非政府组织的背后，人们依稀可见大国博弈的身影。它们主导媒体、控制网络并资助民间团体与当局对抗，致使合法政府倒台、民选总统流亡。让人困惑且不得不正视的是，这种不流血的非暴力抵抗运动常常像瘟疫一样，来时气势汹汹、席卷全球，肆虐一阵子之后就销声匿迹，全然不知去向。也许，是亲身经历让人们长了记性，使它在臭大街之后失去了市场。但死上一两代人后，社会记忆刷新，它又会死灰复燃，再次悉数登场，甚至都顾不上乔装打扮。总而言之，流血的与不流血的、征服的与非征服的、暴力的与非暴力的，刚柔相济，交替使用，快速把自家的局悄然做大，这就是大国们乐此不疲的布局战。

新时间战——奔向目标的百米冲刺

时间还能用来打仗？这听起来让人多少有点儿晕。但历史上，从危机处置到战役战斗再到大国博弈，时间战的战例比比皆是。美苏争霸期间，苏联人暗地里使劲，赢得了卫星发射之先机，而美国人则奋起直追，捷足先登月，他们打的就是时间战。美国前国防部部长威廉·科恩说，过去的战争是大吃小，现代战争是快吃慢。约翰·博伊德的"OODA"循环理论，干脆得出"循环周期短者胜"的结论。[①] 所谓时间战，说白了就是对抗双方围绕某个特定目标展

①　"OODA"循环即"观察—判断—决策—行动"循环，由美国空军上校约翰·博伊德提出。博伊德认为，只要让敌人始终处在"OODA"循环之中，就可以获得胜利。换言之，敌我交战中，"OODA"周期短者胜。随着精确打击、快速打击技术的发展，

开的时间争夺战。谁赢得时间，谁就占据主动，从而成为稳操胜券的大赢家。

与擅长虚张声势、制造威慑效果的"口头"政治家不同，普京完全是时间战的另类高手。他目标明确，行动果断，专以打"时间差"为能事，而且只做不说，创下了多个与强权叫板的典型案例。美国人压根儿就没有想到，当他们还沉浸在操控乌克兰街头政治的窃喜之中时，俄罗斯于众目睽睽之下迅速吞并克里米亚半岛，在欧亚边缘地带建立了一个重要性怎么形容都不过分的缓冲区。等到西方对俄罗斯的"入侵"横加指责，北约军队进驻黑海地区向俄军秀肌肉，甚至连美国都派重兵"重返大西洋"，但"两岸猿声啼不住，轻舟已过万重山"，一切都于事无补。时间差具有在当下难以消除的特点，在世界格局尚未定格的大转折时代，这时间差更是弥足珍贵。为了有别于传统的时间战，我们不妨把这种以夺取时间差去赢得战略优势的时间对抗，称为新时间战。通常，新时间战由战略主动一方发起，博弈双方打个时间差，瞒天过海。时间差短则几天、几个月，长则几年甚至几十年。例如，以色列在 2008 年 12 月 26 日采取"铸铅行动"之前，释放大量"祥和"的烟幕，让哈马斯组织刀枪入库、马放南山，最终酿成杀身之祸，事后即便知道了原委，也无济于事。与其说这是战略心理战，还不如说是新时间战，

目标从发现到摧毁的时间越来越短，"发现即摧毁"已经成为现实，先敌发现、先敌攻击的一方占有绝对优势。按照博伊德的循环周期理论，"先敌"的标准是"OODA"周期必须短于对手的"OODA"周期；或者说，"先敌"一方采取行动之前，对方始终处于判断过程之中。尽管这是战术层面的，但对于大国博弈来说，只要把对抗周期拉长，其思想方法仍有借鉴意义。参见军事科学院世界军事研究部译编：《战略瘫痪论》，军事科学出版社 2005 年版，第 29 页；另见董子峰：《战斗力生成模式转变》，军事科学出版社 2012 年版，第 86 页。

时间差不多不少正好 3 天。①

相对于一次正面冲突，时间战留给人们的印象也许要柔和得多，但有更浓重的战略对抗味道；并且，它将无一例外地在最后一刻给对手难以还手的重击。从行动策略上看，时间战是以时间换空间，也就是以时间优势换取空间优势。这一特点使身在明处且总是按部就班行事，因此也就只能因丧失时间优势而逐步丧失空间优势的对手，总是在战端未启时就已处于被动地位。这或许就是，为什么即便是羽翼未丰的新兴国家的小小举动，也常常让强如美国这样的超级大国倍感紧张，而且用快刀斩乱麻的办法应对，又往往欲速而不达的原因。不过，对于守成大国来说，如果新兴大国把行动仅局限在经济、贸易、金融和货币这类传统路数的话，倒也不是什么可怕的事，因为它们想在这些领域玩过老牌帝国并非易事。真正让守成大国感到害怕的，是新兴大国可能与主导下一轮时代变革的制高点相遇，比如某种高新技术。随着经济社会发展，相信任何领先优势，他国也终将可以达到，只是时间早晚问题。即便是再高深的科学技术，最后也会通过技术转移而大白于天下，尽管后人看前人的东西，难免会有"不过如此"的感叹。核心是时间。谁赢得时间，谁就赢得主动；谁赢得主动，谁就赢得未来。大国博弈的最终结局，在很大程度上取决于前人的布局如何，或者说为后人节约了

① 2008 年 12 月 24 日，即在"铸铅行动"发起的前两天，以色列总理办公室还通过媒体向外界散布消息说，国防部部长埃胡德·巴拉克决定"继续外交努力"，同意开放加沙通道，并批准大约 80 辆运送药品、食品和燃料的卡车进入加沙。同时，以色列媒体报道称，以色列计划在 12 月 27 日召开内阁会议讨论加沙局势，并让以军大批官兵回家休假。这些虚假信息迷惑了哈马斯组织，使它丧失了应有的判断和认知能力，以军成功地实施了战略心理战。从以色列总理办公室散布"继续外交努力"的消息，到媒体报道以色列内阁将讨论加沙局势的日子，时间差正好 3 天。

多少时间。

技术战——悄悄插队到对手前面

把时间嵌入其中，是技术独有的功能。技术领先意味着时间领先，技术优势意味着时间优势。理由很简单：掌握技术需要时间，而且，技术研发完全可以做到秘而不宣。更要命的是，即便是哪一天，某种技术产品公开亮相，让你一睹芳容，你也未必能看透它的"芯"。如果说理论成果可以让人一览无遗的话，那么，看穿技术成果就没那么容易了。它倒更像是"俄罗斯套娃"，层层"外壳"的包裹让人无法一眼瞅见内核，也就谈不上在短期内破解。技术的这一特性，注定使它成为结构对抗的优先选项。大国争雄犹如万米赛跑，无论起点多么不同，也不管过程何等复杂，都可以简化为时间竞争关系——"世界第一"只有一个。谁率先抵达终点，谁就是当之无愧的冠军。从这个意义上说，美苏争霸与其说是一场争夺世界主导权的冷战，倒不如说是一场争夺技术优势的技术战，因为美国曾两次出台"抵消战略"颠覆苏联的技术优势。而且，最终击败苏联的恰恰是美国领先的信息技术，以及由此带来的生产力、战斗力和影响力的全面优势。这种优势在让苏联及华约成员国羡慕不已、趋之若鹜的同时，也使戈尔巴乔夫在苏美博弈中首尾不能相顾而漏洞百出，最终只能败下阵来。

不同时代有不同的大国品质。科学技术的任何一次新突破，都为那些怀有抢占先机准备的国家，打造了一双甩掉落后帽子的巨人之手。今天，技术优势之于大国博弈如此至关重要，不仅在于同以往时代相比，核心技术的研发周期更长、更隐蔽，而且在于人类科技正处在一个面临新突破的关节点上。相对于以往科技进步的"点突破"特征，完全有理由把这一回的科技创新理解为"面突破"。这是因为，它产生的连锁反应将更加广泛，先发国家将获得新质生产力，从而使综合实力出现"井喷"。可以肯定，一场围绕"面科技"突破主导权的争夺战已然打响。守成大国比过去任何时候都更加关注新兴大国的技术进步，即便成为惊弓之鸟也不足为奇。这一情形眼下已初露端倪。无须扯得太远，中国的"银河"超级计算机在运算速度上拔得世界头筹，其轰动效果远远超过了计算机运算速度本身。神经受到刺激的美国人，义无反顾地把目光锁定在量子计算机上。不仅如此，美国谷歌公司研发的"阿尔法狗"已先后击败多名世界围棋顶尖高手，一举拓展了计算机应用的新前景，把人工智能带入人类自己所不敌的新天地，让你在"人脑不如电脑"的惊愕中自叹不如。这一事件的启示意义在于，任何一种技术突破的宣告，意味着将招来至少一种以上的颠覆性技术等着你。颠覆与反颠覆、颠覆性技术与反颠覆性技术，大国间的技术博弈从未停息，也不可能停息，在大转折时代只能更加白热化罢了。

　　除以上所述，我们还可列出许多已有的和可能有的非征服对抗或非对抗征服方式与手段，诸如塑造态势、改变格局的态势战，依托岛链军事基地网构筑的围堵战，操控对方经济社会秩序的控制战，大军压境、舞刀弄枪的威慑战，切断经济贸易和军事技术对外通道的封锁战，通过网络黑客攻防瘫敌窃密的网络战，争夺国际规则与技术标准主导权的法律战，操纵平衡地缘政治利益的地缘战，掠夺国计民生战略物资的资源战，推介渗透价值观的意识形态战，嵌入物质文化与非物质文化的文化战，等等等等，举不胜举。在这个有多少大国博弈新领域，就可能有多少种新对抗的大转折时代，若想把所有的对抗样式都一一列举出来，简直是徒劳的，也毫无意义。有意义的是，所有这些已经加入、正在加入和将要加入大国博弈行列的对抗样式，已开始悄悄地改变大国博弈观：面对近乎无限多样的选择，人们为什么要作茧自缚，把对抗方式和手段的挑选与使用，局限在冷战结束以前盛行的对抗性征服和征服性对抗的视域之内？非征服对抗、非对抗征服特别是非冲突、非零和的对抗方式，也同样甚至更有利于实现大国博弈的目标。

这一前景顺理成章地修正了"大国皆以武力扩张而崛起"的说法，同时也改变了人类一向视战争为结构性冲突终极裁判的定见。显然，正是大转折时代对抗方式的多样化放大了大国博弈的概念，而概念放大的结果则是大国对抗领域的放大。在这里，局限于传统观念的狭义对抗，将很难再找到自己的立足之地。发生在今天、明天或后天的任何一场大国博弈，都将是由非征服对抗和非对抗征服融合而成的结构对抗——大对抗。

这种大国对抗的目的，将不会仅仅满足于"为了现实利益，强力逼迫对手就范"，而应该是"塑造有利态势，赢得战略主动，实现长远利益目标"。

第三章
全球地缘政治循环新图景

> 出现在"共同基金"广告牌下
> 方的警句也同样适用于地缘政治领
> 域：昔日业绩并非未来回报的保证。
> 即使某个国家一直福星高照，但最
> 终仍可能遭受突如其来的厄运。
>
> ——马克斯·布特

　　地缘，一个朴素的概念，朴素得让人常常忘记它的存在。可是，它一直站在那里，古老得几乎与人类同岁。当世人被五花八门的新安全观遮蔽视野，庆幸自己发现了关乎民族安危的新威胁，甚至断言"基于地缘概念的国家安全观已经明显过时"之时，美国大兵踏平中东和西亚的现实表演、俄罗斯果断出手乌克兰危机的实时转播，以及一个又一个亟待解蔽的地缘政治问题，让世人突然发现，地缘政治在国家安全中的基础性地位无可撼动！其实，它的命定角色从未被改变过，因为国与国地理位置的不可移动，决定了地缘政治利益竞争是大国博弈的永恒话题，而被改变的只是人们鼠目寸光的眼神。

世界向东看

在大国博弈的惊涛骇浪中，始终有一根时隐时现的"定海神针"，规定着大国关系的基本走向，那就是地缘政治。"任何国家都无法移动它的地理位置，也没有国家可以卷起领土逃之夭夭。"正因为如此，苏联解体不仅是冷战结束的标志，而且是大国地缘战略重心和力量前出指向深度调整的开始。经过 20 多年的布局和碰撞，全球地缘政治完成了一次漂移，已然出现一幅以欧亚大陆为中心，以美、俄、中、日、欧为主导，顺时针转动的大循环新图景（见图 3.1）。

在东方：美国"重返亚太"，其西线力量向西一直推进至西太平洋后兵分两路：一路驻守第一岛链；另一路挟日本南下，进入南

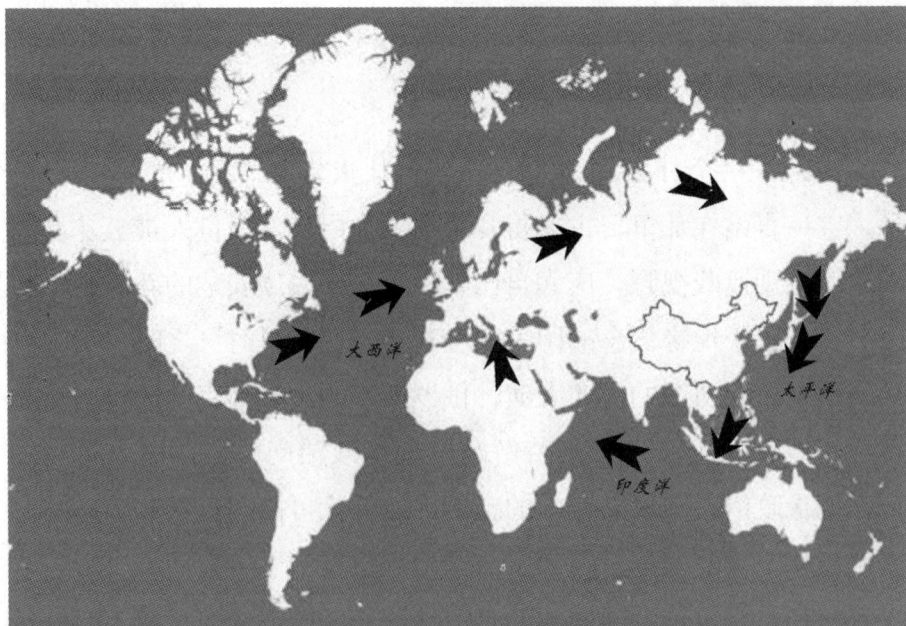

图 3.1　全球地缘政治大循环新图景

海、南太平洋、印度洋和地中海。中国通过"一带一路"南下、西出，进入欧洲腹地。欧盟、北约东扩，推进至黑海、波罗的海沿岸国家，并直逼俄罗斯西部。俄罗斯在北约东扩和美国战略东移的双重压力下，选择东进。于是，美、俄、中、日"四大天王"在西太平洋聚首相搏。

在西方：美国原经大西洋进入欧洲的东线力量，借助海湾战争、科索沃战争、阿富汗战争、伊拉克战争一直向东，进入中东、西亚后也兵分两路：北上的力量加入北约东扩大军，包围俄罗斯、中国及其西部周边国家；南下的力量继续向东挺进，与从西太平洋地区南下的美日力量对接，蛰伏于"印太"地区，联合域内域外国家，剑指南海。

在这个围绕"心脏地带"顺时针旋转的大循环中，中国处于旋涡的中心位置，非洲、南美洲、大洋洲则处于边缘地带。大循环如同巨大的龙卷风，卷起大国地缘政治博弈的千重浪，打得很多国家晕头转向、不知所以然。大循环蕴含的磅礴力量没有谁可以阻挡，也没有谁可以独善其身。全世界所有大国小国、强国弱国，不论主动还是被动，都被这股强大的洪流卷入其中，顺之者昌，逆之者亡。

毋庸讳言，这一大循环与冷战时期以欧洲为中心、东西方"高纬度"对峙的"僵硬"格局截然不同。与之相呼应，全球的冲突点出现了"南移"现象，主要集中在北纬 45 度线以南地区。① 大循

---

① 冷战结束以来，除了乌克兰危机之外，几乎所有的战争、冲突和军事对峙，都发生在北纬 45 度线以南地区。比如，美国主导的海湾战争等 5 场高技术局部战争，西亚、北非的"颜色革命"，以及叙利亚危机，南海问题，伊核、朝核问题，等等。这主要是苏联解体后，随着北方军事压力的下降，大国力量迅速南下，与地区各种力量摩擦和碰撞所致。而乌克兰危机引发的北约与俄罗斯重返波罗的海对峙，正在再现当年冷战的"高纬度"模式，是典型的"冷战 2.0"现象。

环的最大幕后推手当属美国。因为美国向东看，不仅带动了欧洲、俄罗斯向东看，而且连印度、越南也提出了"东向"战略，整个世界都在向东看。冷战后美国出台的一系列战略及举措，包括战略东移、"重返亚太"、岛链重建、"印太"一体、全球公域、"亚太再平衡"等等，一招一式都是加速大循环旋转的助推器。不可否认，印度、越南东进，俄罗斯南下叙利亚、西进波罗的海等逆时针运动，看似与大循环的旋转方向相悖，但它们只是在大循环内侧转动的小循环，而且辐射力有限，并没有改变世界向东看引发的全球地缘政治顺时针大循环的大格局。或许，谁能不被大循环的澎湃浪花遮蔽视野，谁就有机会博得这场较量的胜利，世界格局将为之倾斜。

　　然而，"向东看"并不是什么新鲜货色。早在 20 世纪初，英国地缘政治学家麦金德就曾经大声疾呼过。在 1919 年巴黎和会前夕，麦金德精心策划了一场"战略东移"的独幕剧。[①] 在他眼里，东方是欧亚大陆的代名词，那是一片包括东欧、俄罗斯、中国等在内的广袤地域。在 1904 年发表的《历史的地理枢纽》一文中，麦金德甚至把俄罗斯视为"心脏地带"的"占用者"。布热津斯基说过，苏联解体在欧亚大陆正中心造成了一个"黑洞"，如同"心脏地带"突然从世界地图上被挖走了一样。[②] 但令人匪夷所思的是，今天人们所说的东方却暗指中国，美国战略东移的目标也是中国。明眼人心里当然清楚，在这轮大国地缘战略博弈中，俄罗斯貌似成功地"逃逸"了。

---

　　① 1919 年巴黎和会前夕，麦金德把自己在 15 年前，即 1904 年的讲演稿扩展为《民主的理想与现实》一书，送给出席巴黎和会的各国代表，为的就是提醒他们"向东看"。

　　② 兹比格纽·布热津斯基：《大棋局：美国的首要地位及其地缘战略》，中国国际问题研究所译，上海人民出版社 2007 年版，第 72 页。

假如借用法国作家阿尔贝·加缪在《局外人》中的句式，不难找到刻画当今西方世界的最恰当文字：今天，西方死了，也许是昨天。① 因为在美国人看来，既然以苏联为首的东方集团不存在了，传统意义上的西方也就不再那么重要。高福利、慢节奏、自我为中心等等，这些原本属于老牌资本主义国家幸福指数的标记物，在金融危机和对抗异变的双重映照下，让人怎么看怎么觉得不顺眼，以至于成了欧洲人"好吃懒做"的标签。盾已不在，矛又何堪？事实的确如此。自从北约与华约在欧洲平原的对峙随着冷战终结而不复存在，大西洋似乎一下子成了美国和欧洲名副其实的"内湖"。相反，太平洋比大西洋大得多，不仅大国环绕，而且那个东方大国正在崛起。② 如是，几乎在冷战结束的同时甚至更早，美国就悄然迈开"东移"的脚步，到了奥巴马手里，只是把"重返亚太"的大旗扯起来罢了。

---

① 翻开法国作家阿尔贝·加缪的小说《局外人》，映入眼帘的第一行文字是："今天，妈妈死了。也许是昨天，我不知道。"在20世纪40年代，这句很哲学的话曾经震撼了很多人。在加缪的作品中，"荒诞"的成分很重。比如他的《西绪福斯神话》，就是荒诞哲学的代表作。有人把他纳入奉行存在主义哲学的作家行列，也有人认为他是一个人道主义者。加缪对西方现当代的哲学和文学影响很大，人们在谈到第二次世界大战后风靡一时的存在主义文学时，必然要提到他。参见《加缪文集》，郭宏安等译，译林出版社1999年版，第481页。

② 布热津斯基认为，自1991年后，美国获得了一个协助欧亚大陆发展新型国际政治结构的独特机会，因为曾经支配欧亚大陆的中苏集团消失了，欧亚大陆上出现了权力真空。但是，这个机会会被浪费了。他称："为了保证整个欧亚大陆的稳定，美国必须塑造出相应的政策去应对欧亚大陆两侧出现的挑战。"在他看来，从前，欧洲是西方的中心，可现在却成了西方的外围，因为美国才是西方真正的中心。鉴于冷战后欧洲在政治上变得更不统一，欧洲成为政治和军事巨人的希望越来越渺茫，布热津斯基提出构建一个以美国为主导，包括俄罗斯、土耳其在内的"大西方"构想，以此作为医治"衰落中的西方"和"美国梦的消逝"的去疴猛药。参见兹比格纽·布热津斯基：《战略远见》，洪漫等译，新华出版社2012年版，第131—138页。

对于西方而言，东方具有独特的魔力。每每遇到难题，西方人总是把目光转向东方。他们在冷战前如此，在冷战时期这般，在冷战后同样这般如此，东方俨然成了西方力量发泄点的代名词。究其原因，根子也许在于，含蓄的东方世界面对具有进攻性特质的西方时，总是处于被动防御地位。有趣的是，你尽可以认为西方人傲慢无礼，但居然丝毫不影响他们弯腰向东方人求教通向"不战而胜"的密钥，这就是著名的"孙子的核战略"。当东西方的冷战陷入白热化而一筹莫展时，美西方借东方智慧击败了东方集团，淋漓尽致地演绎了一把"以子之矛，攻子之盾"的典故。如今，高调"重返亚太"的美国人再次把眼睛转向东方时，却在不经意间露出了战略贫困的软肋。面对俄罗斯对乌克兰的行动，奥巴马在海牙核安全峰会之后的新闻发布会上不得不承认无可奈何。他说："俄罗斯是个威胁近邻的地区大国，并非由于其强大，而恰恰是因为它的虚弱。"尽管奥巴马对"俄罗斯是美国头号地缘政治对手"的观点提出质疑，但在被问到共和党人米特·罗姆尼于竞选美国总统期间，曾警告提防俄罗斯的实力是否具有先见之明时，却答非所问。[①]美国在100多年前就对欧亚大陆的地缘结构早有定见，并一直为"围堵"煞费苦心，怎么到了今天，自己却给忘了呢？换言之，美国的围堵为何刻意放过俄罗斯而只盯住中国？也许，这才是奥巴马忽悠"太平洋时代"的

---

① 奥巴马当时的回应是：对美国国家安全更大的威胁，是"核武器在曼哈顿爆炸"的可能性。他认为，俄罗斯只是"地区大国"，吞并克里米亚"表明（俄罗斯）影响力的降低，而不是提升"。他认定，国际社会永远都不会承认俄罗斯对克里米亚的接管。罗姆尼曾在2012年大选中称，俄罗斯是美国的头号地缘政治宿敌。他还说，俄罗斯对乌克兰的悍然入侵，已对奥巴马在世界舞台上的领导地位构成严峻挑战。奥巴马正面对着来自共和党人的毁灭性批评，批评者包括罗姆尼。参见《奥巴马嘲讽俄罗斯为"地区大国"》，载《参考消息》2014年3月27日第2版。

真实目的。是的，东方消失了，但消失的只是意识形态下的东方集团，回归的却是地缘政治上的东方世界；西方死了，但死的只是两极对抗意义上的西方联盟，不死的却是西方的地缘政治利益。问题的关键是，面对东方文化的母国——中国，美国究竟有多大胜算？

中东舞者的忧伤

在欧洲、非洲、亚洲三大板块之间镶嵌着一片神奇的土地，那就是西亚。之所以说它神奇，不仅仅是因为独特的地缘结构，更重要的是，数千年来在这片土地上不断上演的一幕幕人类文明与冲突的大戏：跨越印度洋与大西洋的桥梁，连接欧、亚、非大陆的纽带，里海、黑海、红海、地中海、阿拉伯海"五海"环绕相拥。古老的巴比伦文明发源于此，人类首个世界性帝国——波斯帝国的后裔至今依然栖息在这里，圣地麦加就像磁铁一样每年吸引数百万穆斯林信徒前来朝觐。恐怕最醒目的是，素有"火药桶"之称的中东就位于这片土地上。冷战后美、俄发起的一系列高技术局部战争，几乎都集中在西亚或其周边地区。够了，战略地位如此重要的西亚，没有哪个怀有称霸世界野心的帝国会对它无动于衷，也没有哪个衰亡的帝国敢说与它毫不相干。

这是一块什么样的土地？让我们看看再说。从形状上看，与其说中东像哑铃的抓手①，还不如说是一个翩翩起舞的"阿拉伯舞者"

① 世界上有欧洲、东亚、北美三大经济带。欧洲经济带、东亚经济带和中东形成一个哑铃状结构，而中东处于欧洲经济带与东亚经济带之间，就像哑铃的抓手。美国通过控制中东，进而控制世界经济。

的背影（见图3.2）：它面向里海，背对地中海，右手牵着亚洲，左手牵着欧洲，屁股靠着非洲，脑袋顶着俄罗斯。只要它一跺脚，世界就为之颤动。

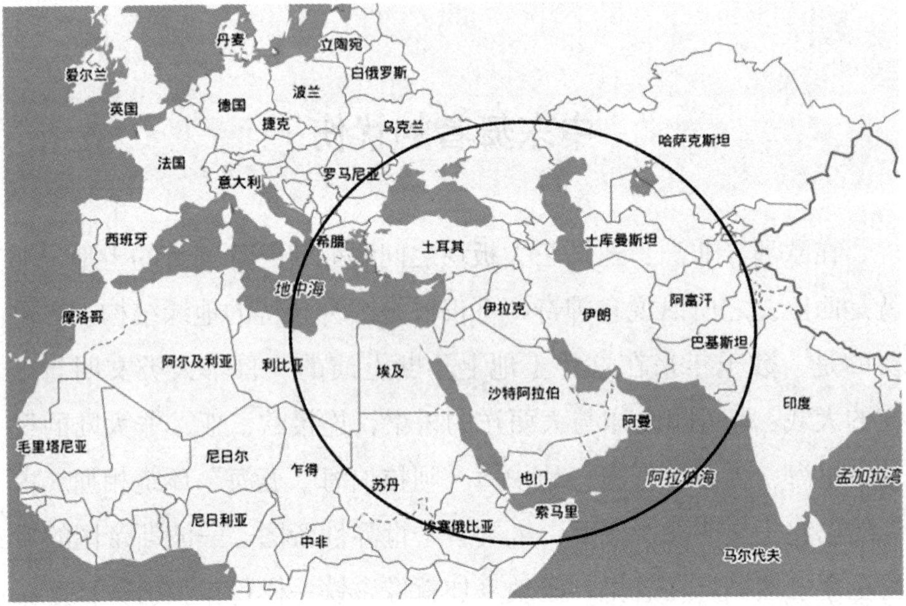

图3.2　中东"阿拉伯舞者"

　　——伊朗是舞者的右手，托着里海，指尖指向阿富汗。阿富汗有一条细长的瓦罕走廊通往中国新疆喀什，它特殊的战略地位让大国垂涎三尺，苏联、美国都曾在这里留下数不尽的弹壳。

　　——舞者的左手是土耳其，托着黑海，袖里藏着小亚细亚半岛。这是一块三面环山、向西开放的战略要地，波斯大流士大帝、马其顿亚历山大大帝、古代罗马帝国、拜占庭帝国、奥斯曼帝国都曾统治过这里，搏杀中留下了无数血河尸山。

　　——舞者的身上有叙利亚、伊拉克、约旦，腰上别着黎巴嫩、以色列、巴勒斯坦，背靠地中海。这里一直战火纷飞，直到今天依然冲突不断。舞者身着沙特长裙，裙皱上缀着卡塔尔、阿联酋、巴林，裙带两头分别飘着埃及和科威特。它们富得流油，但大都被美西方"统战"了，成为美军在中东地区采取行动的跳板。

——舞者脚踏阿拉伯海，左脚是阿曼，脚尖踢向波斯湾；右脚是也门，脚跟踩在红海上，阅尽海盗、恐袭和美俄舰队的"无限风光"。

——舞者的脑袋上有格鲁吉亚、亚美尼亚、阿塞拜疆，脑门是大高加索山脉，头上戴着俄罗斯南部地区的皇冠，皇冠上顶着乌克兰。舞者的眼睛在阿塞拜疆的巴库，死死盯着里海上的军舰何时抛锚与起航。

说起中东，人们在第一时间会想到石油。美国布鲁金斯学会高级研究员罗伯特·卡根认为，由于美国逐步摆脱对中东的石油依赖，中东的地位下降，但美国"重返亚洲"之时不能忽视中东。[①]相信与卡根持相同或类似观点的人不在少数[②]，但问题在于，中东的重要性在工业革命之前早就确立了，仅仅从"石油依赖"考虑显

---

① 罗伯特·卡根：《需要超级大国》，载《华盛顿邮报》2012 年 11 月 21 日。

② 中东是一切的中心。叙利亚、也门和伊拉克的乱局，使中东成为这个日益危险和动荡的世界的"心脏地带"。20 世纪 70 年代，沙特推动油价翻了两番以惩罚美国，现在又将油价控制在每桶 40 至 50 美元的水平。鉴于其在石油"黑金"定价中的传统地位，沙特是全球地缘政治棋局中的重要部分。不过，现在又有美国等其他主角加入进来，很多国家已经不能通过挥霍钱财来推行结盟政策，沙特操控原油产量的能力今非昔比。巴塞罗那国际事务研究中心中东问题专家埃卡特·韦尔茨认为，现在，原油价格如此低，沙特已经没有那么大的外交权力了。他说："石油已经不再是 20 世纪 70 年代那样的政治武器了，因为只有在价格处于高位的情况下才能有影响力。"参见 F.J.卡莱罗：《作为外交武器的石油已死》，载《参考消息》2015 年 11 月 10 日。

然是远远不够的。中东不仅是穆斯林世界的中心，而且中东大部分国家属于环地中海国家，只要地中海的地位没有被其他海域取代，中东自身的影响力就会非常独特。比如中东蕴含的石油、航道、地缘政治等战略资源，对世界经济和文化交流的价值不可或缺，人们无法把它与世界其他地区等量齐观。仅就今天的全球地缘政治大循环而言，美国的力量要到达欧亚大陆的"心脏地带"，只有南、北两条路可选：北部走东欧到达俄罗斯西部，这是目前欧盟、北约东扩的线路；南部走中东，这就是美军自海湾战争以来用钢铁和鲜血开辟的线路。值得指出的是，美国要想直抵中国西部边界，中东这条线是必由之路，因为走北线必须得先过俄罗斯这一关，而"蜀道难，难于上青天"，乌克兰危机便是最好的证明。卡根煞有介事地提醒美国当局"不能忽视中东"，或许理由就在于此。

不能不注意到目前有一种观点，认为美国主导的伊拉克战争、阿富汗战争、利比亚战争都失败了，甚至把这些战争与朝鲜战争、越南战争进行类比，以证明美国一直在玩搬起石头砸自己脚的危险游戏。果真如此吗？这要看从哪个角度考察。从军事上看，美国无疑胜利了，美国大兵以极小的伤亡代价击败所有对手后入主中东。从政治上看，美国也胜利了。美国人所到之处，都无一例外地建立了亲美西方的政权，什么石油、有色金属，那都不算个事。从社会治理角度看，中东进入混乱状态，这看似"不理想"，或许正是美国人想要的效果。从地缘战略上看，美国大大地胜利了，因为它大踏步深入中东、西亚后，彻底改变了地缘政治格局，这才是美国一直渴望得到的"冷战红利"。可以肯定，在北极航道完全开通之前，中东依然是世界的重心之一。无论他人如何评价美国中东政策的成败得失，美国在该地区的布局将会继续我行我素。尽管为了减轻对外部能源的依赖，美国正在尝试能源自给战略，但只要条件允许，它绝不会放弃对包括中东在内的全球资源的利用和占有，因为把本国地底下的自然资源留给后人是美国的基本国策。因此，在可预见的未来，中东还是中东。

2015 年 11 月，注定是一个不平静的月份。在短短的 30 天里，俄罗斯军队进入叙利亚空袭反政府武装，土耳其在土叙边界击落俄军苏-24 战机，从开罗至莫斯科的俄罗斯客机遭到恐怖袭击，大批中东难民涌入欧洲各国，巴黎连发系列恐怖袭击，英国在讨论"脱欧"公投，IS 组织连克数城、日益坐大……中东、西亚和世界发生的一连串大事，每一件都惊天动地。中东舞者的每一个舞姿都流淌着忧伤的泪滴，她为谁而流泪？又有谁为她流泪？大国肆意介入地区事务，与当地的宗教、文明、利益冲突搅和在一起，留下的只能是满目疮痍。其实，中东乱局只不过是美国战略东移的一个副产品，或者说是美军铁蹄留下的一道伤痕而已。美国的真正目标并非中东，而是在欧亚大陆出现的挑战"美国全球至高无上地位"的挑战者。至于谁是挑战者，仁者见仁，智者见智，至今尚无确切定论。从历史和现实两个维度看，多半会是喊叫得最凶的那个，因为美国文化一向容不下眼里的沙子。但无论是谁，在摁住它崛起的脑袋之前，美国绝不会舍弃取道中东"向东看"的捷径，这也是"重返亚洲"战略设计的应有之义。

"印太构想"背后伸出的剑

美国人的政治智慧与其性格一样来得实在。他们不喜欢弯弯绕，对奇正、虚实、中庸之类东方概念的理解也甚是简单明了，说白了就是从来不在一棵树上吊死。体现在大国博弈上，就是美国素有"两洋"战略传统，擅长于两线作战，信奉东方不亮西方亮。看看吧，在美国崛起进程中几次大的博弈，仅凭这一条就曾多次逢凶化吉，甚至反败为胜。发生在美国将强未强时至关重要的一仗——美西战争，就是在太平洋和大西洋同时与西班牙开战的。结果世人皆知，美国不仅在大西洋击败了西班牙，而且在太平洋得到了菲律宾，客观上还撂倒了大英帝国。在第二次世界大战中，美国人照葫芦画瓢，你山本五十六竟敢用航母编队偷袭我的珍珠港，那我就不能作壁上观了。时任美国总统罗斯福在西线推动盟军登陆欧洲的同时，断然在东线开辟太平洋战场，日本帝国的丧钟也就随之敲响。还是美国这帮政治大佬们，在冷战期间从大西洋和太平洋两个方向对苏联进行包围与遏制，效果同样超乎想象的好。他们巧借戈尔巴乔夫、叶利钦之手，在不知不觉中让苏维埃政权自己烟消云散。毫无疑问，登上世界唯一霸主之位后的美国，在独霸路上绝不可能放弃这一手。只是这一回，美国人把"两洋"选择在了印度洋和太平洋——"印太战略构想"随之浮出水面。

"印度洋—太平洋"地区（以下简称"印太"地区）原本只是一个普通的地理名词，如今经过美国的精心包装，一下子变成了时髦的地缘政治概念，尽管相关国家对其界定和阐释判若云泥，而且各自都有"小九九"。在美国人眼里，"印太"地区为南亚次大陆至美洲西海岸的广大地域，但他们同时认为，"从西太平洋和东亚地区至印度洋和南亚地区，是关乎美国经济和安全利益的关键'弧形地带'"，因此，推动"两洋"融合顺理成章。澳大利亚把"印太"

理解为西起印度、穿过东南亚列岛延伸至西太平洋、直至北亚的广大地区，认定这是澳大利亚在 21 世纪的安身立命之所，并率先将"印太"概念写入其国家战略文件。[①] 印度尼西亚的视野与众不同，它干脆把"印太"地区锁定在跨越印度洋和太平洋的三角地带，而且自认为印尼处在"印太"地区的中心，理应有更多的地区话语权。[②] 作为印度洋大国的印度，反而对"印太"至今没有一个确切的概念，但它在冥冥之中感到亚太地区攸关其核心利益，希望超越印度洋，融入东亚和太平洋，到亚太地区拓展战略空间，于是乎，乐于借美国东风推进其"东向政策"的实施。[③] 但是，印度"向西看"

---

① 澳大利亚认为，未来"印太"地区的安全与稳定，将取决于中美、印美、中印这三组双边关系，主张澳大利亚应推进与美国及中国、印度等国的关系。澳大利亚已率先将"印太"概念，写入《国家安全战略报告》、《亚洲世纪中的澳大利亚》白皮书以及 2013 年度《国防白皮书》等国家战略文件。澳大利亚官方把"印太"地区看成"单一性的战略弧"，以及 21 世纪的国际政治、经济重心。在 2017 年的《外交白皮书》中，印太战略弧被进一步明确界定为通过东南亚连接起来的印度洋东部和太平洋地区，包括印度、北亚和美国。参见周方银、王婉：《澳大利亚视角下的亚太战略及中国的应对》，搜狐网 2018 年 3 月 24 日。

② 2012 年，印度尼西亚外长马尔迪·纳塔勒加瓦在美国发表题为《印尼眼中的"印太"地区》的主旨演讲，首次向国际社会披露印尼对"印太"概念的看法。马尔迪指出，"印太"地区是跨越印度洋和太平洋的三角地带。印尼处在"印太"地区的中心，既不愿看到单一大国主宰"印太"地区，也不希望大国竞争导致"印太"地区不稳定，呼吁签订印度洋—太平洋友好合作条约。马尔迪表示，印尼在扩大对"印太"概念话语权的同时，还将采取其他外交行动，影响和塑造其他国家对"印太"地区的看法与设想。

③ 近年来，印度通过举办印度—东盟峰会，将双方关系提升至战略伙伴层次，并强化对缅甸的影响，积极发展与日本、韩国、越南等国的关系。在经济上，印度与中国共同倡议"中印缅孟经济走廊"，支持"南亚—东南亚互联互通"计划，参与"区域全面经济伙伴关系"谈判。从军事上看，近年来，印度海军进出西太平洋的次数日益增多，军事活动逐步冲出印度洋，向亚太地区拓展。印度还与越、日等国就加强海上安全合作达成共识，商定双边海上力量定期举行联合演习等。2012 年，印度参加美国主导的"环太平洋"系列联合军演，这在历史上尚属首次。

的内在动力，无疑会让它在东西顾盼中扮演参与顺时针大循环的一个重要角色。①

"印太"地区是世界海洋交通的枢纽，这里不仅汇集诸多海上战略通道，而且扼守马六甲海峡等横跨印度洋与太平洋的咽喉要道，每年世界约 1/2 的集装箱货物和约 2/3 的船载油气资源途经此地区。"印太"地区既有中国、印度这样迅速崛起的新兴大国，也有日本、韩国和澳大利亚等发达经济体，作为驱动世界经济的主要发动机之一，其发展潜力不言而喻。不过，要说这些就是美国制定"印太战略"的动因为时尚早。问题的关键在于，在这一轮大国地缘政治博弈中，美国果断选择印度洋而放弃了大西洋，并力推"两洋"融合，这是为什么？换言之，"印太"地区究竟有什么东西让美国如此惦记？这是一个有趣而重要的追问，让我们沿着这条思路往下走走再说。

对于在大国博弈的大风大浪中一路劈波斩浪走过来的美国人而言，保住脑袋上的这顶世界霸主皇冠，恐怕就是他们眼下最大的核心利益。这一点，只要看一下美国独霸世界的路径设计，就再清楚不过了：独霸大战略→大亚细亚战略→战略东移→"重返亚太"→"亚太再平衡"→"印太战略"。从大到小、从全球到地区、

---

① 尽管印度总理纳伦德拉·莫迪上台后，把"向东看"政策变成了"向东行动"，加速东进，但有学者认为印度应该"向西看"，就算印度贸易的主体在东边，中亚和中东仍是印度最有潜力扩大影响力的地方。这是因为，印度在自身以东地区扮演有意义的角色存在限制，除了缅甸之外，对该地区影响有限。相反，印度已经与中亚和中东地区国家建立了密切联系，能源也依赖这个地区。比如，印度参与了塔吉克斯坦法尔霍尔空军基地和伊朗恰巴哈尔港等项目的建设。另外，海湾国家有面积很大的印度人聚居区，印度可以得到中东主要派系的信任，与伊朗、沙特、以色列、伊拉克和海湾国家都有很好的关系。印度应当继续与东边的国家做贸易，但战略前景则要求印度聚焦印度洋和中东、中亚等地区。参见《参考消息》2016 年 3 月 14 日第 10 版。

从战略到战术，形成一个环环相扣的链条；还有"不稳定弧"、"空海一体战"、全球公域、"离岸控制"、TPP 等一系列经济、政治、军事、文化、外交策略，与之配套使用。不难看出，这是一套地地道道的"组合拳"，"印太构想"只不过是大亚细亚战略的组成部分而已。前面提到的美国人所说"弧形地带"，正是"不稳定弧"在东南亚的弧段。美国东进力量从中东南下的印度洋分支，与美国西进力量从西太平洋南下的南太平洋分支将在此会合。也就是说，美国东进力量可以通过"印太"地区顺势而下，直抵南海、台海、东海，到达西太平洋；而美国西进力量也可以通过逆势而上，直抵中东、西亚，到达地中海。"印太一体化"不仅可以让西太平洋与中东、西亚在地理上连成一片，而且在力量上实现对接，即在地缘战略上完成合围。

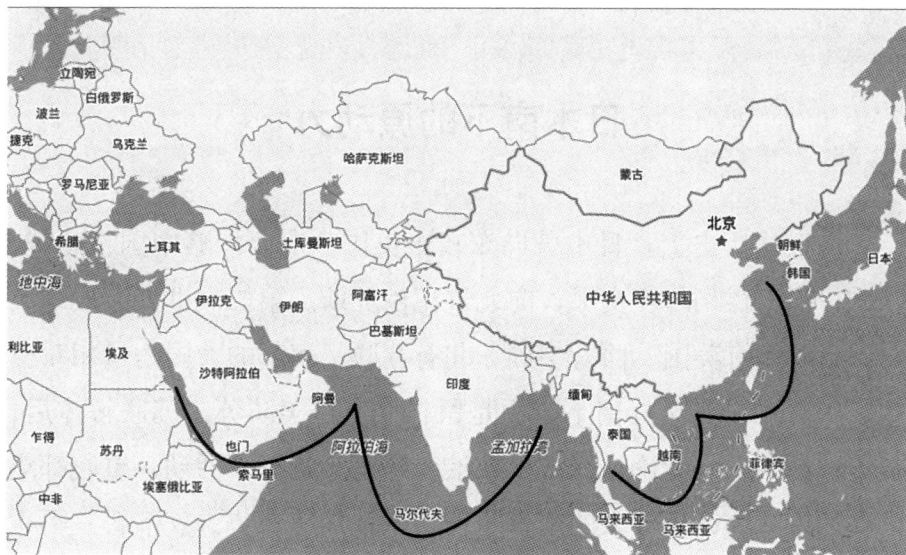

图 3.3 双"W"海域

值得注意的是，在欧亚大陆中心区的东南端边缘地区，是一条弯弯曲曲的"锯齿形地带"，它内藏了两个形如英文字母 W 的海域：一个在西太平洋，由黄海、东海、南海构成；另一个在印度洋，由红海、阿拉伯海、孟加拉湾构成。而这两个"W"海域的交汇点就在马六甲海峡，正好与横跨印度洋与太平洋的三角地带重叠（见图 3.3）。这样一来，麦金德"欧亚大陆中心说"中的"锯齿形地带"穿越百年时空，与布热津斯基《大棋局》中的"不稳定弧"，在"印太"地区的三角地带奇妙相遇了。如果说"印太战略"是对控制欧亚大陆的传统地缘政治思想的历史回归的话，那么，横跨印度洋与太平洋的"印太"地区就是美国战略东移的必经之路，这似乎已经触碰到了美国精心炮制"印太战略"之根本。然而，地缘政治安排向来有具体指向，谁将会成为美国的真正对手？没有找到答案，追问就远未结束。

日本南下的原动力

在近代历史上，日本曾向东攻击美国，向西侵略中国、朝鲜、韩国，向南蹂躏印度支那，向北进犯俄罗斯。第二次世界大战结束时，日本东有美国，西有中国，北有苏联，南部的大国力量相对空虚，但日本没有选择南下，而是留在北方协美防苏。苏联解体后，日本选择南下，无论是经济、政治、外交还是军事活动，重心都集中在西南方向，近年来的南下步伐还呈现加速态势。安倍晋三再次上台后奉行"俯瞰地球仪外交"，出访频率创历届日本首相之最。如果连接安倍的出访线路，就可以清晰地看到，他以中国为中心画了一个圈，但南部踩点最为密集，南下次数与到访国数目均超过其他方向的总和。[1]

随着战略重心的南移，日本的军事基础设施和作战力量开始朝西南方向迁移，派重兵把守西南诸岛，加大钓鱼岛周边的军事存在，全面提高夺岛作战能力，把防卫能力向南拓展至中国台湾，借打击海盗之名南下海外用兵，还允许美军在日本南部及西南诸岛基地，部署 F–22 隐身战斗机、"宙斯盾"驱逐舰、海军陆战队等先进装备和作战力量。[2] 日本 2015 年度防卫预算中，把强化西南方向军力部署列为重中之重。[3] 日本军事发展路线图与安倍出访路线图遥相呼应，文武之道共同指向南部。更重要的是，日本公开以菲律宾为支点、以美日联盟为杠杆，介入南海争端，制造地区紧张局势。比如，串联南海声索国提高要价，为越南、菲律宾对抗中国打气，甚至提供军事装备和技术支持；为了迎合美国"重返亚太"，拉拢印度、澳大利亚等国，大肆炒作"中国威胁论"，不惜放下身段，为

---

① 截止到 2015 年 5 月 1 日，安倍晋三出访 28 次、58 个国家，其中南下方向 17 次、33 个国家，超过一半。安倍平均每月出访 1 次，大大超过其第一个首相任期月均 0.6 次的水平，出访频率在日本历届首相中独占鳌头。在安倍到访的国家中，除了土耳其、比利时去了 2 次外，其余的均为 1 次。2006 年，在中日关系紧张之际，首次出任首相的安倍曾提出建立"自由与繁荣之弧"的主张，企图南下联合菲律宾、马来西亚、印度尼西亚乃至印度等国，对中国构成一个弧形包围圈。但由于这一设想无法转换为实质性的经济利益，最后归于失败。安倍再次上台后，运用"银弹外交"和"武器输出"双重手段，可以理解为对他首个首相任期内目标的修正，但其围堵中国的目标没有改变。

② 主要包括第二部 X 波段大型相控阵雷达、F–22 隐身战斗机、MV–22"鱼鹰"偏转翼飞机、"全球鹰"无人侦察机、"宙斯盾"驱逐舰、海军陆战队等。

③ 2015 年，日本航空自卫队将驻那霸的第 83 航空队扩编为第 9 航空团，所辖 F–15 战斗机由约 20 架增至约 40 架；在与那国岛组建陆上自卫队第 303 沿岸监视队，负责监视近海及低空目标。同时，着手在九州的佐世保组建两栖作战旅，在奄美大岛组建陆上自卫队西南警备部队，未来担负离岛的应急处突任务。

域外大国介入南海问题"牵线搭桥"。日本借重美国的岛链围堵政策，与第一岛链南端国家和地区开展多领域合作，频频参与美军在该区域的联合行动。与此同时，日本鼓吹"积极和平主义"，加快南下布局与渗透，大幅增加同东南亚国家的防卫交流与合作。①

日本与美国有偷袭珍珠港、以原子弹轰炸广岛和长崎的积怨，与俄罗斯有日俄战争、北方四岛纷争，与韩国有殖民统治、独岛主权争端。但是，日本置这些深仇大恨于不顾，急于南下，把目标对准中国，原因何在？一方面，冷战结束后，美军的太平洋防御体系随着北方压力骤减，其重心开始向西南方向移动；另一方面，美国把中国视为打破地区战略平衡的主要力量，这为日本"倚美遏华"提供了契机，同时也让日本担心自己成为中美太平洋博弈的牺牲品。特别是中国军力的发展，部分对冲了美国对日本的安保承诺，迫使日本重新审视其战略内、外线，寻求自保能力。从地缘结构上看，日本的战略内线由朝鲜半岛、日本本岛、西南诸岛、中国台湾、环南海国家构成，以美日同盟为轴心；战略外线由美国、南太平洋国家、东南亚、南亚、印度、中东、欧洲构成，以美国岛链防御体系和北约为轴心。作为一个岛国，由于北冰洋、俄罗斯的水陆双重阻隔，日本无力北上。日本要拓展战略活动空间、改善安全战略态势，必须"走出去"，而出路就在其战略内、外线的西南端。

---

① 在安倍晋三的 17 次南下出访中，2013 年 8 次 18 国，2014 年 6 次 9 国，2015 年 1 至 4 月 3 次 6 国，东南亚、中东及相关国家几乎走遍。安倍前往中东、非洲除了攫取资源外，还与吉布提、科威特、卡塔尔等国在防务交流与合作上达成多项共识，借打击海盗搞嵌入式布局的意图明显。在南亚，日本的国家援助机构觊觎孟加拉国南部的深水港，是因为孟加拉国和斯里兰卡位于把资源丰富的中东与东亚联结起来的海上航道沿线上。2013 年版日本防卫白皮书仅涉及印度尼西亚、越南、新加坡和菲律宾 4 个国家，2014 年版防卫白皮书则全面覆盖老挝、柬埔寨、文莱、缅甸等东盟 10 国。

这样一来，日本选择南下也就不可避免了。这是其一。

其二，中日能源、贸易的主要通道都在南部——中东的石油从地中海经印度洋到太平洋，而"中国制造""日本制造"再沿太平洋、印度洋回到地中海，进入欧洲、非洲等地。因此，确保各自海上战略通道的安全，也就成了中日战略博弈的重要内容。对于日本而言，如果说南下海上通道是日本经济的生命线的话，那么，台湾海峡就是这条生命线上的"命门"。自台海危机爆发以来，与其说日本关注台湾能否从中国分裂出去，还不如说关注台湾能否独立掌控台湾海峡东部的半壁江山。这是因为，日本人心里明白，台湾海峡一旦被中国大陆和台湾联手控制，就会立刻产生"闸门效应"，可以随时切断日本的南下通道，这是日本最担心的局面。日本选择南下，到南海、印度洋、地中海布局，甚至借反海盗之名向海湾地区派兵、埋楔子，目的在于以南海问题牵制台海问题，分散中国的注意力，延缓台湾海峡两岸统一进程，让台湾海峡"永不关闭"，确保其海上通道畅通无阻。

其三，中日钓鱼岛主权之争中，日本人底气不足。在正面较量没有优势的情况下，日本寻机开辟与中国博弈的"第二战场"也就合乎逻辑了。由于中国在南部地区尤其在南海的力量相对薄弱，以及美西方在南海问题上的遏华、乱华立场，强化了日本南下浑水摸鱼的动机。日本在南海问题上搅局，目的在于协同美国构建围堵中国的战略外线，同时借南海主权争端，为其侵占钓鱼岛寻找"合理"的旁证，以侧翼战场制衡正面战场。

自明治维新以来，日本一直以世界政治大国为立国目标。第二次世界大战后，因受制于冷战格局和战败国地位，日本暂时搁置了这一诉求。20世纪80年代，随着经济实力提升，日本的大国梦被重新唤起，但日本朝野普遍存在"身份焦虑"：大日本帝国与第二次世界大战战败国、对外扩张与非"正常国家"待遇、称霸东亚的野心与周边大国的限制，这三大矛盾形成鲜明反差与心理冲突。战后，日本始终处于上述"三个历史纠结"的摇摆之中，无论是内政还是外交都如此。中国崛起对日本刺激不小，日本政界特别是右倾势力对此尤为焦虑。① 日本深知，它要称霸亚洲，中国是绕不过去的。削弱中国的最有效办法就是抓住中国现存的"冲突点"，遏制中国的最便捷路径就是搭上美国围堵中国的战车。美国高调"重返亚太"，深度介入东海、台海、南海问题，为日本战略重心南移提供了强大的外部推力。奥巴马政府"亚太再平衡"战略的副产品之一，就是把日本从第二次世界大战战败国的"笼子"里放出来，让其"做大"并咬住中国。日美双方对此心知肚明。可以预见，作为重返大国政治舞台的必要条件，日本的"正常化"进程不会停止，"解禁""修宪""入常"三部曲必将轮番上演，而南下是日本协美遏华、打破亚太格局的现实选择。

东西顾盼中的俄罗斯

俄罗斯是一个横跨欧亚大陆的国家。由于北面有北冰洋，南面

---

① 2014 年 3 月 5 日，李克强总理在十二届全国人大二次会议上作《政府工作报告》时宣布，2014 年的中国国防预算为 8082.3 亿元人民币，比 2013 年增加 12.2%。这是连续 4 年呈两位数增长。同日，日本自民党二号人物石破茂在与安倍晋三会谈后称："我们将有必要建立一个亚洲版的北约。我们很可能会看到中国的国防预算持续增长，而美国的影响力日渐减弱。因此，我们需要在该地区与中国保持平衡。"

有中国，水、陆两大板块南北挤压，东西也就成了俄罗斯的地缘战略选择。俄罗斯国徽上的双头鹰图案，也许是俄罗斯人心态的最好写照：一个脑袋盯着东方，另一个脑袋盯着西方。的确，俄罗斯历史上的所有威胁、冲突和战争几乎都来自东西方向，而战利品也大都取自于东西地区，尽管冷战后南下黑海、高加索、中东地区屡屡得手。当然，东西兼顾难免顾此失彼，甚至两头都顾不上。表现在国家战略和外交政策层面上，俄罗斯历来有摇摆不定的一面，或东或西，忽东忽西，甚或东西并进，完全随世界大国的举动而动。不过，摇摆并非俄罗斯独有，美国也有这一传统，这是由美国嵌在两大水体之间的地缘结构决定的。只是，如果说俄罗斯的摇摆是在亚洲与欧洲之间的话，那么，美国的摇摆则是在大西洋与太平洋之间，牵扯范围势必更大。值得指出的是，美国东顾西盼与其说是摇摆不定，还不如说是东西平衡，服从于称霸世界的"均衡"战略需要。比如，即便在欧洲为主战场的冷战年代，美国也从来没有放弃过亚洲，就像今天"重返亚太"后的美国不会也不可能放弃欧洲一样，嘴上喊的不过是一种政策宣示而已。

　　大国战略重心的变化向来是互动的，今日在美俄之间，就上演了一幕我进你退、你退我追的地缘政治竞逐大戏。冷战刚结束那会儿，俄罗斯选择东进，一方面迫于美国战略东移的强大压力，另一方面觊觎美日南下后出现力量真空的诱惑。如今，俄罗斯又义无反顾地逆向西进，那是被美西方逼的，因为它们一旦越过乌克兰，俄罗斯的西翼就会赤裸裸地暴露在美西方面前，将毫无遮拦可言。相对于发展利益和面子而言，国家安危当然更重要。你们既然踩到了我的安全底线，那我只有反戈一击，别无选择。但是，假如不理解美国构建欧亚大陆包围圈的真正目标，就无法理解美国为何东西摇摆。山姆大叔的目的何止于东进或西进这么简单，他的所作所为无异于把布热津斯基在《大棋局》中的假设变成现实，不把欧亚大陆尤其是那个挑战者围得水泄不通，绝不会收手。欧盟和北约东扩与其说是为了包围俄罗斯，还不如说是为了统一俄罗斯。只有把俄罗斯纳入欧洲的怀抱，一起继续向东、向东南扫过来，与美国在太平洋的西进力量对接后南下，彻底封锁中国的北线、东线，才能真正完成"O"形包围圈的构筑。[①] 否则的话，得从北冰洋布线，无论从围堵效果还是从内部结构来说都不理想。这是因为，只要没有拿下俄罗斯，美国就免不了要面对中、俄、美、欧"三方四国"的博弈格局，其不确定性不言而喻。如此看来，美西方东进的目标不仅仅在于俄罗斯，俄罗斯也大可不必惊慌失措。

应当承认，对地缘政治的敏感性，没有哪个大国可以与美国比肩。苏联解体导致全球权力结构失衡带来的重新布局的机会，被美国人逮了个正着。美国在安抚欧洲之后，迅速作出战略东移的安排，甩开膀子加紧包围"心脏地带"。相反，中国、俄罗斯等大国忙于国内事务，无暇顾及美国。可以这样说，美国东进是在没有受到任何阻挡的情况下完成的。尽管俄罗斯在乌克兰危机中如梦初醒，而且表现强势，但无法覆盖国内学者们的批评声音。普京在克里米亚半岛的闪电行动不过是亡羊补牢，正如西布科夫所言：借克

---

① "O"形包围圈有两层含义：一是被潜在的冲突点包围。布热津斯基在《战略远见》一书中，列举了8个"潜在的亚洲冲突"环绕中国。二是美西方的围堵力量，包括政治、经济、军事等力量，已经到达中国周边国家和地区，形成一个封闭的包围圈。这两个包围圈并非独立，它们相互影响和相互呼应，因为冲突背后肯定有大国博弈的身影。参见兹比格纽·布热津斯基：《战略远见》，洪漫等译，新华出版社2012年版，第165页。

里米亚进一步控制乌克兰的东部地区。① 眼下，俄罗斯想重新恢复
对乌克兰的全面控制似乎已不太可能，因为美西方绝对不会放弃
东进成果。美国大规模增兵波兰，北约陈兵黑海、波罗的海周边，
不时组织大规模联合军演，而且高举扩大制裁大旗但宣而不用，
目的很清楚，就是慑止俄罗斯西进。也许对于俄罗斯来说，乌克
兰东西分治是一个理想格局，除了获得一条战略缓冲带之外，还
可以把克里米亚半岛这颗棋子做活，大大拓宽进入地中海、西亚
的南下战略通道。苏联解体后，刚刚独立的俄罗斯曾经被迫放弃
了绝大多数海外军事基地和设施，仅仅保留驻叙利亚塔尔图斯港
的物资补给站。20 多年后，正是这个补给站成了俄在中东军事行
动的重要支点，在俄对叙地面目标的空袭中发挥了关键作用。俄
罗斯在叙利亚行动的成功不仅化解了乌克兰危机的战略压力，而
且为俄控制叙利亚进而控制中东地区开辟了更大的立足点。从一
个点到一条线再到一个面，人们惊奇地发现，它貌似与原子弹的
核裂变规律相暗合。当把叙利亚、地中海、中东、西亚、俄罗斯
南部这些充满传奇的地名搁在一起时，一个新的地缘政治格局在中

---

① 俄罗斯地缘政治问题研究院院长康斯坦丁·西夫科夫，在分析俄罗斯应对乌
克兰危机存在的战略失误及后果之后，指出 4 个方面的问题：一是在对乌关系上缺乏
先期战略。长期以来，俄罗斯仅依靠乌克兰的精英阶层维持俄乌关系，对亲俄力量没
有采取实质性行动加以培养、支持，而美西方全面渗透，致使可以轻易策动危机。二
是乌克兰危机爆发后，俄罗斯在大多数情况下处于旁观状态，应对措施十分有限；对
克里米亚问题的处理也只是被动反应，顺势而为。三是错失控制乌克兰东南部的机会。
俄罗斯在接收克里米亚的同时，应及时发展亲俄力量，扩大影响，构建有利态势，但
俄政府重视不够。现在，乌克兰东部的抗乌浪潮有所减退。四是美西方将取代俄罗斯
控制乌克兰经济。如今，乌克兰相当一部分企业受俄罗斯控制，但受乌克兰反俄政策
影响，不排除乌克兰将这些企业收为国有，以偿还和抵押对美西方的巨额债务。届时，
乌克兰能源、造船、航空等企业的控制权，将落入美西方之手。

东出现了——在这个格局中，俄罗斯处于有利地位。如果将视野再扯开一点，把冷战后俄罗斯在格鲁吉亚、叙利亚、乌克兰的行动，以及在北极、北方四岛、南亚、中国、欧洲留下的足迹汇聚在一起，更大的地缘政治版图就浮出水面——一个怀有大国复兴梦想的俄罗斯站在了世人面前。人们没有理由不再一次惊羡：从散落的点、线、面在空间上形成特定结构起，一种无形的结构力涌现不止，释放出巨大的地缘政治能量，链式反应规律在这里再次显现，因为造物主从不会偏袒任何人和事。

　　如何看待第一次世界大战后英国对德国顺应政策的支持，以及冷战后美国在叶利钦时代主张援助俄罗斯？这两个事例隐藏着怎样不为人知的秘密？按照基辛格的说法，这两个例子均未考虑到政策"成功"会有什么后果：德国恢复实力为第二次世界大战爆发埋下了祸根；而俄罗斯经济一旦复苏，对邻国的压力势必上升。[①]事情远没有想象的那么简单。今日俄罗斯之所以拥有与美西方讨价还价的筹码，不得不从美国人骨子里的地缘政治情结去寻找原因。基辛格作为西方政治家只说出了后半句话，而隐藏了前提。在我的眼里，无论第一次世界大战还是冷战之后，美西方的目的只有一个，那就是让德国和俄罗斯朝着它们希望的方向发展，避免再次滑向极权国家。换言之，美西方实际上想把德国和俄罗斯定格在二流国家的框架里别闹事，只要不挑战英国、美国的全

---

　　① 基辛格的原话是："美国颇有远见地向冷战后的俄罗斯施以援手；但俄罗斯的经济一旦复苏，它对邻国的压力势必升高。这或许是值得付出的代价，但若不承认必须付出代价就不对了。"他还说，若顺应政策收到了效果，德国会变得越来越强大，足以威胁到欧洲的均势。同理，冷战后的国际援俄计划若达成目标，俄国日益增加的力量可能在前俄罗斯帝国广大的沿边地带，到处形成地缘政治的后果。参见亨利·基辛格：《大外交》，顾淑馨、林添贵译，海南出版社1998年版，第244页。

球首要地位即可。只是英国错误预判了大国兴衰的历史进程，忽视了对整体态势的评估，后果自然很严重，应了亚瑟·张伯伦那句话："现下报复的代价太高了。"至于美国人会不会也遭此厄运，尽管现在下结论还为时尚早，但有一点确定无疑，即俄罗斯与北约"新冷战"的战端已开。美国正在为此忧心忡忡，而进攻性现实主义代言人、主张两极结构的约翰·米尔斯海默，早在1990年就发出"为什么我们很快就会怀念冷战"的惊人论调。问题的核心在于，从今往后的大国对抗不再是冷战的简单再现，因为原本意义上的东方和西方都已不复存在。今天的西方是一个新西方，东方也是一个新东方，它们究竟是什么样子？新西方联盟多了一些亚太国家，变成一个目标、方式、手段和胃口皆不同的利益集合体。而欧洲国家参与亚太地缘政治博弈已失去了命运共同体时代的热忱，北约的影响力捉襟见肘。新东方也发生了类似的变化，最根本的一点是没有了苏联。至于俄罗斯将来担当什么角色，究竟是美国的对手还是帮凶，人们拭目以待。这是因为，俄罗斯最有希望成为苏联的角色继承者，而在美国，对俄罗斯是否会成为主要对手存有迥然不同的判断。从美国在南奥塞梯、克里米亚等问题上对俄罗斯的懦弱，人们可以看到美西方的软肋。尽管美国在地缘战略上日趋强硬，但对于如何应对核大国的军事冒险行动，显然还没有理清头绪，仅限于经济、技术上的制裁，如同隔靴搔痒。地缘战略上的摇摆，在多大程度上影响一个国家对国际事务的态度及其外交决策，是一个有趣的问题。美国战略东移，意味着以特纳为代表的传统地缘政治学派占了上风，这是美国历史上的又一次复古现象。① 美国的制度安排中

---

① 无论你走多远，即便到了天涯海角，也始终走在回归原点的路上。不断从原

有一个隐形框架，总是能把不同思维方式的矛盾和冲突限定在一定范围，不至于脱离美国核心利益的主轴。即便是出现偏差也很快可以得到纠正，因为每一位白宫新主人都会如期提出自己的新主张，没有哪个美国总统会因为沿用前任的战略而博得掌声。也许，这就是美国人自认为与众不同的制度优势。

地缘战略上出现两难选择，在大国博弈中屡见不鲜。尽管对东西、南北的选择由于地理结构因素的主导作用而具有某种指向性，却不是一成不变的。今天的美国、俄罗斯、中国、欧洲都面临东西问题，而日本面对的是南北问题。不过在历史上，它们都有过完全相反的举动。比如，美国先有南北问题，在南北战争之后才进入东西阶段，而且随着"西进"运动，一直把边界向西推到了太平洋；日本曾东西攻伐，现在则面临南北选择。全球生产力要素的流动如同大洋的洋流，以世界权力中心为风向标，规定着大国力量的走向和路径，从而产生一种地缘政治利益竞争的"场效应"。而大国战略重心的重新调整和选择，只是这种"场效应"的具体表现形式。尽管当今世界还处在"谈东论西"时代，但用不了多久，也许就会进入"谈南论北"的新时代，北极圈上升为世界重心也不是没有可能。这就像如今人们谈论的深空探测在100年前令人不可思议一样，随着地球环境变化和科技进步，人类的足迹向极地扩张势不可挡。到了那时，美国、俄罗斯、日本等大国将在旦夕之间改变自己的力量指向。

以日本为例予以说明。别看今天的日本急于南下，也许在不久

点往外走，同时又不断向原点回归，一个人、一个民族、一个国家莫不如此，只不过回归方式不同罢了。其实，这种回归是人类思维的传统，具有一般性，或者说是人的本性，它是复古现象的深层动力。不过，每当历史重新回到起点时，意味着新的轮回又开始出发了。

的将来，它会选择北上。世界格局调整进入深水区之后，美国因过多考虑独霸和自身利益，正在世界秩序重建中迷失方向。特别是乌克兰危机、伊斯兰国（IS组织）坐大等问题，使美俄的战略重心出现了东西摇摆。尽管日本企图借美国之手遏制中国路人皆知，但美国对日本快速右倾心情复杂，究竟放纵到什么程度心里没底。美俄新一轮博弈在牵制俄罗斯东向的同时，也会阻滞美日南下的步伐。尽管美国高调"重返亚太"，但军事力量调整到位尚需时日。乌克兰危机正在牵制俄罗斯"向东看"，也促使美国反思冷战后的政策，美、欧、俄围绕乌克兰等问题继续交恶的可能性严重存在。北约东扩对俄罗斯的挤压效应正在显现，乌克兰危机只是俄罗斯反弹的开始，而不是结束。如果黑海、波罗的海国家出现乱局，非但俄罗斯难以抽身，就连美西方也会深陷其中而无心东向，更谈不上南下了。美俄在北方博弈，日本南下也就成了无头苍蝇，难成气候。目前，世界范围正在出现影响甚至颠覆生产要素流向的两个动因：一个是北极航道开通①，另一个是第三次工业革命。生产力要素流向一旦改变，将为日本重新北上提供新的动力，日本南下的动机就会大打折扣。挪威的希尔科内斯港是北欧通往西太平洋最近的港

---

　　① 全球气候变暖正在导致北极的海冰加速消融，一旦通航将改变世界经济格局。专家评估，北极可能用于商业运行的航道有3条，其中任何一条一旦通航，都将改变人类活动方式和生产力要素流向。另外，北极有900亿桶尚未探明的石油和47万亿立方米天然气储量，还有丰富的铁、锌、锰、宝石等矿产资源。2008年以来，北极航线的运输量快速增长，主要运输石油和矿产品，但部分航段仍需要破冰船开道。目前，美俄均有相应的北极计划，并向北极地区增派军事力量，提前布局。比如，美将北极、阿拉斯加地区划为北方司令部责任区，提升北极地区的导弹防御能力，并组织B-52、B-2战略轰炸机穿越北极等军事演习。俄成立了北极战略司令部，部署S-400导弹，并启动了东西伯利亚开发计划。在北极能源开发上，美俄更是捷足先登。双方石油巨头于2011年8月在俄罗斯索契就联合开发北极油田达成协议，普京还出席了签字仪式。

口，届时，中日将直接取道北极进入欧洲腹地。而且，北极有丰富的矿产资源，可以就地取材。由 3D 打印等智能制造技术引发的制造业态变革，将使"家庭制造"成为新常态，世界对"亚洲制造"的青睐不再。同时，随着非常规开采技术的突破以及新能源战略的实施，世界能源格局发生改变在即，环太平洋国家对中东石油的依赖也会减少。北极、东西伯利亚开发的潜在利益，对日本北上的吸引力不言而喻。但日俄有纷争，如果日本介入北极、东西伯利亚开发，日俄潜在的矛盾就会爆发，俄罗斯定会向东并南下日本海。对于日本而言，日本海无异于它的脖子。可以肯定，俄罗斯等大国一旦前出日本海，就等于把手卡在了日本的脖子上，日本不会无动于衷。假如北极、西伯利亚、日本海热闹了，日本北上就挡也挡不住；日本北上了，挑战美俄等大国的利益同样挡也挡不住。这是由日本的民族性格决定的。

美国"重返亚太"的谎言

对现代国际政治的种种博弈套路和规则早已烂熟于心的美国人，既然把地缘战略上的"两洋"定位在"印太"，那就意味着他们已把主要对手锁定在该地区，因为美国历次"两洋"战略都是奔着主要对手去的，无一例外。那么这一回，它会把目标锁定谁呢？按照布热津斯基的说法，美国在后冷战时期的主要任务是"防止在欧亚大陆出现一个挑战美国全球首要地位的挑战者"。21 世纪，欧亚大陆有资格或有能力挑战美国的大国屈指可数，仅俄罗斯、中国、印度、日本四国。前面已经提到，俄罗斯已经逃脱了美国的围堵而被打入另册，敌友难分；印度由于经济总量差距悬殊而被美国人视为可利用的朋友，不足为虑；日本能否回归"正常国家"序列，那得美国人自己点头，无须担心。剩下的也只有中国了：世界第二大经济体，与美国隔洋相望，拥有独立的文化、价值观体系，民族多样性和再生能力无与伦比，古代中国曾一度称雄欧亚大陆，如今把实现民族伟大复兴作为奋斗目标，而且在现代战争史上让美国人尝到过苦头的唯有中国……够了，其中任何一点都足以让美国人心生恐惧和不安。

在遥远的东方有一个神秘国度，一个让人牵肠挂肚、琢磨不透又心有余悸的大国，那就是中国，就像台湾歌星侯德健在《龙的传人》中所唱的那样：

> 遥远的东方有一条江
> 它的名字就叫长江
> 遥远的东方有一条河
> 它的名字就叫黄河
> ……
> 古老的东方有一条龙
> 它的名字就叫中国
> ……

不论你愿意不愿意接受，美国都会把中国视为主要战略对手。这不仅源自防止欧亚大陆可能出现的地区霸主，对美国的全球至高无上地位构成威胁这一美国式经典命题，而且在于中美之间存在的结构性矛盾，尽管这一结论并不招人喜欢。

好了，有了"两洋"战略，也有了主要对手，还得有战场——选择一个足以容得下中美双方长周期博弈的大尺度空间。假如人们不理解美国长期对"心脏地带"的心理纠结，就不会理解"印太"构想的战略指向，也就难以真正理解乌克兰危机、南海冲突和日本企图将钓鱼岛"国有化"，以及发生在西亚、北非的一连串局部战争和"颜色革命"的关联。只要理智足够，看清楚美国的战略选择并不难。这是因为，美国一向奉行战略上公开威慑、战术技术上高度保密的原则，习惯于以秀肌肉方式慑止对手的行动，当然包括理论威慑。这种行为模式的缺点与其优点一样显而易见，就是在威慑对手的同时告知对手"你是我的敌人"，真实意图难免会在林林总总的战略文件中露出马脚。这倒也符合美国的政治文化，既然把你当对手，也就没有必要躲躲闪闪了，吓唬不成，那就拉开架势干一仗，让实力说话。的确，美军素有瞄准主要对手制定相应大战理论及其作战计划的传统。比如，当年针对苏联军队全面进攻可能引发第三次世界大战的"扣球"计划[①]，针对华约集团坦克集群在欧洲平原大规模进攻的"空地一体战"理论，以及针对朝鲜局势不同情况的"50××"系列作战计划，等等。按照美国的一贯逻辑，如果说用"空海一体战"替代"空地一体战"，意味着大国博弈的主战场已从欧洲大陆转移到太平洋海空的话，那么，"印太战略"、"离

---

① "扣球"系美国一份绝密作战计划的代号，是 1949 年美国参谋长联席会议指定一个专门委员会制定的。该计划设想苏军于 1957 年 1 月 1 日发起全面进攻，第三次世界大战爆发，美军及其盟军退守莱茵河以西，并在 6 个月至 2 年的准备之后大举反攻，最后占领苏联。该计划于 1977 年解密，交由记者兼历史学家安东尼·凯夫·布朗编辑成书，于 1978 年公开出版发行。参见 "DROPSHOP: The United States Plan for War With the Sorriet Union in 1957"，Edited by Anthony Cave Brown The Dial Press/James Wade，New York，1978。

岸控制"构想和针对中国"反介入／区域拒止"作战计划的出笼，就等于向世人宣告，美军的未来主战场选在"印太"地区。①

从太空看地球，蜿蜒曲折、岛国密布的西太平洋上，黄海、东海、台海、南海自北向南连成一片，就像一条蓝色的纽带缠绕着中国大陆。它充满冲突的历史和现实，似乎在不断验证数百年前地缘政治学者的预言——破碎地带是海上国家进攻大陆国家的踏脚石。无数已经远去的战争不必再说，眼下的各种近忧一再频频袭来：黄海有中韩苏岩礁之争，东海有中日钓鱼岛之争，台海有两岸统"独"之争，南海有主权声索之争……而它们背后都少不了世界大国暗中操控的影子。经过长期博弈与磨合，尽管大多数争端已进入相对平衡状态，但南海情况复杂，主权声索国想法多变，距力量平衡点尚远，这为美日太平洋军事体系重心南移提供了契机。近年来，美日军事力量加速南下，处心积虑地构建美、日、澳、印、越、菲等国双边或多边军事联盟，深度介入南海冲突，在南海高调展开侦察监视、联合军演、"航行自由"等军事行动，不断挑战中国的底线……种种迹象表明，南海才是美国"印太战略"的发力点。

---

①　美国国防部自 2010 年 5 月出台"空海一体战"概念后，很快就向作战计划升级。2011 年 3 月，美国太平洋总部司令威拉德透露，美国国防部正在制定针对中国的"空海一体战"作战计划。新增内容主要包括："空海一体战"不局限于空中和海上，会增加岛屿和陆上作战任务，将海军陆战队纳入参战力量；重视采取多种措施实施空海一体化联合作战，改进一体化通信手段，加强空、海军协同攻防能力等。根据该作战计划，美国海军陆战队将"用于某些敏感情况"，如"阻止中国向东海或南海存在争议的岛屿出兵"；"美空军将进行保护美航母的演习，美海军将尽力保护位于亚洲的空军基地"；美军还将检验关岛基地对中国远程导弹的防御能力。美国国防部官员表示："新作战计划的目的是因应中国'拒止'战略，而'拒止'战略的核心是利用弹道和巡航导弹、潜艇与作战飞机，将美军逐出西太平洋或限制美军援助盟国的行动。"这是"空海一体战"概念的深化和具体化，表明美国一直没有放弃针对中国的作战谋划。

擅长于地缘政治布局，用域外力量改变"域内"自己难以改变的格局，这种攻势文化一直是滋养美国战略传统的心灵鸡汤。从地缘结构上看，如果没有印度洋的支撑，美国仅靠从黄海、东海、台海南下的力量去策应南海行动是远远不够的。即便是日本参与其中，但由于台湾海峡的阻尼作用，到达南海时，力量也会严重衰减，可谓远水解不了近渴。就南海格局而言，目前仅有菲律宾可以称得上是美国的"可靠"盟友，越南顶多只能算半个，难以形成对南海的东西夹击态势。可是，一旦把"印太"作为一个整体来运筹，情况就大不相同了。此时，不仅印度洋与太平洋海域连成一片，"印太"国家被绑上了美国的战车，而且，美国东、西两线力量可借"印太"为跳板相互投送力量。比如，美国的东进力量可以通过"印太"快速到达南海，美日的南下力量也能以"印太"为支点，轻松投送到"不稳定弧"地区。更重要的是，印度可借此进入南海甚至台海、东海、黄海，以实现东进和辐射西太平洋的目标，蹚一下浑水也未尝不可。这样一来，在"印太"地区就会出现双层"铁三角"包围南海的格局：内层由印度尼西亚、越南、菲律宾形成小的"铁三角"，外层由印度、澳大利亚、日本形成大的"铁三角"。让角逐南海的力量结构复杂化，这正是美国人想要的结果：复杂意味着混乱，混乱就有机会浑水摸鱼，美国就可以通过"航行自由"、联合军演、力量投送、冲突介入等平台和手段，操控变幻莫测的"双三角"，在双"W"海域纵横驰骋、游刃有余，玩南海于股掌之上。如此看来，"印太构想"的真正目标并不在印度洋本身，而在于全面盘活"两洋"地缘政治资源，聚焦于南海。

人们不得不追问，美国从来就没有离开过亚太，何来"重返亚太"？"印太构想"不打自招，让人茅塞顿开。是的，美国一直存在于亚太地区，只是原来对欧亚大陆的围堵体系漏洞太多，尤其是西部、南部存在大量缺口。这是因为，越南战争之后，美国在东南亚地区就再也没有获得过值得称道的胜利，也没有像样的军事存在。所谓的"重返亚太"，其实就是完成欧亚大陆包围圈的最后合拢，封锁对手所有可能的海、陆、空出口和战略通道。说穿了，就是重新把中国视为主要对手，以区别于冷战时期把苏联作为主要对手的情形。项庄舞剑，意在沛公。与其说"亚太再平衡"是地区力量再平衡，还不如说是全球力量再平衡，它其实是增兵亚太、对冲中国影响力的代名词。毫无疑问，实现"印太构想"是美国"重返亚太"必不可少的步骤；而全球地缘政治顺时针大循环的形成，则是各方力量博弈、挤压和平衡的结果。只是，美国人把局搅起来之后，泥沙俱下，大循环因转速过高、惯性过大而脱离美国的掌控，也未尝没有可能。

第四章
美式刻舟求剑中的冷战藩篱

> 只要存在着一条军事疆界，一条相应的政治疆界就会出现。
>
> ——沃尔特·李普曼

与史上任何大国对抗相比，美苏冷战都称得上是一场旷日持久的"大战"。北约与华约两大军事集团的20多个国家、600多万军队，卷入了这场"战略上高烈度、战术上低烈度"的冷战争，每年投入的军费数以千亿美元计。不仅如此，在意识形态的推波助澜下，双方的对抗很快突破军事禁区，蔓延到经济、政治、文化、外交、技术等各个领域，演变成一场东西方的全面大对抗。在长达40多年的冷战中，尽管多次发生代理人战争或军事干预，但大多数时候还处于"冷和平"状态，世界大战并没有爆发。最终，以美国为首的北约军队未放一枪一弹就让苏联解体，华约随之土崩瓦解，美国堂而皇之地登上世界霸主宝座。于是乎，美国"和平崛起"了！

或许是胜利来得太突然，欣喜若狂的美西方至今还没有完全搞明白赢得冷战的个中原因。尽管一些民主制鼓吹者由此开始无休止地杜撰美国制度优越的人间神话，但另一些人还算理智——大多是未经冷战历练的年轻一代政治家和将军们，怀着忐忑复杂的心理认

124

为，冷战不是一场典型的巅峰对决。言外之意是，靠苏联最高领导层内部出了叛逆者而赢得的对抗不足为训。这种想法看上去多少有点儿站着说话不腰疼的感觉，他们当然不晓得当年冷战是何等惊心动魄！不错，用传统的眼光看，美苏争霸既没有东罗马帝国灭亡前的孤城之斗，也没有纳粹德国崩塌前的世界大战，甚至连一场标志性的战争都找不到，更没有人想到冷战会以那样的方式草草收场。但，当核武器成为悬在人类头上的达摩克利斯之剑后，面对人类迄今为止规模最大的这场生死搏杀，如果再用陈旧甚至错误的观念去评判它，显然不合时宜。在新的大国对抗需要新的对抗方式之时，正是以美国为首的西方集团在欧亚大陆上发现并运用了它。只有那些一叶障目的短视者，才看不到它对日后大国博弈的借鉴价值。这是因为，核时代大国的对抗模式，只能在扬弃传统思维定式后才诞生。我们无意为美西方喝彩。当且仅当冷战以其规模之大、战线之长、历时之久和方式之独特，令举世惊愕地在所有人眼皮底下悻悻收场，继而又以新的方式迅速展开时，谁能说，一个预示大转折时代新型对抗来临的对抗模式——尽管它还只是由美国力量和美式政治哲学创造的模式——不正向跌宕起伏的大国对抗史翻开它崭新的一页？

是的，当我们试图通过业已发生的大国对抗，去谈论什么是大转折时代的军事对抗方式的时候，唯有冷战以及"冷战后的冷战"能够提供现成的范例。眼下，身怀冷战"绝技"的美国人正在"重返亚太"的布道中如法炮制，企盼在亚洲战场续写昔日欧洲战场上的"辉煌"。且不论美国能否如愿以偿，但无论从历史还是从现实的维度看，美国作为当今世界的唯一超级大国，的确是值得每一个新兴大国仔细解剖的麻雀，只是你需要拥有一把大军事手术刀，以及一双带有结构安全广角视野的眼睛。

走出"空海一体战"幻境

以美国"重返亚太"为标志，美军有了目标、对手和战场，接下来的问题就剩下战胜对手的战法了。恰逢其时，一个由美国海、空军联合提出的名为"空海一体战"的作战构想，摆到了时任国防部部长罗伯特·盖茨的案头。他们效仿 20 世纪 80 年代初美军以苏军为对手研究"空地一体战"的做法，只是这一回根据美国的"重返亚太"战略，以中国为假想敌，以西太平洋为主战场，以海空力量为主体，精心设计一旦中美发生冲突的制敌之策。① 尽管当时还只是一个概念雏形，但盖茨如获至宝，立即指示美军参联会主席迈克·马伦，组织海、空军和太平洋总部开展联合验证，并授意被他本人公开誉为"真正的智囊"的著名智库——美国战略与预算评估中心深化研究。一年后，即 2011 年 5 月，该中心如期推出题为《空海一体战：作战构想的出发点》的研究报告，对"空海一体战"的概念、背景、目标、环境、对手、战法等等，进行了

---

① "空海一体战"是美军在冷战后的首个大战理论，于 2009 年年初启动前期方案制定工作。美空、海军就此进行了广泛的内部调研和讨论，并在 2009 年 7 月得到美国防部的认可。其研发背景是，当时，美国尚未走出国际金融危机的阴影，奥巴马政府决定对国防和军队进行大规模调整、改革，旨在加强统管力度、压缩决策流程，主要包括调整国防部指挥机构和部分作战部队、削减高官职位及合同制人员、取消部分武器装备发展项目等。更重要的是，美军在反思近 10 年反恐战争的经验教训后发现，美军因反恐而忽视了大战能力建设，大有捡了芝麻、丢了西瓜之嫌。于是，盖茨提出了著名的"均衡"理论，即均衡应对现实冲突与防范未来挑战、均衡发展常规能力与非常规能力，确定把"反介入 / 区域拒止"作为今后对美军的主要威胁，重新塑造美军的大规模作战能力，以适应美国"重返亚太"的战略需求。其实，这是对小布什执政期间美军建设方向的一次逆转。

顶层设计，并试图解决美军空海力量在多维战场环境中实施一体化联合作战的能力整合问题。同年10月，美国发布新版《四年防务评估报告》，正式把"空海一体战"理论纳入其中，对中美未来可能发生的冲突样式、战争进程、战争准备、作战需求等作了详尽阐述。"空海一体战"由军种作战构想，上升为美军在冷战后的首个大战理论。

作为一种未来战争理论，谁也没有见过"空海一体战"。但作为一个战争构想，它的种种图景早已通过美军的演示与验证，以及形形色色的智库、专家和军人之口，像科幻大片一样，在我们的大脑屏幕上不停地播放。

第一步，在战略上先发制人。美国主动公开作战对手及其安全威胁，借此对美军太平洋防御体系特别是西太平洋军事体系进行调整升级，全面提升前沿基地抗首轮打击能力，"阻止解放军'一击制敌'、迅速取胜"。

第二步，在战术上后发制人。一旦中美爆发军事冲突，美军并不立即进入反击，而是将其精锐力量从第一岛链实施保护性深藏、转移和后撤，"让出"前沿空间，然后利用诱饵、欺骗和导弹防御等手段，大规模消耗中国军队有限的远程精确打击能力，同时在空、天、网等领域发起"致盲战役"，全面降低解放军武器装备的效能。

第三步，在持久外围作战中取胜。用一周左右时间完成力量投送，依托太平洋乃至全球军事体系对中国实施大规模全谱反击作战。基本样式为情报、监视与侦察战贯穿始终的防区外导弹压制战，大纵深渗透性战略空袭和大外围海上封锁，摧毁中国的重要目标和战争潜力，切断能源供应和海上贸易通道，制造危机，逼中国就范。

也就是说，这"三部曲"囊括了从大战略、战略、战术、技术，到天上、地下、海上、海下，再到经济、政治、军事、外交，可谓全方位、全领域、全时空覆盖，其阵势之宏大，比"空地一体战"有过之而无不及。

在美军看来，通过这套美式"组合拳"的一顿狂揍，中国军队想用"体系破击战"的招数，在短时间内瘫痪美军作战体系已无可能，谁胜谁负不言自明。但问题来了，这岂不等于说中美将要在太平洋直接开战？这可是美国人最不愿意看到的，因为亚洲不像欧洲那样"铁板一块"，大量岛国高度分散，人种结构复杂，文化差异巨大，眼下还没有建立像北约那样的军事联盟。尽管美军控制了三大岛链以及美日韩军事同盟，但要真正与中国打一场大规模"混合战争"①，已有的那点儿东西只是杯水车薪。更要命的是，在美军第二次世界大战后的交战记录中，吃的两次大败仗都在亚洲，它的真正对手都是中国军人，而且都与"毛泽东"这个名字有关。② 如果再算上帮助蒋介石打内战、反攻大陆这些陈谷子烂芝麻，美军第二

---

① 在总结伊拉克和阿富汗战场反暴乱、骚乱行动经验教训基础上，美国学术界提出"混合战争"理论。美军虽未正式采用这一概念，但出台的战略文件，均强调重视进攻、防御、稳定和民事支援行动的综合运用，并强调应对多样化对手，在一定程度上体现了"混合战争"思想。

② 毛泽东的"敌进我退，敌驻我扰，敌疲我打，敌退我追"十六字诀和"你打你的，我打我的""打得赢就打，打不赢就走"一整套战略战术，让人民军队充满灵气、战法独特，从而使中国革命从失败走向胜利。美国人罗斯·特里尔在其著作《毛泽东传》中说，毛泽东的真正创造性在于他把三样东西结合在一起：枪、农民武装和马克思主义。这是中国共产党人的巨大创新，也是中华民族对世界军事的重大贡献。这就是为什么今天一说起以信息为主导的军事革命，美国人总不忘提醒说：还有另一场军事革命——"毛泽东、切·格瓦拉的军事革命"。参见金一南：《军事变革与中国创新》，载《参考消息》2015 年 12 月 29 日第 11 版。

次世界大战后在亚洲吃的大亏远不止这些。毋庸讳言，这几次交手让不可一世的美国佬长了记性，自然成了他们心中挥之不去的阴影，令美军至今仍对中国军队心有余悸。[①] 再说了，指望两个核大国打一场规模可控的常规战争，本身就不靠谱，况且"空海一体战"理论存在不少饱受诟病的漏洞，能否续写"空地一体战"的辉煌还是一个大大的问号。[②] 其中最具挑战性的意见是，"空海一体战"完全忽视了地面部队在未来战争中的地位和作用，因而限制了其概念的发展和完善，不可避免地遭到来自美国陆军和海军陆战队的强力反对。

---

　　① 第二次世界大战后，美军打的两次大败仗，一个是朝鲜战争，另一个是越南战争。朝鲜战争的长津湖战役中，中国人民志愿军在零下40多摄氏度严寒中穿着单衣作战，很多人冻死在长津湖畔。这一壮烈场景令人感叹，甚至连撤退途经此地的美军也一一向他们行礼致敬。20世纪90年代，一个美国军事代表团访问中国人民解放军军事科学院，随行的一位美军上校问时任副院长李际均："中国人民志愿军第38军强渡汉江时，战士们冒着零下30多摄氏度的严寒涉水攻击，上岸后裤子冻成了硬邦邦的直筒子，还立即发起冲锋，到底是为什么？"李际均回答："这是必胜信念的力量，我曾经是第38军军长。"此言一出，那位美军上校起立敬礼，说他对中国人民志愿军第38军非常敬重。

　　② "空海一体战"的反对者认为，该构想指向性太强、挑衅意味过浓，而且实用性不强，存在四个方面的明显缺陷：一是易导致冲突升级失控。"空海一体战"理论设想打击中国境内的军事目标，必将招致中国的强烈反击甚至动用核武器，可能会导致冲突升级到不可控的程度。二是难以实现作战目标。美军完全摧毁或有效压制中国军队指挥控制系统节点以及各种武器系统的可能性不大。三是难以达成有效威慑。"空海一体战"有赖于网络和太空系统支持，而中国具有较强的网络和太空作战能力，不会轻易屈从美国的战略威慑。四是后勤保障困难。美国空军大学托马斯·兰克福德少校，发表题为《"空海一体战"中的小型基地后勤保障》的论文称，没有可行的后勤战略是"空海一体战"理论的"致命缺陷"。他认为，目前，美军在西太平洋地区的基地布局过于集中，易受攻击，不足以支撑美军在未来战争中获胜。兰克福德建议，采取分布更广、灵活多变的"小型基地战略"，即在日本、韩国、东盟各国甚至印度等国家建立小型基地，或通过向上述国家出售F-35隐形战机等先进武器装备，换取基地的租借和使用权。

出乎人们意料的是，莱昂·帕内塔——这位曾经指挥美国海军陆战队麾下"海豹"突击队，一举击毙本·拉登的中央情报局局长，在接过国防部部长的权杖后，来了一个一百八十度大转弯，要求美军重回反恐战场，把目光聚焦在极端暴力、网络攻击等非传统安全威胁上。[①] 他把网络安全提升到无以复加的高度，并煞有介事地警告说，要特别"预防中国等可能在网络空间对美发动'珍珠港式'的攻击"，云云。看来，这位美国国防部部长并不准备沿着其前任的思路走。他以一解"9·11"事件积压在美国人心头的 10 年之恨的漂亮战果作为见面礼，把美军刚刚开启的大战之门又重新关上，这不亚于让刚刚被放回深山的美军这只老虎再次被关进笼子。在国防部的策划和推动下，美国很快发布了新版国防战略指南，给美军建设目标的定位是：为未来塑造一支规模将更小，但机动性更强、战备程度更高，技术也更先进的联合部队。[②] 至于那个引发美国朝野纷争的"空海一体战"，帕内塔以搞情报出身的人一向奉行只做不说、雷厉

----

① 美国 2011 年版《国家安全战略报告》高度聚焦恐怖主义等非传统威胁，将反对暴力极端主义作为美国的首要战略目标。

② 美国东部时间 2012 年 1 月 5 日，美国总统奥巴马、国防部部长帕内塔、参谋长联席会议主席马丁·邓普西等人共同参加新闻发布会，公布美国国防战略指南——《保持美国全球领导地位：21 世纪国防优先任务》，并就美国国防战略的评估和调整情况进行说明。这份指南重新全面评估了美国面临的安全环境，明确了美国的国防战略重点，规划了未来 10 年美军的建设、发展。该指南称，经历了 10 年的战争后，美国正处在一个战略转折点。美国正在给未来塑造一支联合部队，这支联合部队的规模将更小，但机动性更强、战备程度更高，技术也更先进；它将利用美国的技术、联合及网络优势，从而具备尖端能力；它将由高素质的、经过战火考验的专业人员领导；它将于全球存在，重点是在亚太地区和中东，同时，确保维持美国对欧洲盟友防务承诺的能力，并加强所有地区盟友和伙伴关系。此时，距帕内塔上任仅仅 5 个月时间。

风行的风格，在调整军事部署和构建亚太军事联盟方面迅速采取行动。他首次提出要打破美国在太平洋与大西洋军事存在的均衡布局，10 年内把美军在两洋的海上力量比例由现在的 5 : 5 调整为 6 : 4，同时，向西太平洋地区部署最先进的 F–22、B–2、P–8A 等空军武器装备，并重启菲律宾、澳大利亚、新加坡甚至越南等国的海空军事基地。为避免过分刺激中国，弥合美军各军种间的分歧，他让负责规划美军联合作战的联合参谋部，于 2011 年和 2012 年连续发布"联合作战介入"和"全球一体化作战"概念，试图以发展上位概念的方式，将"空海一体战"拓展为美军新的联合作战理论。在这种大背景下，就连奉命首推"空海一体战"构想的美国战略与预算评估中心也一改初衷，在历数"空海一体战"四大缺陷之后，提出了对华威慑的四种备选方案。① 这样一来，美国"重返亚太"后打出的第一张牌，无疑是一张臭牌。这自然会让美国人想到换牌，寻找一张安全可靠、屡试不爽的新牌。

再当"离岸平衡手"?

自开国之日起就把地缘政治奉若神明的美国人，时空感的确有过人之处。明眼人不难发现，如果说"空地一体战"是以时

① 2012 年 7 月，美国智库——战略与预算评估中心认为，"空海一体战"概念存在成本高昂、易诱使危机升级、政治风险大、使美军处于战略劣势等四大缺陷，并提出了四种弥补以上缺陷的对华威慑备选方案。参见美国战略与预算评估中心研究报告《超越"空海一体战"：威慑中国的备选方案》。

间换空间的话，那么，"空海一体战"就是以空间换时间。① 这是因为，该作战理论设想在中美武装冲突初期，为避开中方导弹攻击的锋芒，美军将主动退出关岛以西地区以争取时间，待完成力量投送后，再置主要兵力于关岛以东，"在解放军大部分反介入 / 区域拒止系统有效范围以外"的安全环境下，与中国展开远距离的持久"混合"作战。② 这与"空地一体战"在第一时间放过敌进攻第一梯队，而跑到敌后去打后勤支援梯队的战术设计，形成了鲜明反差。③ 显而易见，美军所谓的外围作战，实际上就是在更大的时空范围与中国打持久战，其主战场将集中在距中国海岸线大约 3000 千米的海域，称之为"海上战争"并

---

① 20 世纪 80 年代初，为对付华约集团在中欧实施的大纵深机械化集群作战，美军提出了"空地一体战"理论，并首创"空中战场遮断"，就是使用空中力量在第一时间打击敌军第二梯队，切断其前沿推进部队的后勤技术保障，从而阻止敌人的进攻。这一思路颠覆了第一时间阻滞敌军第一梯队进攻的传统，尽管牺牲了一些时间，却换来了后续空间上的优势，因为敌前沿集群一旦失去油料等后续保障，就会变成一堆趴窝的废铜烂铁。

② 美军拟在澳大利亚、日本北海道、新加坡、阿留申群岛以及夏威夷等前沿地域贮存弹药等战备物资，利用日本、澳大利亚、新加坡以及其他伙伴国（如印度、菲律宾、越南）的基地和设施提供后勤技术保障；在盟军和美军位于西太平洋的主要港口、海军基地包括关岛和夏威夷的通道附近，实施局部反潜战行动；从马六甲、新加坡或印度尼西亚的主要海峡，拦截进入南海南部驶往中国的商船。

③ 有人认为"空地一体战"也是以空间换时间，即牺牲前沿空间换得第一时间去打敌军第二梯队。这个说法忽视了战争的整个进程和最终结果。由于时间与空间不可分割，如果考察时空变换关系离开了同一参照系，就会陷入逻辑混乱。众所周知，"空地一体战"在第一时间打击敌军第二梯队是进攻行动，其目的是牺牲在第一时间阻击前沿进攻来换取更大的战场空间，尽管客观上也会暂时失去部分前沿阵地；"空海一体战"在第一时间撤离前沿阵地是防御行动，其目的是牺牲前沿空间来争取约一周的战略投送时间，待完成大规模力量集结后，与敌进行长时间周旋的持久战。从动机与结果相统一的角度看，说"空地一体战"是以时间换空间、"空海一体战"是以空间换时间并无不妥。

不为过。① 从以时间换空间到以空间换时间，清晰地折射出美军作战思想的变化，在战争设计上已然比"空地一体战"走得更远。但让人匪夷所思的是，"空海一体战"这个作战构想引用了不少中国人的思想"专利"，例如后发制人、持久战等等。美国人似乎想借中国人的智慧打败中国人，演绎一部"以子之矛，攻子之盾"的现代版典故，这岂不是班门弄斧！针对孙子、毛泽东的故国搞这么不靠谱的事，无论美国政界还是美国军界，都觉得更不靠谱。

于是，美国人从兜里掏出另一张王牌——让美国成为现代历史上唯一成功获得地区霸权国家的关键一招——扮演"离岸平衡手"的角色。"离岸控制"构想应运而生，且呼声日高。② 尽管目前"离岸控制"有 N 个版本，但基本思路无非就是砍掉"空海一体战"中"打"的环节，直接通过"海上封锁＋渗透攻击"③ 倒逼中国经

---

① 2012 年 8 月，美国海军研究生院教授就曾经提出"海上战争"的战略设想，以应对中国所谓的"侵略"行为，堪称"离岸控制"的雏形。该设想介于和平状态与"空海一体战"之间，主要内容包括：在远海拦截中国的海上运输船只，在第一岛链内发动全面的潜艇攻击并实施布雷作战，控制关键海峡和战略通道，攻击中国沿海目标和南海岛礁，目的是剥夺中国使用第一岛链内海域的能力，慑止中国的"侵略"。使用的力量包括美空军作战飞机，海军水面舰艇、潜艇，以及前沿部署的美国及其盟国小型作战舰艇编队等。其中，航母编队主要用于在马六甲海峡、巽他海峡、龙目海峡拦截中国商船，必要时对中国进行海上封锁；两栖攻击舰编队及其搭载的海军陆战队，主要攻击中国在南海的岛礁和资源开发设施；潜艇主要负责打击中国沿海的潜艇、军舰、后勤运输舰和商船，以抵消中国巡航导弹和弹道导弹构成的"反介入"优势；小型导弹艇则重点对中国的海上资源开采设施实施突袭。

② "离岸平衡手"的概念由约翰·米尔斯海默提出，他把英国、美国这样奉行均势政策的岛国，比喻为"离岸平衡手"。参见约翰·米尔斯海默：《大国政治的悲剧》，王义桅、唐小松译，上海人民出版社 2008 年版，第 262 页。

③ 渗透攻击是美军专用术语，指使用 F–22、F–35、B–2 等隐身作战平台突破敌防空体系，对敌纵深战略目标实施空中打击的作战样式。在海湾战争以来的高技术局

济崩溃而避免中美大规模正面军事冲突。当然，这中间还得有各种各样的配套举措，比如先期构建亚太军事、政治、经济联盟，集结海空优势兵力于西太平洋地区以形成大军压境之势，组织大规模联合军演实施军事威慑，拦截、攻击甚至摧毁进出中国海域的船只，等等。为了检验封锁效果，种种"庙算"肯定少不了。其中最有代表性的，莫过于在美国国防大学进行的一次"离岸控制"战役推演。

战役背景：台湾宣布"独立"，中国人民解放军进行大规模登岛作战准备，美国承诺依据"与台湾关系法"保护台湾，中美剑拔弩张，台海局势骤然紧张……

战役目标：通过海空封锁，挫败解放军的攻台企图。

战役想定：构建三道封锁线，封控中国大陆与外部的一切经贸联系，诱发经济和社会危机，迫使中国放弃武力攻台选项。

战役展开：美军在第一岛链内的海域部署攻击核潜艇、水雷和其他舰机实施封锁，并宣布该海域为海上禁区，对进入禁区的所有船舶均将予以击沉，此为第一道封锁线。此举虽然未必能完全阻止中方的海上活动，但中国的大型货船和油轮将无法出海，这将对中国外贸和经济造成沉重打击。依托从日本列岛、台湾延伸至菲律宾群岛的第一岛链国家和地区构成第二道封锁线，和平时期不必要求这些国家和地区承诺允许美国利用它们攻击中国，但应允许美军部署军事设施以加强防御；同时，对第一岛链外的海域实施管控，美军控制马六甲海峡、澳大利亚周边海域后，即可切断中国80%的石油进口，从而控制中国的经济命脉。此外，美军控制霍尔木兹海

部战争中，美军多次运用这一样式执行"斩首"行动、摧毁敌指挥中心等任务，取得了骄人战绩。

峡、巴拿马运河及麦哲伦海峡等其他重要通道，切断中国商船活动，而中国的军事力量基本无法对这些海域施加影响，此为第三道封锁线。

推演结果：尽管这次推演发现，与实行举国体制的中国展开一场经济封锁与反封锁较量存在诸多不确定因素，而且沿用当年对付岛国日本的扼敌之策，对付像中国这样的海陆复合大国能否奏效，恐怕只有天知道，但这并不妨碍推演主办方对"离岸控制"构想的自信：只要牢牢控制这三道封锁线，中国经济不出 3 个月就会出现危机，不出 6 个月就会崩溃。届时，国内动乱此起彼伏，现政府因无法挽救危局而垮台，美国就可以不战而屈人之兵。

美国政坛向来有鹰派与鸽派相争的传统。但凡危机到来，主战与主和、主硬与主柔、主力与主智总是争执不下，甚至为此大打出手。你尽可认为美国人素有傲慢无礼、固执己见的毛病，但每每到了历史紧要关头，常常有反躬自省、海纳百川的大度举动，以出人意料的折中方案化解分歧。这种看似矛盾的性格，恰恰反映了基于制度安排设计的均衡机制与基于政治精英个人智慧的均衡能力之间的根本区别。这一回也不出其右。在如何打败中国的问题上，"空海一体战"派与"离岸控制"派各执一词，势不两立：一个吹奏战争三部曲，另一个摆下三道封锁线；一个要当战争狂，另一个要做"离岸平衡手"。彼此都自以为是，可谁也说服不了谁。你猜结局如何？于是乎，"全球公域联合介入与机动"概念① 横空出世！

————————

① 2015 年 1 月，美军参联会联合参谋部主任大卫·戈德费恩空军中将签发备忘录，决定对"空海一体战"概念进行修订，并将其更名为"全球公域联合介入与机动"概念（Joint Concept for Access and Maneuver in the Global Commons）。美军明确，此次概念修订工作由联合参谋部主导、各军种平等参与，实际上是平衡各军种对"全球公

　　尽管这一次，美军把成立于罗伯特·盖茨时代的"空海一体战"办公室由国防部直属，划归联合参谋部作战计划与联合部队发展部，并从字面上抹去以中国为主要对手的露骨表述，但令人无奈的是，无论怎样修修补补，都无法掩饰"空海一体战"剑指中国的暗痕。暂且不论"全球公域联合介入与机动"这一作战概念的名称同内容相去甚远，是否有挂羊头卖狗肉之嫌，也不管它能否弥合"空海一体战"与"离岸控制"两派之间的巨大鸿沟，单凭把战场选择在全球公域这一条，就足见美国人用心良苦。也许，有人会以为全球公域抑或介入、机动之类的术语过于中性化，似乎离领土、战争和暴力非常遥远，其实不然。在美军的军语里，何止情报、监视和侦察是作战行动，机动也是作战行动，介入就意味着战争行动了。至于全球公域，那就更不必多说，因为未来大国博弈的主战场在全球公域[①]；而且，在美国人眼里，南海就是全球公域。再说了，信息化战争时代，把作战空间限定在空、海私域无异于画地为牢。全球公域名为"四域"，实则为全域，涉及陆、海、空、天、信、心六维作战空间。如此看来，所谓"全球公域联合介入与机动"，实为"全球公域一体化联合作战"，姑且简称为"全球公域一体战"，名字的温柔丝毫掩盖不了血腥的暴力。

　　也许，"全球公域联合介入与机动"概念的出笼是一个信号，表

域联合介入与机动"概念发展的影响，推进这一概念走向全军联合。这个新概念的具体内容，于 2015 年年底发布。

　　① 自从哥伦布发现新大陆以来，人类历史上已有过两次全球战略资源大分配。而每一次全球战略资源大分配，都毫无例外地伴随着帝国的兴亡，世界格局随之发生改变。第一次是以板块分割为特征的陆地分配，陆权、海权强国称雄；第二次是以岛屿掠夺为特征的海洋分配，海权、空权强国称霸。这次是第三次全球战略资源大分配，是一次以抢占虚拟领地为特征的全球公域再分配。尽管当今世界处在动荡和调整之中，从"阿拉伯之春"到"华尔街之秋"，连美国自己也不能幸免，但公权强国终将胜出。参见董子峰：《战斗力生成模式转变》，军事科学出版社 2012 年版，第 146 页。

明美国陆军、海军陆战队和联合参谋部对"空海一体战"的批评意见，在高层重新获得重视和认可。不过，"空海一体战"这个降生仅 5 年的作战构想走到今天这一步，如果把它归咎于美国各军种间的门户之见和利益之争未免过于简单。这是因为，从"空地一体战"到"空海一体战"再到"全球公域一体战"，透射出来的不单单是美军对战场选择的不同，而且是大国博弈切入点的嬗变。碧波滔滔的中国南海，为那些满怀介入和控制欲望的美国军人提供了大秀肌肉的舞台。对于一直苦于没有机会把"全球公域一体战"付诸实施的阿什顿·卡特来说，派"拉森"号导弹驱逐舰进入中国南海岛礁 12 海里海域，或许只是他走马上任美国国防部部长后的牛刀初试而已。尽管阿什顿·卡特本人亲自导演了这一连串美式独舞，但中国的反应似乎与美国的预期存在相当大的差距。① 仅仅几天之后，在位于美国加利福尼亚州的罗纳德·里根图书馆举办了一场气氛凝重的防务论坛。面对出席论坛的民主、共和两党政治家以及防务界的高层人物，耐不住性子的阿什顿·卡特说：一个正在崛起的、野心更大的中国和一个决心蔑视国际秩序的俄罗斯意味着，美军必须调整其战略和行动。他承诺，美国将再度于南海开展"航行自由"行动，"我们正将我们最好、最新的武器部署到该地区。我们正将大量资源投入到对在那里展开行动的非常重要的能力上：水下作战、电子战、太空、网络、

---

① 继 2015 年 10 月 27 日美国海军"拉森"号导弹驱逐舰进入中国南海渚碧礁、美济礁水域 12 海里范围之后，美军又多次派 B-52 战略轰炸机赴南沙岛礁执行"航行自由"行动，并派 P-8A、EP-3、RC-135 型飞机实施侦察，阿什顿·卡特还亲自登上在南海游弋的"西奥多·罗斯福"号航母，施压动作一个接一个。同时，中美海军首次在大西洋组织联合演习，美国太平洋舰队司令斯科特·斯威夫特上将于 2015 年 11 月 19 日访华，传递"友好"信息，"胡萝卜加大棒"彰显美式外交特色。只是，中方对此司空见惯、泰然处之，大国心理日臻成熟。

导弹防御等等"。① 无论阿什顿·卡特讲这番话时的心情如何，他一语道破了"全球公域联合介入与机动"的天机。看来，这位"短命"的新任国防部部长执意要以不断突破中国人底线的鲁莽行为，去改变"离岸平衡手"的被动角色，只是不知道他是否懂得"不可胜在己，可胜在敌"的道理。不过，阿什顿·卡特本人懂不懂并不重要，重要的是美国还有人心里明白，想在广袤的太平洋战场与中国交手而且不战而胜，光靠"离岸控制"是远远不够的，他们手中还必须握有第三张王牌：抵消战略。

DARPA·抵消战略·颠覆性技术

赢得冷战胜利，无疑是美国在 20 世纪的大国搏杀中斩获的最大猎物。冷战刚一结束，美国政界、军界和学界就立即着手从不同角度对这只猎物进行解剖。从他们发布的每一份报告、出版的每一部专著，以及随之而来的美国内外政策的每一次调整中都可以看出，此番解剖可谓成果骄人。尽管他们大多从苏联方面切入寻找原因，诸如政治上如何独裁、腐败、没有人权，经济上如何失衡、脆弱、没有活力，军事上如何膨胀、扩张、穷兵黩武，等等，极少有

---

① 罗纳德·里根图书馆防务论坛每年举办一次，2015 年度论坛于 2015 年 11 月 7 日举行，主题就是南海问题。参见《美防长扬言继续向南海派机舰》，载《参考消息》2015 年 11 月 9 日第 16 版。2015 年 11 月 10 日，中国外交部发言人洪磊回应阿什顿·卡特关于中国挑战国际秩序的言论称：国际秩序绝不是美方某一个人可以随意定义的，中国是现行国际体系和国际秩序的维护者、建设者和贡献者，国际社会对此自有公论。美方不顾中方强烈反对，执意派军舰进入南沙群岛有关岛礁临近海域，这是对中方主权和安全的严重损害。究竟是谁在破坏国际秩序，事实十分清楚。

人刀刃向内，朝美国自己开刀，当年暗中推出的一系列遏制、围堵、演变计划和方案也都被贴上国家机密的标签而锁进了保险柜，但这些成果对于新兴大国及其政治家们来说无疑弥足珍贵，断不可一笑了之。至于自我感觉一向超好的美国人，由于其民族天性以及由来已久的"上帝子民"情结，他们的研究免不了存在理论盲点、思维误区乃至战略欺骗，甚至于把对一场世纪大对抗的反思变成了一次刻舟求剑式的浑水摸鱼，则是需要世人瞪大眼睛去仔细甄别的。但，美国人究竟从这潭浑水中摸到些什么？还是让我们好好看看它的下一张牌再说。

美国打出的第三张牌是："抵消战略 3.0"。[①] 说到"抵消战略"（Offset Strategy），人们并不陌生。这是美国国防部的特有术语，专指利用技术优势抵消对手数量优势的战略安排。历史上，美国曾两次制定"抵消战略"。第一次在冷战初期。艾森豪威尔政府提出了"核优势"战略，意在美军利用核技术优势来"抵消"苏军庞大常规部队的数量优势，慑止苏联准备在欧洲战场上实现"以兵换兵"的企图，其核心思想体现在"扣球"等秘密计划之中，人称"抵消战略 1.0"。第二次是在 20 世纪 70 年代末。当美苏的核力量皆可毁灭地球 N 次而双方趋于"相互确保摧毁"的核均势之时，美国时任国防部部长哈罗德·布朗等人提出，以先进的太空、网络和信息技术提升武器平台的效能，来对抗苏军常规部队的作战优势，并在阻止苏联吞并西欧过程中发挥威慑作用，著名的"星球大战"计划便是其代表作，此为"抵消战略 2.0"。毋庸置疑，这两个"抵消战

---

① 2014 年 11 月，时任美国国防部部长查克·哈格尔在罗纳德·里根图书馆防务论坛上发表主题演讲时，提出为保持美国的技术优势，应投资尖端技术与系统的颠覆性技术的新倡议，他首次将这个计划称为美国的第三个"抵消战略"。

略"在美苏冷战对决中功不可没。

人总是喜欢沿着成功的路径前行。因为美国赢得了冷战,那么,冷战中曾经用过的招数也就理所当然地被贴上了成功的标签。美国再次面对自认为前来挑战的对手时,对这些招数自然会如数家珍,少不了一招一式轮番上阵,尽管未必合新对手的胃口。只是这一回,美军高调借用了"颠覆性技术"概念,使"抵消战略 3.0"版从一开始就蒙上了科技博弈的色彩。①

何为颠覆性技术?即拥有足以颠覆原有格局、态势和规则潜质的技术或技术群,而同对潜质的判断与技术的新旧、贵贱以及当前是否处在核心位置无关。按照美军的说法,颠覆性技术就是能够快速打破与对手间军力平衡的技术。这些技术一旦应用,将使作战行动摆脱现有条令条例和体制编制的束缚,大大推动作战样式的变革。这可谓是四两拨千斤,如此吸引眼球的尤物自会引起朝野关注,美国各大智库高招迭出也在意料之中。新美国安全中心通过对 60 多名未来学家、社会伦理学家、国防政策专家、实验室主管、科学家和风险投资家的调查,以及一系列兵棋推演,最终锁定 5 项

---

① 颠覆性技术(Disruptive Technology)这个概念,最早出自美国哈佛商学院克莱顿·克里斯滕森教授于 1995 年出版的《颠覆性技术的机遇浪潮》。1997 年,他在《创新者的困境:当新技术使大公司破产》一书中,对这一概念进行了较为系统的阐述。克莱顿·克里斯滕森教授的颠覆性技术概念,是在商业创新背景下提出的。他认为,颠覆性技术是这样一类技术:它们往往从低端或边缘市场切入,以简单、方便、便宜为初始阶段的特征,随着性能与功能的不断改进和完善,最终取代已有技术,开辟出新的市场,形成新的价值体系。后来,他用颠覆性创新替代颠覆性技术,旨在强调技术带来的颠覆性效应,而不是技术本身,因为产生颠覆性创新的技术,可以是基础性、原理性的新发现,也可能是在现有技术基础上的跨领域、跨学科应用。德国弗朗恩霍夫协会认为,颠覆性技术就是指能够改变已有规则的技术,即那些与现有技术相比,在性能和功能上有重大突破,其未来发展将逐步取代已有技术,进而改变作战模式和作战规则的技术。美国国防部借用的正是这一观点。

最具潜力的颠覆性技术，包括 3D 打印技术、自主系统技术、定向能技术、网络战技术和人体机能改变技术。美国战略与预算评估中心则鉴于美军传统优势和国防预算的双重下降，建议发挥美国的技术领先优势，重点发展无人机、水下潜航器等无人作战平台，构建全球监视与打击网，减少对卫星系统的依赖，以应对主要对手"反介入 / 区域拒止"能力不断提升的挑战。时任美国国防部部长阿什顿·卡特、助理国防部部长弗兰克·肯德尔、国防高级研究计划局副局长史蒂文·沃克等高官更是赤膊上阵，纷纷在国会参议院听证会等场合进行政策宣示。他们以新概念军事技术正在不断涌现、军事技术面临新一轮颠覆性突破为由，呼吁国会议员们张开钱袋子，加大对军事技术创新的投资，唯有如此才能确保美国的先发优势无虞，云云。阿什顿·卡特还亲自到斯坦福大学发表演讲，力推网电、空天、海洋、陆地战场空间控制技术，称它们是发挥第三个"抵消战略"作用的重要基础。[①] 这一回，美国确实动了心思。为了激活颠覆性技术的颠覆性突破，国防部在 2015 年、2016 年连续 2 个财年都保持 122 亿美元的尖端科技基础性预研投入，重点关注那些具有重大战略价值但短期内难以见效的技术的同时，还专门设立国防部实验室和科技创新账户，鼓励社会科研力量及早发现技术

---

① 2015 年 12 月，时任美国国防部部长阿什顿·卡特在美国斯坦福大学发表演说时称，战场空间控制技术是发挥第三个"抵消战略"作用的重要基础，美国在相关领域具有优势，应加紧实现颠覆性突破。在网电战场，发展通信、雷达和电子战设备频谱共享以及雷达实时识别对抗技术等，改变传统的信息支援模式。在空天战场，发展空天一体的侦察、通信、电子对抗综合集成技术以及卫星快速低成本应急发射能力，使对手难以"击点断链"。在海洋战场，发展无人作战平台、新型立体反潜探测系统组网和不依赖数据链的远程反舰导弹，抵消对手有限的反制手段。在陆地战场，增强地面部队的战场感知、远程打击和立体机动能力。

颠覆苗头并主动立项研发，以形成军方牵引、民间推动的技术创新大格局。

要谈论军事技术创新，美国的 DARPA 是绕不过去的。①DARPA 无疑是当今世界最富创新活力的国防科技孵化器，让 X–37B 无人空天飞行器替代屡屡失事的航天飞机并担负跨域快速打击任务而大获成功，便是它在人类航空航天史上刚刚留下的神来之笔。② 毫不夸张地说，当今世界最新奇、最尖端、最前沿的军事技术及新概念武器，几乎都出自这个神秘机构。让人难以置信的是，同是这个 DARPA，似乎并不理解 3D 打印技术之于 X–37B 无人空天飞行器的划时代意义。在第 2 架 X–37B 完成长达 670 天的第 3 次在轨飞行后，它依然抱定飞行器只能从地球表面起飞的理念，把本已在握的开启"飞行器从太空起飞"之门的

---

① DARPA 即美国国防高级研究计划局（Defense Advanced Research Projects Agency），1958 年 2 月，依据美国国防部 5105.15 号指令组建，其职责是负责"美国国防部部长按单个项目或项目类别制定研发领域内各个先进项目的方向或性能"。这是冷战时期，美国针对苏联核试验和人造地球卫星两项重大技术突破而作出的直接回应。根据美国国防部 1972 年 3 月下达的第二个指令，该机构隶属于国防部部长办公室。在 60 多年的发展历程中，它解决了诸如隐身飞机、互联网、导弹防御、空天飞机等一系列"DARPA 式挑战"而闻名遐迩，成为世界最前沿国防科技的创新中枢，为美军持续保持技术领先优势立下了汗马功劳。

② X–37B 轨道飞行器项目始于 1999 年，由美国航空航天局和波音公司联合研发。2004 年，它被纳入"猎鹰"计划，由美国国防高级研究计划局接管、美国空军快速反应能力办公室具体负责，目前已装备 2 架。X–37B 无人空天飞行器曾于 2010 年 4 月、2011 年 3 月、2012 年 12 月，3 次发射入轨进行飞行试验，在轨时间分别为 224 天、469 天、671 天。X–37B 无人空天飞行器可长期在轨驻留并重复发射、回收，是美军全球快速打击体系的重要组成部分，能搭载不同载荷，实施航天侦察、反卫星作战、对地精确打击等任务，而且可跨越太空、临近空间和空中三种空间作战，是世界上第一个具有实战价值的太空无人作战平台。第 4 次发射，在轨飞行时间为 718 天。第 5 次发射，在轨飞行时间为 780 天。目前，X–37B 无人空天飞行器正执行第 6 次飞行任务，在太空从事各种侦察和试验活动。

金钥匙重新抛到了九霄云外。① 这是因为，在 DARPA 开列的长长清单中，唯独把 3D 打印技术排除在颠覆性技术之外，而把目光滞留在效能倍增器上。②

DARPA 一向奉行"大胆打破科幻与潜在基础技术之间界限"的理念，著名的"DARPA 式挑战"以直逼人类想象力的极限而名扬天下。在 DARPA 眼里，一切皆有可能，不可能的可能性为零。"不怕做不到，就怕想不到"，在这里不是痴人说梦，反而被奉若真理。不过，仅仅一个颠覆性技术概念，就让这个曾因发明不可见飞机并在海湾战争中大展身手而名垂青史③的创新中枢，卷入人

---

① 作为第三次产业革命的核心技术之一，与网络、数模设计、远程制造串在一起的 3D 打印技术，一定不会止步于打印手枪、关节、零部件这些小玩意儿。就目前的技术水平而言，在太空打印一架无人攻击机飞向地球目标并没有太大的技术障碍。美国为了维持空天优势，一直在寻找快速、廉价的卫星发射技术。3D 打印技术将彻底改变飞行器从地球起飞的格局，这等于逆向实现了快速发射，美国不可能不关注。

② 美国国防高级研究计划局副局长沃克在国会参议院听证会上称，"美国的潜在对手正在成体系地进行先进技术研发，美国面临的威胁不断增大"，美军应加速发展效能倍增器技术。他代表 DARPA 提出了 5 个重点研发方向：一是不依赖 GPS 系统的精确导航技术，比如惯性测量仪、自我矫正陀螺。二是远程高速精确打击技术。美军的高超声速打击武器技术研发取得进展后，美国国防部正在推动战术助推滑翔系统和吸气式高超声速武器概念技术滚动研发。三是广域实时监控技术。由战场全域实时监控，进一步向精确、连续跟踪大规模杀伤性武器、敏感机动目标等更高层次发展。四是海量信息处理技术。将大数据技术的潜力转化为先进能力，广泛运用于目标快速识别、海量情报信息处理、网络攻击源准确锁定、战略决策和指挥对抗等重要领域。五是纳米／量子应用技术。发展纳米／量子光—电—机械结构集成精密系统，通过光冷技术对冷原子进行精确控制等，提升电磁频谱深度控制能力。

③ 20 世纪 70 年代，DARPA 在航空领域推出的"DARPA 式挑战"的重大创新技术实验评估的重点，是设计一种不可见飞机，即不易被雷达探测到的隐身平台，代号为 Have Blue。由洛克希德·马丁公司负责论证和制造的验证机于 1977 年首飞，揭开了 F–117 隐身飞机研发的序幕。4 年后，F–117 Night Hawk 隐身战斗机首飞成功，其雷达反射面积在 0.01 到 0.001 平方米之间，相当于一只小鸟的反射面积，开创了人类隐身飞机的先河。1989 年 12 月 20 日，F–117 隐身战机在美军入侵巴拿马行动中首次投入实战。

云亦云的旋涡，以至于把一场对科技创新方向的探索变成了盲人摸象，岂不有违 DARPA 的初衷！不可否认，这里边肯定包含技术欺诈和战略欺骗的成分，但美国在战略东移途中目标摇摆不定，一会儿瞄准中国，一会儿瞄准俄罗斯，也是一个不争的事实。① 天下没有包治百病的良方，自然也不会有可以对冲所有对手的"抵消战略"。既然把颠覆性技术作为"抵消战略 3.0"的核心，那么，如果抵消谁的问题不解决，皮之不存，毛将焉附？对颠覆性技术的认知与界定出现分歧，也就在所难免了。果不其然，后来又相继提出了量子计算机等 10 种颠覆性技术，真是让人眼花缭乱。显而易见，此时的颠覆性技术已然成了前沿技术的代名词，与克莱顿·克里斯滕森教授的初心已相去甚远。不知道美国国防部部长詹姆斯·马蒂斯，这位曾在伊拉克战争中率美军陆战第 1 师快速抵达巴格达的退役四星上将，能不能像他在军界享有盛誉那样，对此作出无可辩驳的权威解读，再现巴顿将军当年说一不二的风采。②

美国的"抵消战略"一向用来对抗主要对手。从"抵消战略 1.0"到"抵消战略 2.0"再到"抵消战略 3.0"，尽管切入点有

---

① 奥巴马的 2016 年新年咨文，作为他带有告别色彩的最后一次国情咨文，尽管乏善可陈、气氛沉闷，但坦承美国面临俄罗斯和中国两个对手的不同威胁而东西摇摆不定，不能不说是一个"亮点"。不仅仅是奥巴马本人，时任美国国防部部长阿什顿·卡特在罗纳德·里根图书馆防务论坛、华盛顿经济俱乐部等场合多次发表演说，也声称美国面临中国、俄罗斯两个对手。

② 詹姆斯·马蒂斯参加过海湾战争、阿富汗战争和伊拉克战争，绰号"武僧"。特朗普对"疯狗马蒂斯"的国防部部长提名理由很特别，称马蒂斯是"真正的将军中的将军"，"很多人说他是最接近巴顿将军的人，这就是我们需要的"。马蒂斯将肩负发展一种击败 IS 组织的军事战略任务，"新战略既会令人惊讶，还能很快产生效果"。特朗普在其推特上如是说。

所不同，但思路同出一辙。这一回，美国人大肆炒作颠覆性技术，表面上看，貌似想通过研发颠覆性技术来抵消对手的潜在优势，快速打破彼此间的力量平衡，但真实目的只有美国自己知道。美国人已然明白，在大转折时代的大国博弈中，唯有颠覆性技术，才有可能让对手好不容易积攒起来的家底在一夜间荡然无存，并轻松地将对手掀翻在地。这才是美国真正的战略需求。就像里根政府的"星球大战"计划一样，与其说是军事技术竞争，还不如说是大国政治博弈。只是没想到，这亦真亦假的诱饵却让戈尔巴乔夫轻易上了钩，并把苏联拖入一个万劫不复的技术陷阱，尽管事后诸葛亮们充分发挥想象力，把里根的"天才设计"捧上了天。任何一支军队无论多么强大，也无论多么奇妙的军事技术创新，都须臾不能离开需求牵引。政略决定战略，战略决定需求。只要抓住这一命门，就等于把破解对手的密钥握在了手中。谁是浮云，谁是浮云背后的青山，人们自会看得真切。

但让人匪夷所思的是，有的被美国列入"颠覆清单"的国家，竟然也喊着要研发颠覆性技术，真不知道它们的颠覆对象是谁。从原理上说，尽管颠覆性技术这一概念是美国人的专利，可是，既然存在颠覆与反颠覆，那就肯定存在相应的颠覆性技术与反颠覆技术。与颠覆性技术相比，反颠覆技术的指向性更强，目标更远大。反颠覆技术属于这样一类技术或技术群：它们从被动应对和主动设计两个维度切入，以其准确、隐蔽和有效的技术特征，最终达成要么防止被对手颠覆，要么把被对手颠覆的重新颠覆掉的目的。假如这些国家有特定的颠覆目标或者真的为了反颠覆，那也就罢了，但问题是多半纯属盲目跟风，唯美国的马首是瞻，真叫人哭笑不得。

应当指出，虽然颠覆性技术被注入了大国对抗的阴魂，但同任何技术的高与低、新与旧一样，颠覆性技术也是一个相对的概念。今天颠覆他人的技术，没准儿明天就会被他人所颠覆。不过，美国一直走军民融合型技术创新路子，最重要的科技创新几乎都源自军事。在美国，眼看一种为军事目的而研发的技术将无用武之地，却在非军事领域获得新生，甚至摇身一变，成为主导人类社会形态演变的核心技术。比如，第一个"抵消战略"催生了核能革命，第二个"抵消战略"催生了信息革命，这一次也无出其右。即便是军事上发明的颠覆性技术，其出彩之处也断不会囿于军事天地。这是因为，国际社会已有共识，新一轮科技大突破的曙光就在前面，只是美国人会不会还那么幸运，不得而知。不过，有一点确定无疑，那就是既然连主要对手都没有敲定，那么，颠覆性技术作为"抵消战略3.0"的噱头，其内涵与外延就无法框定，也就命中注定，难有对症下药的"抵消战略"。

抵达大国兴衰的底色

在大国博弈进入结构对抗的大转折时代，如果还把国家安全定位在生存权层面，简直就是天真。这样说，并非否认生存权对于民族国家的极端重要性。刚好相反，我强调的是，大国博弈方式的改变，使新兴大国正面临一种更复杂、更致命的安全威胁——你苟延残喘地活着，OK，生存权没有问题；或随大流，按部就班地发展，发展权也没有问题；当且仅当你要复兴、崛起时，那你就等着接招吧，遏制、围堵、扼杀……一整套并非美国独有的守成大国"组合拳"将冲你而来——对崛起安全的挑战。

从崛起安全的角度看，谁也没有资格仅凭某个经济社会指标尚处在合理区间，就可以断言一国平安无事。通常情况是，从单个要素看，经济、政治、军事、外交、社会等等，似乎一切都安然无恙；但是，当把它们放在一起时，却相互牵制、抵消，甚至彼此冲突，让一个大国同时陷入生存与发展的困境。即便可以生存，但无法发展；即便可以发展，但难以快速发展；即便可以快速发展，但无法持续，更不能超越守成大国划定的底线。否则，你就不知不觉掉入守成大国预埋好的陷阱之中，安全体系漏洞百出，甚至有灭顶之灾。或许，你大可认为这是危言耸听，但远的不说，仅以近代以来英国与德国、美国与英国、美国与苏联的博弈为例，就足以诠释其要义。这是因为，在相当长的一段时间里，无论从经济、军事能力，还是从政治、文化自信，抑或从技术、财富水平等单个要素考察，都无法推演出德国分裂、英国衰落、苏联解体的结局，尽管那个时候的大国关联性还不能与信息时代同日而语。可以肯定，那些正处在崛起中的新兴巨人，无一例外地遭遇某种迄今为止尚未言明的安全难题，以至于一一倒在了兵不血刃的"无形杀手"脚下。这便是我未曾说出的四个字：结构安全。

"结构安全"一词听上去有点儿玄，但说穿了又很简单。从原理上看，支撑结构安全的是一个内含要素、结构、态势三元素的有限集合，即：

A=｛要素，结构，态势｝

集合 A 中的每个元素展开后，都是一个庞大的安全因子矩阵。比如，结构就是一个内含经济结构、政治结构、军事结构、技术结构、金融结构、地缘结构、文化结构、人口结构等相关因子的矩阵系统。态势则是表征各个要素、因子走向与走势的指标群，也是一个矩阵系统。而结构安全的实现，则是基于全要素、变结构和多态势的动态协同过程，既不是仅靠某个要素的"一根筋"，也不是只顾眼前的"一锤子买卖"。

显然，这是与传统要素安全完全不同的安全观。在世界秩序剧烈变动的大转折时代，崛起中的大国面临的系统性国家安全威胁，比起以往任何时候都要大上百倍千倍。面对经全球化、信息化和多极化浓妆艳抹的大国博弈，那种昨天应对网络安全、今天防范金融风险、明天关注地缘政治，头痛医头、脚痛医脚的干法，多半会使国家安全隐患在疲于奔命的应付中积重难返。况且在很多情况下，独立地看，一国的金融、经济、军事、外交、政治、文化、网络、社会治安等等，各个要素的安全指标似乎都很正常，当且仅当把它们放在一起，特别是放在大国博弈的大环境中动态考察时，才会发现国家的安全状态堪忧。相反，有时某个要素的安全指标看似存在"纰漏"，比如经济发展速度下降、下行压力大，但对于改善结构安全未必是坏事，因为去掉过剩产能、压缩举债式投资、治理破坏性开发，尽管会引起经济发展指标下滑，却提高了抵御经济风险的能力。

值得指出的是，对结构安全的准确评估需要借助计算机虚拟仿真等手段才能完成，改善安全态势的举措也无出其右，很难仅凭主观臆断就可以开出药到病除的良方。尽管决策看似变得愈发简单和快速，但过程越来越复杂。决策结果不再是简单的"是"或"否"，也不会是某个最大公约数，而是一个与安全相关的交集——有 N 种选择的模糊交集。换言之，要达成目的，必须综合施策。不管有意还是无意，对结构安全的评估方法已经被不少国家运用在了大国博弈之中。例如，美国多次针对中国举行"离岸控制"战略推演，说白了，就是测试控制手段的不同选择对中国经济社会结构安全的影响，其控制变量之多令人瞠目结舌。[1]不过，无论推演过程多么复杂、多么充满不确定性，结果却惊人的一致：但凡处于结构安全状态的国家，其对抗耐力和韧性就会强得多，兵来将挡，水来土掩，任凭风浪起，稳坐钓鱼船；相反，在结构安全上出了毛病的国家，一有风吹草动，经济、政治、军事、文化、外交、地缘、社会将到处"冒泡"，按下葫芦浮起瓢，甚至全线告急，直至崩溃。

集合也好，矩阵也罢，都不过是一种符号。只有符号被赋予内容，才会变得有意义，才有一股不同凡响的味道。当然，假如把关乎结构安全的结构，仅仅建立在一国自身的政治、军事、技术、文化等经济社会发展各要素之上，格局未免太小。真正意义上的大国崛起安全，还应同时把大国博弈的各种因素，诸如新概念战略、结构对抗、地缘政治大循环等等，统统纳入结构的视野，并把一国内

---

[1]　美国军地多个智库、院校和科研机构组织了"离岸控制"战略推演，尤其以前面提到的美国国防大学的推演影响力最大，因为它把"空海一体战"验证融入其中，有了一点"实战"的味道。在推演中，通常通过改变海上封锁的半径、时间、手段等变量，以及对海空封锁、渗透攻击不同模式的选择，观察中国经济态势、社会心理以及内政外交的变化情况，筛选不同的"离岸控制"方案。

部各要素安全指标的变动，与世界、与世界大国联系在一起，这样才有可能更接近于当今大国博弈对国家安全的真实影响。如是，我们便得到了大结构安全观。

在这样一种全新的安全观面前，人们已经习惯了的基于生存权的国家安全观，无疑将受到动摇。既有的那些判定安全状态的模式及附丽于其上的原则和方法，也都将随之被颠覆。在大结构安全观下，一切事物都具有安全关联性。如今，是好翻了的时代。指尖上的生活，让有钱就可以任性。指尖一动，一切跟着动——面包、黄油、啤酒、餐巾纸、卫生纸乃至冰箱、洗衣机、电视机……像潮水般涌向你锁定的坐标。蚂蚁搬家式的城市物流，遍布每一个城市的每一个角落，打通了从商家到小家的最后一厘米。当年文学家描写的海湾战争中美军一体化联合作战的情景，似乎每时每刻都再现于现实生活之中：目标查找，特征搜集，GPS + 照片定位，高德地图导航，微信发送指令，陆、海、空联动，乃至网约专车、蛋糕、鲜花、美食、歌手服务，等等等等。组织一顿饭局、一个派对抑或一次旅行，俨然像指挥一场诸军兵种一体化联合战役。君不见，中华民族丰富多彩的美食、美利坚遍地国家公园的美景、柴可夫斯基《天鹅湖》的天籁之音……在新旧媒体的幻化下，雕刻出一个又一个经典印象：舌尖上的中国、眼尖上的美国、耳尖上的俄罗斯……其背后推手，当然少不了大数据、云计算、移动网和区块链。然而，联结越紧密，瘫痪也就越容易；体系越庞大，安全也就越脆弱。一体化在给人们带来更多便利的同时，也让国与国的命运捆绑在一起而陷入结构安全的威胁之中，没有人可以独善其身。悠悠天下事，有得必有失，全然看你要什么。当欧洲共同体越来越受到人们青睐、欧盟不断扩大时，英国毅然决然地离欧盟而去；美国义愤填膺地视经济全球化为祸水，率先宣布退出自己发起并聒噪一时的 TPP；曾经风生水起的欧洲一体化、跨太平洋一体化乃至全球一体化，一夜之间遇冷。不难预料，英国只是第一个吃螃蟹的，有"脱欧"想法的绝非仅此一家。无论下一个"脱欧者"是谁，都无疑是倒下的第二张多米诺骨牌，带给欧洲共同体梦想的重创，将难以平复。

从要素安全到结构安全，意味着考察国家安全的视角需要来一个大调整，完成从个体安全到整体安全、从当下安全到长远安全、从局部安全到全局安全的跨越。从思维方式看，结构安全既有别于单个要素的线性思维，也不同于多要素的平面思维，而是一种基于全要素、大结构的立体思维：集生存安全、发展安全和崛起安全于一体的综合安全观。它告诉人们，结构安全与当下是否强大或拥有的财富多寡并无直接关联。你尽可以为眼下的市场繁荣、社会稳定沾沾自喜，也可以为国内生产总值、经济增长率等骄人指标欢呼雀跃，但千万不要忘了，假如有朝一日结构安全的隐患发作，就是天王老子也救不了你。这是因为，源自要素而又超越要素的结构巨轮一旦旋转起来，其力量之巨大远非单个要素所能阻挡，无疑将把一切碾得粉碎。几千年来，大国博弈刀光剑影、跌宕起伏，留下一幅云谲波诡、气势恢宏的画卷。然而，出人意料的是，多少气象不凡、不可一世的帝国大厦顷刻崩塌，大国兴衰就在弹指一挥间。究竟为何？人们百思不得其解。或许，众里寻他千百度，蓦然回首，答案却在结构安全处——如果说超越有形要素之上的结构安全，就是新兴大国崛起时面临的安全难题的话，那么，大国间的结构对抗便是导致那些老帝国式微的"无形杀手"。

在冷战结束 20 多年之后，当世人反思这场冷战争的起因和全部过程时就会发现，如果你想全面理解 1991 年发生在克里米亚半岛的流产政变，必须同时理解 1946 年的丘吉尔"铁幕演说"、1962 年的古巴导弹危机、1972 年的中美关系正常化，以及 1989 年的东欧剧变。这些看似不相干的事件，最终促成了全球性的结构对抗，反过来又影响了地区和国家的结构安全。尽管美国人心里明白，大转折时代的大国博弈不可能是冷战的简单重复；可令人吃惊的是，他们打出的每一张牌，从"空海一体战"到"离岸控制"再到"抵消战略"，一招一式仍然在重复冷战的老套路：拿太平洋当大西洋，把在欧洲玩的那一套把戏如数搬到亚洲，用对付苏联的方法对付中国，演绎了一部现代版的美式刻舟求剑。或许，你会被美国智库在总结冷战经验教训时表现出的科学理性而感染，也可能会被美国军人为捍卫国家利益而果断出手的流血牺牲所感动，但与此同时，你也会有深深的不解：如此强大的国家、这么多出色的政治家和军人，竟然被困于冷战的藩篱之内，面对新世界、新对手无计可施、乏善可陈，以至于使每个看上去都十分强悍的战略新概念，最终铸就的却是一个在世界上横冲直撞的，没有灵魂、形如行尸走肉的美国。

的确，苏联解体后留下的权力真空比比皆是，一眼望世界，遍地是黄金。美国人忙于全球布局和杀戮，争夺结构优势，却唯独忘了本土，忘记了堡垒最容易从内部攻破的古训。"9·11"事件从背后给美国人猛击一掌，也许是这一掌过于沉重，美国人在晕头转向中认定恐怖主义就是主要威胁，立马在全球范围扯起反恐战争的大旗，却把美军的大战能力建设撂在一边。好不容易等到国防部部长的权杖握在罗伯特·盖茨手里，他总算想起了这档子事，急急忙忙抛出个"空海一体战"理论，却又在对手、战法上游移不定，甚至怀疑自己进入了人民战争的青纱帐而惶惶不可终日。恰在此时，乌克兰危机爆发。克里米亚半岛一夜间易主的晴天霹雳，让美国人如梦初醒——欧洲依旧是欧洲，俄罗斯才是真正的对手，于是赶紧挥师西去，让北约重返波罗的海，自己派重兵进入波兰……美国人就像狗熊掰棒子，掰一个扔一个，一直处于两难和纠结之中，于是乎，摇摇晃晃，麻烦缠身。特朗普似乎看到了奥巴马的软肋，上台伊始便大开杀戒，大有把他前任的政治遗产统统扔进垃圾桶之势。看来，这个共和党人并不打算搭理别人怎么说，而是一心要重新找回尼克松、里根时代的大手笔，至于能否如愿以偿，只有天知道。①

至此，我们也就明白了从美国战略东移开始的这一轮世界格局大调整，至今未能尘埃落定的原因。从大国博弈史来看，从未有过一次世界重心移动，仅仅在大国的军事力量投送完成后便告结束。只有在标志这一进程最终成果的世界新秩序形成之后，世界格局调整的全部过程才会打上句点。从威斯特伐利亚和约到维也纳会议签署文件，从凡尔赛和约到雅尔塔协议，无不如此。这一次也不例外，由冷战结束引发的世界格局重塑能否画圆它的句号，取决于它究竟能在构建世界新秩序的路上走多远。只是这一

---

①　特朗普在对外政策上效仿尼克松，奉行美、俄、中"新三角"策略，只是这一回不断给普京送秋波，意在"联俄抗中"；在国防政策上效仿里根，发起"第二次里根革命"，承诺让美国军队重新强大至尊。从美国国会通过的 2017 年度国防预算看，增加了 540 亿美元，总数达 6040 亿美元，创历史新高。

回，要想绕开功败垂成的厄运，就必须跳出大国搏杀在数千年里留下的剑痕。

问题是，美国能够做到这一点吗？也许，这正是美国人，不，准确地说是地球人，为之郁闷不已的痛点。

下卷

大国策

真正伟大的民族永远不屑于在人类中扮演一个次要角色，甚至不屑于扮演头等角色，而一定要扮演独一无二的角色。

——费奥多尔·陀思妥耶夫斯基

在今天的世界上，我们不可能永远使目的和手段两全其美地都保持正义，因为我们所生活的世界本身就是一个道德方面无理智的世界。

——马克斯·韦伯

卷首语

追逐功利是人类的本性。①

在民族主义的大旗下，国家利益与国际道义孰轻孰重不言自明。但是，开疆拓土的肆无忌惮似乎停留在了希特勒以前的年代。当代政治家想得最多的是，在其执政期间何以拓展国家利益的版图，留下一个充满鲜花、掌声和欢呼的大手笔。这让他们在为自己和民族的未来下注时，大都会透过"电子显微镜"看世界，寻找蛛丝马迹，寄希望于天赐良机。于是乎，一有风吹草动，那些野心勃勃的大国总是大打出手。而老谋深算的政客们在为自己获得一份额外美羹而沾沾自喜时，殊不知，他们却把世界带入了迷失方向的

---

① 霍布斯认为，人类具有竞争、猜测和追求荣誉的本性，人与人的关系就是狼与狼的关系。这是西方"三权分立说"的哲学基础。他认为，人最初都按其自利的本性生活，每个人都具有自己的自然权利，人们处于你争我夺的状态。为了达到自我保存的目的，人们便订立契约，把自己的权利交给一个人或一个议会，并建立国家。参见冯契主编：《哲学大辞典》下卷，上海辞书出版社 2007 年版，第 1680 页。

"战略贫困期"。

在国际政治中最早明确阐述国家利益观的人，当推汉斯·摩根索。他推崇的"作为权力斗争的国际政治""以权力限定国家利益""以国家利益确定对外政策目标"等警句式观点，至今仍被西方政治家奉为经典。然而，摩根索理论大厦的最薄弱环节，恰恰就是谁代表国家利益，以及如何确定国家利益的边界。尽管摩根索生前曾对此解释说，国家利益是相互冲突着的各种政治利益的一个妥协物，云云，但这种含糊其词的说法，无法回答国家间政治中的诸多具体理论问题。① 不过，摩根索还是指出了国家利益边界的开放性。他说，国家利益不是经抽象化、科学化以后的一种理想概念，而是国内不断的政治竞争的产物；国家通过其各级机构和组织，最终负责解释和执行符合国家利益的各项政策。很可惜，摩根索把确定国家利益边界的权力交给了这个国家自己，却忽视了大国博弈的因素，因为国家利益界碑的设立从来都与大国利益板块的移动、碰撞息息相关。比如全球公域，已超越了领土、领海、领空等私域范畴。很多国家还没有意识到它的利益拓展价值时，很可能会把它撂在一边。还有，如果仅仅把视野局限在现实利益的小格局里，看不到那些看似闲棋冷子甚至是得不偿失的投棋布子的潜在价值，肯定也会把国家利益的砝码放错地方而使大国关系的天平失去平衡。毫无疑问，在摩根索的身后，国家利益的形态与样式发生了变化。更准确地说，这一变化始于美苏冷战时期，嬗变于冷战结束，深化于大转折时代。

---

① 王缉思：《摩根索理论的现实性与非现实性》。参见汉斯·摩根索：《国家间政治：权力斗争与和平》第七版，徐昕等译，北京大学出版社 2006 年版，第 4—5 页。

　　几千年来，人类在利益的迷宫里盲目追逐而流连忘返，利益扩张几乎成了大国崛起的代名词。但在核威慑与核威胁、核限制与核扩散共存的今天，经过信息化、全球化和多极化过度包装的国家利益，早已突破了陈旧的层层坚壳，在时间、空间及二者结合三个维度上迅跑——眼前与长远、当下与潜在、要素与结构、局部与全局交相辉映——构成了一幅绚丽多彩的大国利益新图景。如果以为国家利益还停留在主权领土得失、贸易顺差逆差、国际市场份额、核心技术掌控、民族尊严荣辱的算计上，那无疑落伍了，这不过是些老掉牙的小把戏。在利益的王国里，诸如海洋、天空、网络、太空资源控制，特别是深海、深空、深网探测，以及以主导权、话语权、规则权为代表的潜在利益林林总总，新成员、新元素、新形态比比皆是。相形之下，那些急功近利的人因不识庐山真面目而与其失之交臂：当他们为了眼前利益大打出手时，大凡深谋远虑的民族却早已把目光锁定在几十年甚至上百年后的潜在利益而暗度陈仓。然而，最让人刮目相看的，莫过于那些原本是一盘散沙甚至各自为战的利益要素，在被置于特定目标之下并按照某种规则构建为利益体系之后发生的突变——它们为那些悟性超群的职业政治家赢得了超越一切要素自身千百倍的长远利益，从而铸就了点化 21 世纪国家利益边界的新权杖。不仅如此，随着国家利益形态的改变，大国利益的争夺方式也不可避免地随之改变。国家利益的获得、实现和扩张，已不再追捧明目张胆的强取豪夺，而代之以不动声色的提前布局和潜移默化，让你心甘情愿地把利益奉献出来，不战而屈人之兵。当人们惊叹于军备竞赛、经济封锁、技术比拼、和平演变、军事联盟，以及高技术局部战争、地缘政治布局、非暴力对抗、"颜色革命"轮番上演时，大国对抗已悄然改变了模样：不再沿着当下实力比拼甚或干戈相向的方向迅跑，而是开始了一次历史性、框架性转换。如是，大国竞争的方式由硬变软、手段由点到面、目标由近及远，润物细无声，在不经意间击败对手，从而开辟了当代大国博弈的新境界。

在这种情形之下，人们只要稍稍打开视界，就不难发现，基于现实利益的大国博弈观，在大转折时代已经明显不合时宜。决定大国博弈最终结局的，也远不止双方现实力量在当下的正面碰撞。为新一轮技术革命埋下先发的种子，在全球范围投棋布子，在军备竞赛中声东击西，以及跨国联盟事先达成规则默契……这些在几年、几十年甚至数百年前埋下的伏笔，比起危机来临时的匆忙秀肌肉、放狠话来，格局不知要大多少倍，对他国意志和行动的控制力也不在一个层面上。在这方面，只需列出不稳定弧、岛链蛙跳、北约东扩、"亚太再平衡"、"印太战略"、颠覆性技术这些含蓄而富有创意的新名词就足够了。何止美国，几乎所有富有战略远见的大国，都自觉不自觉地把国家利益边界扩展到了现实利益以外的疆域，并把实施战略行动的时间尽可能提前一个周期。或许，人们已经无法准确地指出，究竟从什么时候开始，大国博弈的主角不再仅仅是那些硬实力。而世贸组织仲裁、网络空间对抗、亚丁湾护航，抑或国际维和、叙利亚内战调停、乌克兰危机处置和中东维稳等等，任何冲突或争端，都会被大国不失时机地用于全球布局，演变成一场暗流涌动的大博弈。即便是诉诸武力或以武力相威胁，也大都让世人难以一下子判断它们究竟为了哪个具体利益而舞刀弄剑。与其说战略贫困是世界格局重塑的副产品，还不如说是国家利益形态及其边界的悄然改变，让政客们在手忙脚乱中用错了药而产生的副作用。这种以追求潜在利益为目标的大国博弈，为当代大国崛起的梦想从发生到发展再到最后成功，提供了全新的战略指向。

　　无论是政治家、战略家还是历史学家，长期以来都已习惯于一种思维定式，即硬实力是决定大国兴衰的主要因素。但冷战以及冷战后发生的世界大事，则不动声色地向世人出示了反证：尽管与人类历史一样古老的领土资源、经济实力、民族性格以及文化影响力仍是衡量国家权利的几大要素，但这些传统硬要素，已越来越多地与制度安排、技术优势、国际规则、地缘政治、话语特权等软要素交织在一起，甚至让位于它们，成为国家或国家集团实力的新形态。这一新形态从外观上看可能毫无力量感，因而被某些学者称为"软实力"或"巧实力"①，但它们在大国角逐中的作用丝毫不亚于甚至超越了任何一种"硬实力"。不过，硬实力也好，软实力也罢，它们都没有超出"实力"范畴，即便冠以综合实力的头衔，综合得

①　美国政治学家、哈佛大学名誉教授约瑟夫·奈是国际关系理论中新自由主义学派的代表人物，以最早提出"软实力"而闻名，被誉为"软实力之父"。他曾出任卡特政府的助理国务卿、克林顿政府的国家情报委员会主席和助理国防部部长。1990年，约瑟夫·奈在美国《外交政策》杂志上发表了题为《软实力》的文章。从此，"软实力"概念风靡全球。这篇文章认为，一国的综合实力分为硬实力和软实力，软实力主要包括"文化吸引力、政治价值观吸引力及塑造国际规则和决定政治议题的能力"。与硬实力相比，软实力有三大特点：一是成本较低，不像军事干预和"金元外交"那么昂贵。二是效果更好。威权和收买只能收到暂时的效果，而做到让别人心服口服，则是长久之策。三是较难操作。这是因为，软实力并非单靠政府的一己之力所能完成，需要社会和民间长期积累，它是一个潜移默化的过程。他认为，中国有句古语"得人心者得天下"，这句话和软实力有异曲同工之妙。2006年，约瑟夫·奈又发表文章重新思考软实力。他认为，单独靠硬实力或软实力都是错误的，应该将它们结合起来行使"巧实力"。"巧实力"既强调军事力量的必要性，也重视联盟、伙伴关系和各个层次的机制。其核心是向全世界提供公共产品；目的是扩大影响力，建立国家行为的合法性。奥巴马政府的"巧实力"外交，其实质就是践行约瑟夫·奈的理论，这进一步奠定了约瑟夫·奈在美国民主党决策层的"诸葛亮"地位。参见黄滢：《中国领导人是讲故事高手》，载《环球人物》2013年第34期；另见约瑟夫·奈：《软实力》，马娟娟译，中信出版社2013年版，第15页。

也是不彻底的。这是因为，大国崛起对潜在利益的刚性需求，不可避免地导致人们对潜在力量的无尽追求。我要说的是，在参与大国博弈的国家力量中，除了硬实力和软实力之外，还存在一种长期被忽视但又至关重要的力量——结构力，它是由生产力要素、军事力量、技术设施、文化资源等要素在全球布局而产生的新质国力。作为系统的一种"涌现"现象，结构力取决于系统要素在时空上的分布结构，既来自要素而又超越要素，服从"整体大于部分之和"的法则。在大转折时代，结构力主要表现为世界秩序的塑造能力、危机与战争的慑止能力、技术革命的主导能力，以及对全球生产力要素流向与国际交往规则的控制能力，它们从根本上决定了大国博弈的相对态势。新兴大国在与守成大国的竞争中能否最终胜出，将在很大程度上取决于能否率先实现结构力的最大化。

在大国兴衰史上，一拨又一拨新兴大国风生水起，一茬又一茬守成大国沉沦谢幕。世界大势此消彼长、浩浩荡荡，一去不复返。这并非守成大国心甘情愿地把世界霸权拱手相让，恰恰相反，正是新兴大国总是能在时代转折的十字路口找到新的优势增长点，才使得守成大国无法望其项背而不得不衰落下去。崛起与衰落是一种相对运动，处于相对缓慢的状态就意味着衰落。从人类的历史长河看，各民族国家不过是一只只竞相驶向目标的大小帆船。大国博弈如同逆水行舟，不进则退，甚至进慢了也相当于退。比如，从生产力角度看，美国之所以在冷战中战胜苏联，就是因为发现了信息化这个优势增长点；尽管苏联一直按照自己的逻辑和速度在发展，直到解体之前依然是个能量超群的庞然大物。就绝对值而言，现在英国、德国、俄罗斯、日本的综合实力，并不比其鼎盛时期弱多少，有的经济总量甚至远超当年，但与当今世界霸主相比，那可就小巫见大巫了。或许，这本不该叫衰落，甚至没有衰落，而只是新兴大国在新的历史起点上重新排列了大国关系——在主观上暗中完成优势积累并超越守成大国的同时，客观上推动人类文明的发展进步。

人类已再次站到了历史的拐角处。结构力在使当代大国博弈的方式与方法几近无限的同时，也改变了既往人们赋予大国对抗的定义：大国不再仅以现实力量进行相持不下的对峙。这就是说，潜在力量地位的提升，并在时空上前伸后延的结果，不仅使现实力量的功效大为缩小，而且使大国博弈的概念获得了非线性放大。如今，千姿百态的大国布局，正在演绎为绚丽多彩的大千世界。国家利益有了太多新形态、新式样而让人莫衷一是，它足可让那些目光短浅之徒面对琳琅满目的利益之锚裹足不前，也可让胸怀鸿鹄之志并果断出手的政治家获得数不胜数的好处。在一场从战略构想到目标选择再到对抗方式方法都极大拓展了的大国博弈面前，那种仅凭现实力量和现有手段就想实现"和平崛起"的大国梦，恐怕多半会在"恰似南柯一梦"的无奈中落空。与之相适应的，应该是一种基于国家长远利益全方位拓展的崛起观。它关注的绝不止于当下的经济总量、军事实力和幅员资源，而是毫不犹豫地将地缘政治、经济技术、军事革命、文化渗透、规则重塑、优势积累等方方面面的布局需求，统统纳入自己的目标区，统摄在大国崛起的目标之下。毫无疑问，这是一种超越眼前利益得失，旨在把要素力量转变为结构力量、把分散力量整合为体系力量，最终实现从结构力最大化到潜在利益最大化凤凰涅槃的"大崛起观"。

现在，结论已经不言自明：一个新兴大国崛起航船的行稳致远，仅凭现实力量独木难支。它驶向大洋深处并消逝在东方地平线上的不竭动力，取决于现实力量和潜在力量的所有维度在多大程度上朝既定目标聚焦并形成合力。这就点出了本卷的主题：寻找支撑这种合力的制胜结构——把一切力量转化为推进大国崛起之船乘风破浪的具体路径与方法——这是一种集实力与潜力之大成，并按照预定目标进行结构布局的大国策。与以往对抗催生对策的程式相反，这种大国策一经提出，就势必铸就一种既包容又超越历史上所有大国博弈之法的全新方式。尽管新方式的容量空前宏大，但就其制胜机理而言并不复杂，只是前面业已提到的三个字：结构力。这就是说，结构力是主导大转折时代大国博弈成败利钝和最终结局的根本力量。

然而，真正让这一思路变得异乎寻常的，是把视线精准聚焦在博弈双方的态势上。一个新兴大国的异军突起，得益于国势与国力的双重正反馈运动：国力强，国势未必好；国力弱，国势未必劣；当且仅当国力与国势相互砥砺、推挽前行的有利态势出现时，才会获得一种势不可挡的磅礴力量。不过，任何基于良性循环的有利态势，都源自一系列着眼长远利益的精妙布局。按照这一原理，似乎只要赶在对手之前塑造一种不可战胜的结构与态势，通向大国崛起的拱门就会自动为你撑起。但问题在于，博弈双方的态势无疑将千变万化，而要为每个变化都找到与之相匹配的招数，那是痴心妄想。大道至简。我们应该做的是，为未来变幻莫测的大国博弈大棋局，找到一种超越一切定式、以不变应万变的博弈之法。这种博弈之法由于以结构布局替代要素争夺、以潜力追求替代实力比拼、以谋求长远利益替代眼前利益打杀，势必要求你的眼睛不仅要盯住今天，而且要盯着明天，甚至眺望后天的曙光。"求势不求子"。你在作出每一个决定，或采取每一个行动之前、之中、之后，都必须坚持以优势积累作为评判成败得失的唯一标准。为此，还得建立一套模型和方法，以便轻而易举地判定当下是否处在有利态势的正反馈之中，以及是否拥有实现结构力最大化的最佳结构，并及时发现和纠正战略行动与战略指向之间的偏差。这一博弈法可以随时随地检验博弈中的大国——无论是新兴大国还是守成大国的状态：是否走在正道上，有没有偏离初心。一句话，它不仅是一个战略博弈理论，而且是可操作、可检验、可预见的行动哲学。这就是：大国策。

奥斯瓦尔德·斯宾格勒认为，世界历史不过是各个文化有机体轮流登场的演出而已。他指出，文化有机体的演变是由自身内在的生命潜力来推动的，它具有诞生、生长、成熟和衰败的周期性特征。① 但在我看来，大凡大国争雄，无论是崛起还是衰落，都必经结构预埋、塑造胜势、战略决战"三部曲"；而且，每个阶段都有不同的使命，每个乐章都有不同的主题。如果说结构预埋是如泣如诉的小夜曲的话，那么，塑造胜势则是随心所欲的轻音乐，而战略决战就是气势恢宏的交响乐了。不过，想要真正理解这天籁之音，仅仅靠耳朵是不够的。它除了一如既往地要求你具备与时代相呼应的大格局之外，还得拥有到大洋深处眺望后天的曙光而勇立船头的勇气。最后剩下的当然是屏息定神，跟随指挥大师如痴如醉、收放自如的指挥棒，悉心聆听大国兴衰潮起潮落的每一个音符。

---

① 奥斯瓦尔德·斯宾格勒认为，按照文化发展的宿命原则，每一种文化都有一个如同孩童时期、少年时期、壮年时期和老年时期这样的生命年轮。到目前为止，以欧洲为代表的西方文化已经发展到了它的老年时期，西方文明已处于没落阶段，"西方的没落"由此而来。斯宾格勒把生物学的原理应用到历史研究领域，并把历史上兴亡交替的各种文化视为彼此独立而且受到生命周期制约的文化有机体，从而开创了一种历史研究的文化形态学说。参见奥斯瓦尔德·斯宾格勒：《西方的没落》上卷，吴琼译，上海三联书店 2006 年版。

第五章
结构预埋：赢得时间

> 最漫长的战略道路通常是达到
> 目的的最短途径。
>
> **——利德尔·哈特**

翻遍东西方大国兴衰史，在有关大国博弈方式和方法的描述中，你找不到"结构预埋"一词。从未有人由前人为后人预埋了有利结构而让后人拥有更多选择的角度来看待大国崛起，当然，也就不会有人从守成大国被新兴大国预埋了不利结构而日渐式微去理解大国衰落。因而，不可能有谁在结构对抗视野下追问大国兴衰的缘由，而成败得失多半会归因于当今的人与事。

这是不公平的。可是，人类历史就这么不公平地续写着。想要解决这个问题，办法其实很简单，就是把时间轴拉长再拉长，一直回到大国博弈的起点，看看双方在那个时空节点上都干了些什么。

结构嵌入与启用

当今世界的主要大国土地肥沃、国强民富，在这颗星球上纵横捭阖、呼风唤雨，占尽了天时、地利、人和。这看似上天的眷顾，可细细想来并非如此。中国有句俗语说得好：今生今世的福，源于祖祖辈辈积的德。把散落在太平洋上成千上万的小岛，变成可供军人们"蛙跳"的荷叶，再把大大小小"荷叶"连成纵横交错、进退自如的三大岛链，在人们咋舌美国"睡莲战略"的精妙绝伦之余，难免对其今日盛世的源头若有所思。我要说的是，这一切都得益于结构预埋，尽管美国人的思维触角未必抵达过这片处女地。

在美苏冷战的巅峰对决中，曾经创下以一个亦真亦假的"星球大战"计划就让对手濒临崩溃奇迹的里根总统，也许算不上伟人，但他的运气似乎和所有的伟人一样好。其实，真正的要害并非在于运气，而在于这位超级大国的总统比他的前任们更加精于设局。到了 20 世纪 80 年代，里根手中握有的牌显然要比他的对手多得多，其中最重要的一张王牌莫过于信息技术，因为美国人自己就是这一轮信息化浪潮的弄潮儿。对里根来说，赢得这场把苏联拖入军备竞赛、在经济上逼到绝境、最终走向解体的最后搏杀的关键，就在于如何巧妙地把扩军计划、导弹防御、"高边疆"理论，与那旷日持久的美苏限制进攻性战略武器谈判搅和在一起，为戈尔巴乔夫量身打造一个无形的陷阱。里根做到了，不仅让他的对手乖乖地进了圈套 ①，而且全然不知。在随后的日子里，人道的社会主义、军队

---

① "星球大战"计划极大地吸引了苏联的注意力，实际上把苏联拖入新一轮军

非党化、经济私有化、舆论自由化、多党制选举等等，就像摩天大厦的基石一样，一块块被抽去，摇摇欲坠的苏联哪里还经得住美式风暴的袭击。更何况，在匈牙利闹"独立"、拆除奥匈边界铁丝网①、波兰团结工会执政②等问题上，戈尔巴乔夫一错再错，并在拯救苏联国内政治危局、重振经济等方面黔驴技穷、一筹莫展。结局不难料定，老布什注定成为那个摘得冷战胜利果实的幸运儿。

天下多少事，全在于一个局。所谓结构预埋，说白了就是提前做一个局，在竞争领域嵌入具有方向性、基础性和引领性的结构，

备竞赛。1985 年，美苏举行限制进攻性战略武器谈判时，戈尔巴乔夫上来的第一句话，就是"你们美国人能不能把那个'星球大战'计划收起来，因为这会打破我们之间的战略平衡"。但令苏联倍感头疼的是，里根已下定决心推进他的战略防御计划。里根猜测，无论试图开发极具竞争力的导弹防御体系，还是进一步增强进攻实力以颠覆美国的防御系统，苏联都将走向破产。里根称，他已经决定"逼迫苏联直到它破产"。参见斯蒂文·L.瑞尔登：《谁掌控美国的战争》，许秀芬等译，世界知识出版社 2015 年版，第 462 页。

① 1989 年 5 月，匈牙利拆除了与奥地利边境上设置的带刺铁丝网后，成千上万的民主德国百姓开车穿越捷克斯洛伐克和匈牙利，抵达匈牙利与奥地利边境，并丢掉他们的汽车，步行穿越边界。另一部分人蜂拥进入联邦德国设在匈牙利首都布达佩斯的大使馆，请求政治避难。到了 1989 年 9 月，在匈牙利已有 13 万民主德国百姓，匈牙利政府最后同意了他们前往联邦德国的请求。当匈牙利拆除奥匈边境的铁丝网时，民主德国政府大为惊恐，向莫斯科抗议，但获得的回复令它吃惊："我们对此无能为力。"参见约翰·刘易斯·加迪斯：《冷战》，翟强、张静译，社会科学文献出版社 2013 年版，第 281—282 页。

② 1989 年春，波兰经济再一次陷入危机。波兰最高领导人沃伊切赫·雅鲁泽尔斯基试图解决这一难题，他再次承认了团结工会，并允许它选派代表参加为成立一个新的两院制立法机关而进行的一场"非对抗性"选举。出乎意料的是，团结工会的候选人囊括了他们参与角逐的下议院所有席位，以及上议院中除一个席位之外的所有席位。莫斯科的反应是，"这件事完全应该由波兰决定"，戈尔巴乔夫的一位首席助手这样评论说。于是，1989 年 8 月 24 日，战后东欧第一个非共产党政权正式执政了。波兰新总理塔德乌什·马佐维耶茨基着实为发生的事情震惊，以至于竟然晕倒在自己的就职典礼上。参见约翰·刘易斯·加迪斯：《冷战》，翟强、张静译，社会科学文献出版社 2013 年版，第 279 页。

让事物朝着有利于己方的方向发展。对于世界，涉及地缘结构、法理结构、联盟结构、产业结构、资源结构；对于国家，囊括经济结构、政治结构、军事结构、文化结构、法理结构、地缘结构；对于家庭，包括人口结构、教育结构、从业结构、地域结构、家风结构、资产结构；对于个人，涵盖知识结构、能力结构、心理结构、阅历结构、思维结构等等，不一而足。这些预先埋下的伏笔，一旦在关键时刻发挥作用，或将一举改变人生、家国乃至世界的命运。

中国儿童的早期教育举世闻名。家长们总是喜欢在孩子很小的时候就安排他们学这学那，诸如钢琴、英语、"奥数"，以及游泳、体操、球类等等，都是"开小灶"的金牌"家常菜"。有的家长嫌只学一两样还不够，以至于文理齐上、多管齐下，把孩子的时间挤得满满当当；而且从普通百姓到政府官员，无人可以幸免。就连邓小平也曾大声疾呼："计算机普及要从娃娃抓起。"暂且不论中国儿童的成长路径与西方国家有多么不同，也不管教育观的对错得失，抑或出现百舸争流的局面是否与教育资源稀缺、就业竞争激烈有关，但可以肯定，这种做法与农耕社会"种瓜得瓜，种豆得豆"的朴素思想脱不了干系。况且，钢琴大师郎朗的成才故事在中国家喻户晓，其示范效应不容小觑。大人们指望这些在当时看似无用之用的东西，没准儿哪天就起了关键作用，使孩子在未来的竞争中获得先机。当然，结构预埋不会仅仅停留在这种简单的因果报应层面，它的真正魅力在于，结构不仅可以提前嵌入，而且可以在必要时悄然启用。1860年冬，沙俄乘第二次鸦片战争之机，以调停人身份逼迫清政府签署了《中俄北京条约》，切走乌苏里江以东40多万平方公里土地，把吉林由沿海地区一下子变成了内陆省。让人意想不到的是，在26年后的1886年，清廷都察院左副都御使吴大澂据理力争，生生从俄罗斯人的虎口里拔牙，要回了一大块土地，把中国到日本海的距离由原来的44千米缩短为15千米；并取得了只要"一杯茶"工夫，就可以顺图们江而下进入日本海的权利。谈判桌上竟然做到了战场上都做不到的事情，我们在赞叹吴大澂这位民族英雄的大智大勇之余，更被他拥有的现代海权意识所折服。因为128年后的2014年5月，中俄两国在上海签署了共建共享扎鲁比诺海港的协议，而签署这个协议的前提条件正是吴大澂当年给我们预留的"活口"，今人只是启用它而已。① 考虑到东北亚日趋复杂的地缘政治现实，获得图们江的实际出海权可谓功在千秋，其战略价值无论怎样评估都不为过。结构预埋需要眼光，而眼光来自于思想。奥托·俾斯麦说过，真理在大炮射程之内。在我看来，对于结构预埋而言，思想之炮的射程更重要。思想有多远，格局就有多大；思想有多深，伏笔就有多隐蔽。如是，生活在19世纪的吴大澂，目光如此远大，实在不同凡响。

　　大国博弈中启用已有结构的例子，几乎俯拾即是。规则的启用、力量的启用、联盟的启用、间谍的启用，举不胜举。比如，世贸组织规则中的反倾销调查一旦坐实，不仅可以改变白花花银子的流向，而且还将扭转国际贸易的格局。中国加入世贸组织后，加快了走向世界的步伐，但世贸组织对中国企业实施的反倾销调查，从纺织品到皮鞋，从钢板到农产品，最后到轮胎、光伏板，几乎遍地开花，看似争的仅仅是企业或个人的利益，实为对国家利益的争夺。更重要的是，这种机制有一个副产品，就是久而久之，你得按

---

　　① 扎鲁比诺海港离中国珲春仅18千米，建成后将成为东北亚最大的港口，也是中国与欧亚大陆之间海上新丝路的起点。参见习骅：《中国历史的教训》，中信出版社2015年版，第232页。

人家的规矩办事。世贸组织成员国只不过作为世界贸易棋局中的一枚棋子，主导国对你的家底儿了如指掌不说，你在世界经济体系中也独木难支了。至于是否加入世贸组织，全看你怎样定义国家利益、如何权衡利弊得失。

结构预埋行动通常按照预定目标进行，但也不排除不经意而为之，广种薄收甚至歪打正着。当影星孙红雷把"余则成"演得活灵活现时，他也许不会想到，村姑"翠平"会让名不见经传的演员姚晨崭露头角、一举成名。不过，出现这种"意外"结构并不重要，重要的是从此"余则成"无处不在，因为大国博弈中彼此"潜伏"司空见惯，有时甚至剑拔弩张。对于竞争双方而言，谁率先探得对手的底牌，谁就将获得主动，甚至赢得整个牌局，正如孙子所言："故惟明君贤将，能以上智为间者，必成大功。"[①]20世纪60年代初，在赫鲁晓夫决定修筑柏林墙的推波助澜下，美苏的"导弹差距"问题愈演愈烈。[②]尽管对此持怀疑态度的

---

① 引文见《孙子兵法·用间》。所谓计，其实就是局。《孙子兵法》以计开篇，以间收尾，前后呼应，反映了孙子"上兵伐谋"的思想。若无胜敌之计，纵然洞悉敌情，也不能巧乘其弊；反过来，若不能知敌，也无法制定克敌制胜的妙计。李筌说："《孙子》论兵，始于计而终于间者，盖不以攻为主。为将者，可不慎之哉。"要想不战而屈人之兵，唯有以计胜敌、以间侦敌、间计相融。更重要的是，孙子把"间"提到关涉大国兴衰的高度，"昔殷之兴也，伊挚在夏；周之兴也，吕牙在殷"，这是绝无仅有的。

② "导弹差距"，指对于美国在弹道导弹技术方面已经落后于苏联的一种猜测。1957年10月4日，苏联成功地将"斯普特尼克1号"人造地球卫星送入绕地轨道，举世震惊；此前，苏联成功发射了一枚多级洲际弹道导弹，比美国成功试验弹道导弹早一年多。这两个事件使得美国在第二次世界大战后的国家安全政策遭到质疑。1个月后，正当美国军界围绕"导弹项目"争斗不已时，一个被称为"盖瑟委员会"的专家团体作了一项外部调查，给美国总统艾森豪威尔和国家安全委员会提供了一份绝密报告。《盖瑟报告》认定美国必须采取有力措施，才能应对苏联在太空和弹道导弹方面的技术进步，并指出美国的脆弱性可能比之前预估的还要严重。这一报告的内容，

时任美国国防部部长罗伯特·麦克纳马拉曾向媒体透露心声，后来迫于白宫的压力又收回了自己的发言。为了查明真相，美国中央情报局不得不立刻启用安插在苏军总参谋部的特工"鼹鼠"。根据这个名叫奥列格·彭柯夫斯基的苏军上校提供的信息，以及美国"发现者"卫星获得的照片，事实逐渐明朗——早期的情报判断夸大了苏联的远程导弹能力，美国仍然保有整体核战略优势。这给约翰·肯尼迪政府吃了一颗定心丸，美国采取了明显更强硬的方式应对柏林危机——为安抚西方盟国这些小兄弟，迅速拟制了对"中苏集团"实施战略打击的"统一作战计划"（SIOP），以及昵称为"狮子狗毯"的第109号国家安全决策备忘录。同时，麦克纳马拉等人在公开场合高调露面，宣称"只要是为了保护这个国家及其利益，在必要的情况下，我们将在任何地方、使用任何数量的战术武器或战略武器"。[1] 尽管当时人们对随后发生的美苏坦克在查理检查站的对峙事件把柏林危机推向顶点时，为何最后以苏军坦克主动退出而戏剧性结束感到大惑不解，但从冷战后解密的苏联和东欧国家档案看，美军塑造的有利态势着实让华约

后来被媒体得知。在国会和媒体的压力下，艾森豪威尔同意为导弹开发和《盖瑟报告》提及的措施拨款，但此举非但没有平息批评声，反而引发更大争议，即"导弹差距"争议。时任美国国防部部长罗伯特·麦克纳马拉在一次面向新闻记者的背景信息简报会上宣称，所谓"导弹力量差距"很可能更像是子虚乌有的神话，而非现实。但迫于白宫方面的压力，后来，他收回了自己的发言。参见斯蒂文·L.瑞尔登：《谁掌控美国的战争》，许秀芬等译，世界知识出版社2015年版，第182—185页。

[1] 美国第109号国家安全决策备忘录，即关于西方为捍卫对柏林的权利而制定的阶段性响应措施的一份文件汇编，于1961年10月下旬由美国国家安全委员会通过。负责该备忘录起草工作的助理国防部部长保罗·H.尼采后来回忆说："万一一种响应措施失败，我们就会采用下一种，然后下一种，依此类推。"参见斯蒂文·L.瑞尔登：《谁掌控美国的战争》，许秀芬等译，世界知识出版社2015年版，第224—225页。

高级指挥层对己方在决战中占得先机的能力缺乏信心，或许可以提供一个合理的解释。[①] 不过这是后话，假如没有潜伏的"鼹鼠"，美国能否赢得柏林危机还是一个未知数。

值得注意的是，尽管结构预埋追求后发制人，甚至在当下无法判断你埋下的伏笔是否最佳，但至少应具有这样一种合理性，即尽可能为后人留下纠正错误的空间和机会。公元前 310 年，秦惠文王嬴驷立公子嬴荡为秦王，同时留下密诏，暗中委托嬴驷的姐姐嬴夫人保管。公元前 307 年，秦武王嬴荡因举鼎而毙命，公子嬴稷继位登基，成为秦昭襄王，开启了大秦帝国崛起的进程。秦惠文王设计这种纠错机制，无疑为他孙子的孙子秦始皇嬴政统一中国预埋了结构。[②]2000 多年前的秦惠文王和一个半世纪前的吴大澂，肯定都不知结构为何物，但全是博弈场上设计结构的高手。他们都擅长于时空穿越，提前为子孙后代铸就了一把起死回生的利剑，就等子孙们有朝一日拔剑出鞘、点石成金。无论结构预埋行动多么丰富多彩，但说穿了，其目的就在于为后人提供更多选择的可能性，让他们在必要时轻而易举地变前人布局为当下主动，就如同围棋对弈中你拥有的先手一样，因进退自如而获得优势。

---

① 参见斯蒂文·L.瑞尔登：《谁掌控美国的战争》，许秀芬等译，世界知识出版社 2015 年版，第 227 页。

② 秦惠文王遗诏的内容是，一旦发现公子荡继位后作出有害江山社稷和兄弟安危之事，即可宣布遗诏，改立公子稷为王。据《资治通鉴》记载："武王无子，异母弟稷为质于燕，国人逆而立之，是为昭襄王。昭襄王母芈八子，楚女也，实宣太后。"电视连续剧《芈月传》演绎了秦宣太后与《孙子兵法》、秦惠文王遗诏以及秦始皇一统天下之间的传奇故事，尽管存在虚构情节，但把早期结构预埋思想表达得淋漓尽致。参见蒋胜男：《芈月传》，浙江文艺出版社 2015 年版；另见《资治通鉴》第 3 卷。

大师摆下的迷魂阵

　　以结构对抗为主要特征的对抗方式在大转折时代的兴起，是大国追求利益最大化而精心设计、不择手段的必然结果。尽管结构对抗概念并未率先出现在独占大国博弈理论鳌头的美国，但我必须承认，美式霸权主义在全球的泛滥和信息时代提供的无限可能性，仍然是催生这一新概念的深层动力。

　　现在，我们已经知道，结构既可以是一枚棋子、一个间谍、一个基地、一部法律，也可以是一个布局、一项技术、一个联盟、一个体系。一句话，结构是大国博弈中能够为后人赢得时间、争取主动的一切计谋和手段。那么，究竟哪些惟妙惟肖的招数，可以把那些看似与大国对抗毫不相干的计谋和手段，最后变成政治大师布道非征服对抗和非对抗征服——这一正在大国之间乃至全球范围内悄然展开的新型对抗的法器呢?

　　温水煮青蛙。尽管人们至今对温水煮青蛙实验的可信度还存在争议，这一故事揭示的"生于忧患，死于安乐"的哲理却似醍醐灌顶。① 既不同于明火执仗，也不同于明争暗斗，温水煮青蛙倒更像一首如泣如诉的咏叹调，在给人以如痴如醉的听觉享受的同时，把你带入某种情境之中，让你自然而然地作出选择，而你的选择正是

---

　　① 1790年，奥地利科学家进行了一项试验，发现了温水煮青蛙的道理。此后，很多人以不同方式展开验证，结论不尽相同。其中，反映最多的是开始加温不久，青蛙就跳走了。其实，影响青蛙跳跃的因素有很多，除了水温的变化速度之外，还有噪声、景色、食物链等环境因素。另外，如果用来煮青蛙的锅足够大，以至于青蛙即使受到非温度因素干扰也无法跃出，那么，只要青蛙在水中有一个"享受"的过程，原试验结论就是成立的。

你的对手想要的。最经典的莫过于用荣誉、舒适、利益麻痹对手，让你放松警惕，或安于现状，或享受当下，或不思进取，或依附他人他国。但是，一旦你发现自己身处陷阱，已经来不及了，必死无疑。在冷战后期，里根、老布什政府给予戈尔巴乔夫的"赞美"达到了令人肉麻的程度，对他的"支持"很大方，回报自然也很丰厚。因为谁也不会想到，就在戈尔巴乔夫向叶利钦移交核攻击密码、签署正式终结苏联存在命令前几分钟，他还没有忘记给美国总统致电祝圣诞快乐。现如今，美国对中国购买力的肆意夸大、吹捧以及附带其后的一系列责任清单，就其做派而言，与当年对付苏联的那一套如出一辙。尽管中美博弈还远没有到达最后一搏的阶段，但这种让中国穿上"皇帝新衣"的小把戏，其用意却是司马昭之心，路人皆知。

这一招不仅被用于新兴大国与守成大国之间的博弈，而且也是新兴帝国对待老牌帝国的常用怀柔手腕，尤以"世界老二陷阱"最为匠心独具。进入近现代以来，大国追逐、博弈的天宇上呈现出"双星伴月"的奇观：英国与西班牙、葡萄牙，美国与德国、日本，美国与苏联、中国，而成为月亮——最终崛起的大国只有一个，另外两个大国皆沦为月亮旁边的星星，只是"陪太子读书"而已。更耐人寻味的是，自从美国登上世界第一的宝座以来，但凡排行世界老二的国家都没有好下场，并且无一例外，这便是人们常说的"世界老二陷阱"。"世界老二陷阱"堪称美国人的专利，当代美国与中国、俄罗斯的格局能否跳出这一魔律，还是个未知数。作为遏制战略的一部分，美国人在"安抚"老帝国方面可谓煞费苦心。在占据世界政治舞台中心并开始唱主角之后，美国对那些败下阵来的老牌帝国，如英国、德国、日本，统统给予"优待俘虏"政策：有限制地吸纳它们进入美国打造的世界体系，让这些国家过上衣食无忧的富裕日子，花重金帮助它们构建战略防御体系，甚至把它们置于美国的羽翼之下悉心"呵护"。如果单纯从经济账上算，美国未必能占到大的便宜，有的还纯属"亏本"买卖。好在美国人大账拎得清，经济上的"小失"换来地缘政治利益上的"大得"，以及作为世界领导者呼风唤雨带来的"附带效益"，让美国在长远利益竞争中挣得盆满钵满。不仅如此，这种堤内损失堤外补的模式，在确保世界霸权的接力棒平稳递交到美国手中的同时，还可玩弄老帝国于股掌之间，防止它们死灰复燃，山姆大叔尽可放心地稳坐世界头把交椅。

作为一种策略，温水煮青蛙不会局限于政治领域，在军事、经济、文化等各领域的运用比比皆是。它送给对手的是一把双刃剑，给你舒适的同时陷入懈怠，给你安全的同时放松警惕，给你繁荣的同时暗藏危机。更可怕的是，你浸润在特定环境之中却全然不知，纵然哪一天幡然醒悟，也无力回天了。

鸭游战术。"竹外桃花三两枝，春江水暖鸭先知"，这是苏轼为北宋名僧惠崇的《春江晚景》鸭戏图填写的诗句。尽管《春江晚景》画卷没能流传下来，但苏东坡的名吟，让鸭子在第一时间感受春天的气息、急不可待地下水嬉戏的情景跃然纸上。其实，鸭子本性平和，并不像苏东坡所说的那么闹腾。鸭子游泳时，身子几乎一动不动，但鸭掌在水下不停地快速划动，看似很慢，可过会儿一看，已游出很远。于是，人们借用鸭子游泳的特点，暗喻那种表面平静但暗中较劲、看似缓慢但瞬息万变的战术，并称之为鸭游战术或鸭游效应。

不过，史上对"鸭先知"的说法也有不同声音。清康熙年间，大学者、大诗人毛希龄就对苏东坡的"鸭先知"说提出批评："春江水暖，定该鸭知，鹅不知耶？"[①] 此刻，不免让人想到唐朝骆宾王的《咏鹅》："鹅、鹅、鹅，曲项向天歌；白毛浮绿水，红掌拨清波。"姑且不论旧中国文人相轻的是非对错，也不管这种抬杠的缘由曲直，我要说的是，作为一种战术，鹅也好，鸭也好，"鹅游"或"鸭游"动作都极具欺骗性。这是因为，它们在水面慢慢悠悠地游荡时，总是呈现一派"白毛浮绿水"的祥和景象，在迷惑对手的同时，悄然游向既定的目标。第 18 届"超级碗"全美橄榄球大赛转播中，一则名叫《1984》、长达 60 秒的电视广告轰动全美，让史蒂夫·乔布斯和他的麦金塔个人电脑（MAC）一夜间大红大紫。[②] 可又有谁知道，当时的乔布斯刚刚与比尔·盖茨经历了一场导致分道扬镳的技术博弈。作为个人电脑发展头 30 年里的重量级人物，乔布斯与盖茨有过短暂合作。当盖茨签下为苹果麦金塔电脑开发图形界面版本的软件——文字处理程序 Word 和全新的电子表格软件

---

① 明清两朝眼里只有唐诗，从不把宋词当回事儿。不过，毛希龄也不是就跟苏轼过不去，他谁也看不上眼。他读朱子，身边都得摆个稻草人朱熹，看到哪个地方解释得不对了，就连打带骂，非得让这个稻草人朱熹认错才行。

② 1984 年 1 月举行的第 18 届"超级碗"大赛中，洛杉矶突击者队与华盛顿红人队比赛的第三节刚开始，占优势的突击者队就触底得分。但是，电视没有即时重播这一得分画面，相反，全美的电视屏幕突然诡异地黑屏了 2 秒钟。接着，电视屏幕上开始出现一幕可怕的黑白画面——一支队伍踩着令人震撼的音乐前进，一个反叛的年轻女子从乔治·奥威尔式思想警察的追捕中逃脱。当老大哥正在大屏幕上进行控制人心的讲话时，她将大锤砸向屏幕，一切都在光和烟雾中消失。此时，旁白平静地念道："1 月 24 日，苹果电脑公司将推出麦金塔电脑。你将明白为什么 1984 不会变成《1984》。"《1984》是乔治·奥威尔写于 1948 年的代表作，与《我们》《美丽新世界》一起，被人们称为反乌托邦小说三部曲。乔布斯巧借《1984》的反叛精神，表达苹果公司阻止"邪恶的大企业意欲统治世界并实行完全的精神控制"的努力，并为麦金塔个人电脑上市做宣传，大获成功。参见沃尔特·艾萨克森：《史蒂夫·乔布斯传》，管延圻等译，中信出版社 2011 年版，第 149—152 页。

Excel 的合同时，乔布斯并没有把微软公司看在眼里。但是，微软公司很快组建了一个人数超过苹果公司 MAC 项目的大型团队负责此事。此后，盖茨频繁造访苹果公司全球总部所在地库比蒂诺，在那里近距离观察苹果公司老板与雇员之间古怪的交流方式和乔布斯的执着，尽管两队人马互存戒心。苹果公司于 1983 年 10 月在夏威夷举行销售会议，乔布斯上演了一出根据电视节目《约会游戏》改编的小品剧，把会议推向高潮。尽管参加会议的盖茨看上去就像个高二学生，当乔布斯问他是否认为麦金塔电脑的新操作系统会成为行业的新标准之一时，他明确表示"在我见过的所有机器中，只有麦金塔电脑符合这一标准"，但此时的微软公司正在渐渐退去苹果公司主要合作者的身份，而更多地以竞争对手的姿态出现。① 仅仅 1 个月后，盖茨为 IBM 个人电脑开发的采用图形界面且带有窗口、图标和可以指向并点击的鼠标的 Windows 操作系统，相继在纽约的赫尔姆斯利大饭店和阿拉斯加举行发布或演说活动。乔布斯对此很愤怒，但他知道自己无计可施，因为与微软公司签订的合同即将到期。让乔布斯窝火的是，这项偷自施乐公司的技术成果，苹果公司自己还没来得及转化为美金，就被名不见经传的微软公司再次盗窃，而苦果的种子正是苹果公司自己埋下的。② 乔布斯把盖茨叫到

---

① 当时，微软公司继续为苹果公司编写应用软件，如 Word，但其快速增长的那部分收入则来自为 IBM 个人电脑编写的操作系统。1982 年，苹果公司个人电脑 Apple Ⅱ 的销量为 27.9 万台，IBM 个人电脑及其同类产品共售出 24 万台。1983 年的数据出现了大逆转：Apple Ⅱ 电脑的销量为 42 万台，IBM 个人电脑及其同类产品的销售量为 130 万台，而 Apple Ⅲ 电脑和丽萨电脑都彻底失败了。参见沃尔特·艾萨克森：《史蒂夫·乔布斯传》，管延圻等译，中信出版社 2011 年版，第 147—148 页。

② 图形界面原创于施乐公司的帕洛奥图研究中心，即施乐 PARC。该中心有一位名叫艾伦·凯的天才科学家，率先提出了"动态笔记本"（Dynabook）的小型个人电脑理念，即便是小孩也能轻松操作。于是，施乐公司的工程师们开始研发友好的用户图形界面，以

跟前大声呵斥："我信任你，而你却在偷我们的东西！"盖茨面对乔布斯的咆哮，用刺耳的声音反驳道："好了，史蒂夫，我觉得我们可以换一种方式来看待这个问题。我觉得现在的情况更接近于这样——我们都有个有钱的邻居，叫施乐。我闯进他们家准备偷电视机的时候，发现你已经把它盗走了。"后来，这段话成了一个经典的反驳。

苹果公司与微软公司的个人电脑之争，把表面合作但暗中竞争、面上谦卑但底下较劲、言语和缓但行动迅速的鸭游战术发挥到了极致。何止于公司、企业之间的技术竞争，鸭游战术是一切落后者战胜先进者、后发国家超越先发国家的神器，在美苏军备竞赛等大国博弈中，屡屡现身影。

特洛伊木马。公元前 11 世纪那场为争夺世界上最美丽女人海伦而引发的特洛伊战争，不仅让特洛伊木马为今天的木马程序命名，而且成为网络世界当之无愧的恒温热词之一。尽管古希腊盲歌者荷马的史诗《伊利亚特》的真实性尚无定论，但木马屠城的故事让人们对这"害人的礼物"——木马程序毛骨悚然。这是因为，不知道它会在哪一天进入你的电脑，也不知道它会在何时何地窃取你的秘密，甚至让你的整个电脑系统瘫痪。2013 年伊始，俄罗斯卡

取代电脑屏幕上那些拒人于千里之外的命令行和 DOS 提示符。乔布斯看到这个演示后欣喜若狂，暗中将其移植到麦金塔电脑上。在微软公司与苹果公司签订合作合同后，盖茨也看上了图形界面的未来前景，暗中将其用在了为 IBM 个人电脑编写的视窗软件里。问题是，麦金塔电脑原定在 1983 年 1 月发布，却因软件研发滞后等因素要推迟一年上市，而微软公司与苹果公司的合同只要求微软公司在一年之内不得将任何图形界面软件卖给其他公司。这让苹果公司无可奈何，才有了乔布斯与盖茨的上述争论。苹果公司对施乐 PARC 的这次技术盗窃，有时被形容为工业史上最严重的抢劫行为之一。参见沃尔特·艾萨克森：《史蒂夫·乔布斯传》，管延圻等译，中信出版社 2011 年版，第 85—88 页。

巴斯基公司发现了一种可伪装成安卓系统内存清理应用程序进行窃听的新型恶意病毒，几乎让所有的智能手机用户大惊失色。一旦受病毒感染的智能手机通过 USB 接口与安装 Windows 操作系统的计算机相连，该病毒就会自动向计算机植入木马程序，打开并控制计算机话筒，对周围的语音进行录音，并加密后通过手机回传。原本为人们提供方便甚至让帅哥靓女们无限依赖的智能手机，一下子变成了一个地地道道的窃听器。①

应该说，这种结构嵌入总体上还是技术层面的，算不上什么高级玩意儿；而规则、法理上的嵌入，那才是最厉害的。你不是想得到我的东西吗？可以！那你就得按照我的规则玩。当你摁下 N 个 yes 键的时候，结构嵌入也同步完成了，你自然而然就在我的掌控之中。这些规则的背后，其实是一系列软件和硬件的嵌入。2012年，美国人率先提出"先发制人"的网络战规则。他们称，一旦发现美国将遭受大规模网络攻击的可信证据，美国总统有权下令采取先发制人的网络攻击；而且，只要获得美国总统的批准，即使未公开宣战，美国军方也可以通过植入破坏性病毒，攻击任何对手的网络系统。美国人之所以敢口出狂言，是因为他们利用先发优势，早已在 CPU 芯片、操作系统、传感器中预留了信息后窗，也就神不

---

① 2013 年 2 月 4 日，欧洲"科技博客"网站报道，俄罗斯卡巴斯基公司发现一种可伪装成安卓系统内存清理应用程序进行窃听的新型病毒。其运行机理如下：首先，当安装安卓系统的智能手机下载并运行此病毒后，该病毒将重启手机上的所有运行程序，同时隐蔽下载 3 个具有用户管理员权限的文件——autorun.Inf、folder.Ico、svchost.Exe；其次，一旦受病毒感染的智能手机通过 USB 接口与安装 Windows 操作系统的计算机相连，该病毒将自动启动 svchost.Exe 文件，并向计算机植入专型木马程序；最后，木马程序自动打开并控制计算机话筒，对计算机周围的语音进行录音，然后将语音加密，并通过智能手机回传。

知鬼不觉地为计算机、打印机、复印机等各式各样设备送进了"木马"。它们如同冬眠的潜伏者余则成，一旦需要，立即被唤醒，在你的核心部位监视你的一举一动，并以自己的渠道把情报送出，甚至发起破坏性攻击。但令人遗憾的是，在信息化之初，人们对此几乎全数"色盲"。

就像当年特洛伊人把木马作为战利品拖进城一样，特洛伊木马常常以合理合法甚至你喜闻乐见的形式渗入你的心脏并潜伏下来，在关键时刻被激活，里应外合，不断验证"堡垒最容易从内部攻破"这一颠扑不破的真理。也许，让后发国家万万没有想到的是，在你摆弄那些高价进口的洋玩意儿的时候，你已经把先发国家的江洋大盗当作宝贝请入家中。2014年3月8日，由吉隆坡飞往北京的马来西亚航空公司MH370航班，在吉隆坡与越南胡志明市航空管制区交界处失去联络，数日不见飞机踪影。正当人们无处寻觅、焦急万分时，出现了戏剧性的一幕，马航宣布：英国罗尔斯·罗伊斯公司的发动机数据传送和英国海事卫星的通信数据显示，MH370航班终结于南印度洋海域。这犹如一颗重磅炸弹，被击中的不仅仅为失去亲人的乘客家属，还有波音飞机的政府、"首脑"客户。这一消息让他们后背直发凉，因为很多国家领导人的专机都购自波音公司，众多国家的战斗机也来自国际军火市场，他们完全有理由相信，上至国家领导人、下至战斗机飞行员的行踪都毫无秘密可言。而此前，他们一直被蒙在鼓里。尽管至今尚未找到失事飞机的确切位置，但近年来在留尼汪岛、莫桑比克海岸、南非最南端相继发现的飞机残骸，已证明了这一判断的可信性。我无意指责上述公司为寻找MH370航班释放的"善意"，但它们利用技术垄断地位，在飞机上预先嵌入只有它们自己才知道的结构则是不争的事实，无论初始理由多么冠冕堂皇。

俄罗斯套娃。[①] 一个套一个，个个精巧；一层套一层，层层递进；一局套一局，局局相护；从外表看，很难判断内里的层次，要抵达核心，你得有破局的技巧和时间，这便是俄罗斯套娃魅力之所在。这种结构在情报、技术、政治、法律等领域俯拾皆是。它的内核可以是一名间谍、一项技术，也可以是一个目标、一种利益；而且，上、下线的环节越多，内核隐藏得就越深。最能说明问题的莫过于单线联系的间谍，为了掩护最重要的"007"，通常会安排多个上线，任何一个出了状况，"007"都可以金蝉脱壳，逃之夭夭。不过，这种结构的缺点与优点一样明显，即信息传递效率将随层次增多而降低，结构预埋成本则随层次增多而升高。正因为如此，通常只有最重要的东西才会采用俄罗斯套娃结构，层层呵护，让水深不见底。用来保卫莫斯科的导弹防御体系，就是一个典型的"5件套"俄罗斯套娃。关键目标都被5层防御网包裹，一枚来袭导弹想要击中这个目标必须层层穿越它们，在任何一层遭到拦截都将前功尽弃；并且，穿越成功的概率将随层次的递增而降低。[②]

---

① 俄罗斯套娃由多个一样图案的空心木娃娃一个套一个组成，最多可达10多个。最常见的图案是一个穿俄罗斯民族服装的姑娘，叫作"玛特罗什卡"，也成为这种娃娃的通称。俄罗斯套娃从14世纪流传至今，关于起源有一个传说：远在他乡的表兄由于思念表妹，每年都做木娃娃，尽管一年比一年做的娃娃大，但最原始的样子没有变。数年后，他回到了家乡，将一个套一个的套娃送给表妹，寓意"你中有我，我中有你，大家永远不分离"。按照肚子里含有小娃娃个数的不同，俄罗斯套娃分为5件套、7件套……由于制作工艺的原因，一个15件套的套娃，晾干一般需要5至6年。

② 莫斯科导弹防御体系分为5个层次，从外到里分别是：最外层：由10余颗预警卫星以及"沃罗涅日"战略预警雷达构成的全方位预警网；第2层：A-235战略反导系统；第3层：S-500综合防空系统；第4层："勇士"中程防空系统；第5层："铠甲"近程防空系统。各种作战平台及其火力单元在莫斯科州内围绕莫斯科市呈环形配置，共同形成一个多梯次的一体化空天防御体系。其中，A-235战略反导系统是俄罗斯目

除了这种有形的硬结构之外，还有大量无形的俄罗斯套娃。设定一个目标，也许目标本身就是一个局，然后做一个局掩护这个目标，再做一个更大的局掩护这个小局，依次类推，形成一个层峦叠嶂、环环相扣的俄罗斯套娃结构。以色列于 2008 年年底对加沙地带实施代号为"铸铅行动"的军事打击，开战仅 4 分钟就摧毁哈马斯组织的重要目标 100 个，成功率高达 95%，之后又连续炸死拉扬、贾迈勒、曼西、西亚姆等哈马斯高级官员。在惊叹这场聚能作战的巨大威力之余，我发现以色列成功运用了俄罗斯套娃战术。在"铸铅行动"发起前两天，即 2008 年 12 月 24 日，以色列总理办公室通过媒体向外界散布消息说，国防部部长埃胡德·巴拉克决定"继续外交努力"，同意开放加沙通道，并批准大约 80 辆运送药品、食品和燃料的卡车进入加沙。以色列媒体则报道称，以色列计划于 12 月 27 日召开内阁会议讨论加沙局势，并已让大批以军官兵回家休假。同时，以方采取了最严厉的措施封锁消息：国内所有媒体的新闻稿按照统一口径表态，在地面进攻开始之前没收了数千名士兵的手机，禁止国际媒体记者进入战场，等等，直到地面进攻展开 2 小时后才解除禁令。这一环套一环的战略欺骗构成一个大局，彻底麻痹了哈马斯的神经，最终引来杀身之祸。① 战时几分钟，战前半

前最先进的导弹防御系统，打击火力由 32 枚 14C033 远程反导拦截弹和 68 枚 53T6M 近程反导拦截弹组成。远程反导拦截弹能够对来袭导弹实施中段拦截，还具备一定的反卫星能力；近程反导拦截弹主要采用爆破杀伤弹头，实施末段拦截。

①　事后，以色列国防部一位高级官员得意地说："欺骗非常成功，因为 2008 年 12 月 23 日，哈马斯还担心以军会发动空袭，于是让各指挥部人员分散隐蔽，但他们得知以色列准备让以军官兵休假的消息后，立即让所有人员回归岗位，结果被打了个正着。""铸铅行动"中，以色列的陆、海、空、天、信、心"六维"力量全部投入作战。特别是以色列政府在发布虚假信息、实施战略欺骗方面，发挥了重要作用，使哈马斯丧失了应有的判断和认知能力，以军成功地实施了战略心理战。

年功。战略欺骗最终转化为战果，还得益于同时运用鸭游战术，提前暗中锁定打击目标。早在"铸铅行动"开始前 6 个月，以色列国防部部长巴拉克就命令所有情报部门，不动声色地全力搜集哈马斯各种目标的情报，分析、甄别和评估目标资料，并进行数字化处理，建立目标数据库，摧毁它们，只不过是战斗打响后以色列军人们"指尖上的生活"。

当然，用于结构预埋的方法远不止这些。东方越王勾践卧薪尝胆的故事，孙武后发先至的迂直之计，韩信明修栈道、暗度陈仓的智慧，西方的潘多拉魔盒、普罗米修斯的故事、达摩克利斯之剑，等等等等，举不胜举。想穷尽所有方式方法几乎没有可能，也没有必要。不过，它们有一个共同特点，那就是让对手以不以为然甚至喜欢的方式卷入结构，但待到发现那一刻为时已晚，无法反击，最终陷入万劫不复的境地。结论是：一切能够掩人耳目且可赢得时间的方法和手段，皆可用于结构预埋。

显结构与隐结构

显结构与隐结构这两个词，点明了大国博弈结构的两面性，也道出了有形结构与无形结构的形态差异。与隐结构相对，迄今为止人们熟悉的结构大都属于显结构。之所以称之为显，是因为这类结构的特点就是显山露水，看得见、摸得着。即或使用俄罗斯套娃战术进行伪装，也不外乎增加了包裹的层次而已，玛特罗什卡姑娘的神态依然清晰可见。从功能角度看，无论如何改头换面，也无法改变显结构作为国际交往基本手段的性质，即它始终被职业政治家掌握并在特定的领域使用，诸如联合国、世界贸易组织、国际货币基金组织、世界银行集团、北大西洋公约组织等等。隐结构则不同，它看不见、摸不着，尽管人们可以隐约地感觉到它的存在，但难以捕捉到它的踪迹。它就像是藏在显结构背后的另一只手，操纵并主导事物发展的走向。让人颇感费解的是，很多对显结构有独到理解的人，却无法清晰、准确地把握隐结构的奥秘。或许，只有少数极具远见的天才政治家，才能把它牢牢握在掌心，并造福于自己的子民。

人类对隐结构早有觉察。古印度谚语说："在人生的头30年里，你养成习惯；在后30年，习惯塑造你。"① 尽管这句话与中国俗语"3岁见大"在年龄界定上相差9倍，但有异曲同工之妙，因为它们都道出了人生起始阶段形成的隐结构对于一生命运归宿的显结构的极端重要性。奥地利心理学家西格蒙德·弗洛伊德从精神分析入手，发现了人类行为背后更原初、更根本、更重要的无意识现象，在心理结构与行为结构、社会文化之间架起了一座桥梁，至今仍为文化心理学者所津津乐道。中国书法或许能说明这一问题。让人叹为观止的米芾狂草如行云流水、放荡不羁，笔断墨不断，墨断意不断，亦字亦画，气势磅礴，然而挥挥洒洒间，透出了书者的才智、秉性与情怀，一切皆浓缩于方寸之间，正所谓见字如人。应该说，弗洛伊德已与隐结构迎面相遇，假如他的手指再往前挪动一点，兴许会捅破这层薄薄窗纸而洞见一片新天地。只可惜，他就此停住，并回缩到无意识的徘徊之中。②

---

① 转引自沃尔特·艾萨克森：《史蒂夫·乔布斯传》，管延圻等译，中信出版社2011年版，第175页。

② 西格蒙德·弗洛伊德把人的心理结构分为无意识、前意识和意识三个部分。

　　一切始于显结构的大国竞争，最终都以无形的隐结构收官。但从历史规律来看，对世界秩序起决定性作用的多半是隐结构。纵然大国博弈结构有千万种，却皆以文化隐结构为支撑。对于这一点，一向自诩喜欢把事情摆到桌面上的美国人，并没有迟钝到毫无反应的地步。早在太平洋战争结束之前，道格拉斯·麦克阿瑟就接受了邦纳·费勒斯的建议，利用"日本人对天皇基于宗教性的敬畏"的心理隐结构，加速日本无条件投降，并搜入"天皇制民主"，为战后控制日本埋下伏笔。美国顶住同盟国要求将日本天皇裕仁作为战争罪犯进行起诉的压力，把天皇个人从"以天皇的名义进行的圣战"中解脱出来，而且将天皇重新置于新民主国家的中心。[①] 塞缪尔·亨廷顿也曾经抵达过隐结构这片神秘的领地，他和他的《文明的冲突与世界秩序的重建》都因为观念不主故常，以至于在"9·11"事件以前的很长一段时间里，遭到包括中国在内的全世界国际政治学者的激烈批评。[②] 他们当然不会明白，从历史沉淀而来的文化和

他认为，意识并不是心理活动的主要部分，人的心理过程主要地是潜意识的，至于意识的心理过程则仅仅是整个心灵的分离的部分和动作。也就是说，意识只是人格的外表方面，深藏在意识背后的无意识才是人类行为的内驱力。无意识也是一种心理过程。一种历程若活动于某一时间，而在那一时间之内，我们又一无所觉，我们便称这种历程为"无意识的"。因此，弗洛伊德又把自己的无意识理论称为深层心理学。参见《弗洛伊德文选：论无意识与艺术》，中国人民大学出版社 1998 年版，第 3 页。

　　① 邦纳·费勒斯是麦克阿瑟的军事秘书和心理战行动负责人。1944 年夏天，当麦克阿瑟的司令部开始严正敦促日本军队在战场上投降时，费勒斯制定了《日本解答》，作为同盟国情报人员的指南。他指出，天皇将不仅对影响日本军队投降不可或缺，而且还是战后组建日本和平倾向政府的核心。这一结论为麦克阿瑟论证保留天皇制以及裕仁在位的正当性提供了支撑，并且成为战后对日政策的基石。参见约翰·W.道尔：《拥抱战败：第二次世界大战后的日本》，胡博译，生活·读书·新知三联书店 2008 年版，第 253—259 页。

　　② 哈佛大学阿尔伯特·魏斯赫德三世学院教授塞缪尔·亨廷顿在 1993 年发表了一篇题为《文明的冲突？》的长文，认为随着冷战的结束，意识形态不再重要，各国

文明，不仅是滋养思想和行为的营养剂，而且是世界新秩序呱呱坠地的催产素。而在此之前，就连亨廷顿的同胞摩根索都把自己思想的野马，圈在了进攻性现实主义的利益围栏之内。时至今日，那些只知道在大国博弈场上邀正正之旗、击堂堂之阵，并且以为大国崛起就是 GDP 称帝，而大国竞争就是经济实力的比拼，除此之外一切都不放在眼里的人，也未必懂得个中玄机。

通过语言传播文化及其价值观并不是什么新招，不论是歌德学院、法语联盟还是塞万提斯学院，西方在这方面起步很早。中国的孔子学院在西方人的文化自觉面前也许不算什么，但西方世界对来自东方的"文化渗透"呈现的病态式敏感，迫使它难以容忍中国这么做。换言之，西方的主流意见是，不允许中国崛起并对西方的优势地位构成威胁，理由则是西方缔造的世界秩序建立在普世性的价值观之上。[①] 那么，西方要保守的世界秩序究竟为何物？我们不妨先梳理一下它的来龙去脉。

自 17 世纪开始，伴随着每一场大国间的大战都会出现一个里程碑式的和约，为构建未来的世界秩序埋下奠基石。从"三十年战争"（1618—1648 年）后的威斯特伐利亚和约，到法国大革命后 1814—1815 年维也纳会议签署的文件，再到第一次世界大战后

开始发展新的对抗和协调模式。他提出把"文明的冲突"模式作为理解世界政治的新框架，强调在未来的岁月里，世界上将不会出现一个单一的普世文化，而是将有许多不同的文化和文明并存。那些最大的文明体也将拥有世界上的主要权利。由此断言，在人类历史上，全球政治首次成了多极的和多文化的。亨廷顿的观点在中国和世界其他地方被批评为提出一个自我实现的预言，即文明的冲突由于他预测其可能发生而增加了发生的可能性。参见塞缪尔·亨廷顿：《文明的冲突与世界秩序的重建》中文版序言，周琪等译，新华出版社 2002 年版。

① 弗洛里安·库尔马斯：《中国崛起挑战西方价值观》，载《参考消息》2016 年 3 月 17 日第 14 版。

1919 年的凡尔赛和约，最后到第二次世界大战末期 1945 年的雅尔塔协议，尽管和约的框架一个比一个大，但内核始终没有改变，那就是美西方的核心利益。说今天的世界秩序在很大程度上依然建立在威斯特伐利亚和约之上并不过分，尽管 1814 年维也纳会议与会者们面对的是被法国大革命打得粉碎的威斯特伐利亚式均势的废墟。维也纳会议建立的秩序之所以日后成为被攻击的对象，是因为第一次世界大战的爆发。人们指责均势固有的尔虞我诈把世界推入战争，却忘了从 1815 年一直到 19 世纪和 20 世纪之交是近代欧洲最祥和的一个时期。也许，凡尔赛和约在拒绝德国重返欧洲秩序的同时，又没能阻止德国挑战凡尔赛战后安排[①]，为 10 年后德国向法国在东欧的盟国复仇埋下了种子，这是第二次世界大战爆发的深层次原因。而第二次世界大战后的雅尔塔均势，使历史上始终由欧洲国家建立的欧洲均势变成了欧洲以外大国的战略的一部分。[②] 这是因为，那时美国崛起了，而且，美国人接受第一次世界大战战后安排的教训，采取接纳日本、德国、意大利等战败国和"落日后"英国的策略，通过北大西洋公约组织主导并控制欧洲，进而控制了整个世界。不过，令人惊诧的是，自 1991 年冷战结束至今，再也没有出现过一个像样的新框架来为世界新秩序提供支撑，因而，也就谈不上世界新秩序的最后定型。也许冷战没有热战那么残酷而让人刻骨铭心，也许美国独霸下的世界新秩序无须跟谁坐下来谈，也许这个时代还等待叱咤风云的伟人横空出世，也许有太多的也许……

---

① 1925 年的《洛迦诺公约》，证明了凡尔赛秩序的脆弱性。参见亨利·基辛格：《世界秩序》，胡利平等译，中信出版社 2015 年版，第 68 页。

② 参见亨利·基辛格：《世界秩序》，胡利平等译，中信出版社 2015 年版，第 104 页。

时下，中东、北非、南亚乃至欧洲从来没有像今天这样热闹非凡。尽管美国正在以自己的目标和方式重塑世界，但如果称之为"华盛顿体系"又师出无名，这也正是把当今时代称为大转折时代的另一个原因。

这就是隐结构，隐藏在大国政治、军事、经济、外交博弈背后的隐结构——一系列无形的俄罗斯套娃。在人类历史上，世界秩序只由少数大国塑造。尽管时代冠名可以变更，守成大国也可以易主，但这一隐结构从未被摇撼过。不言而喻，隐结构与潜在利益、潜在对手之间有着千丝万缕的联系，正是它为大国博弈开辟了另一个战场。在这个无形的宏大战场上，或许可以刀枪入库、马放南山，但思想的博弈如火如荼，从未停歇。而每一次搏杀，最终都将以血淋淋的显结构，向人们暗示隐结构这种神秘力量的存在。

值得指出的是，任何一种无形的文化隐结构，都可以找到与之相应的有形的社会显结构，文化的不完全将导致社会结构的不完全。即便是让人纠结不已的 PM2.5 污染，也能折射出中国传统文化中的隐结构。"爆竹声中一岁除，总把新桃换旧符。"王安石的诗句，把中国人过年时辞旧迎新的企盼与心态描绘得惟妙惟肖。尽管现代人已然明白燃放烟花爆竹将产生大量 PM2.5，但明知山有虎，偏向虎山行，几乎没有哪个地方不在除夕之夜闹出点儿动静来。殊不知，烟花爆竹作为农耕社会人们排遣寂寞的一种手段，在我们这个泱泱大国已有千年历史，驱鬼祈福情结可谓根深蒂固。只要把鞭炮与"年味"画上等号，就谁也阻挡不了 PM2.5 爆表。①

---

① 近年来，随着"绿水青山就是金山银山"的理念深入人心，部分一、二线城市开始对烟花爆竹说"不"。比如，在春节期间，采取"限放"或"禁放"措施，并取得初步成效。

何止于过大年的一时之快，假如图一域之利、一人之名，急功近利、爱慕虚荣的毛病不改，兴许能在短时间里堆起一座座金山银山，但也会同时挖出一个个深坑，让子孙后代离绿水青山越来越远。始建于周王朝的万里长城作为古代中国的军事防御工程，被列入世界文化遗产当之无愧。暂且不论航天员在月球上遥望地球时，肉眼所能分辨的人类建筑唯有中国长城的说法是否靠谱，孟姜女哭长城的凄美故事足以让世人对这一浩大工程昂贵的生命代价惊愕。此时此刻，不免使人想到拉宾德拉纳特·泰戈尔振聋发聩的名句："因残破而展示了生命的力量，因蜿蜒而影射着古老国度。"可到了大清朝，古长城工地上的铁锤声戛然而止。康熙皇帝宁可花大钱在承德修建避暑山庄，也不愿意再拨款去修缮长城。他的理由很简单："明末我太祖率大兵长驱直入，诸路瓦解，皆莫能当。可见守国之道，惟在修德安民。"显然，康熙希望在人的心中筑起一道无形的长城。于是，他的避暑山庄集木兰围场、亭台楼阁、宗教寺庙群于一体。在那里，既可举行大规模"围猎"操练以震慑北方蛮族，也可方便南来北往的少数民族首领在此觐见密商，还可以让他们在闲暇之余找到自己的宗教信仰。余秋雨到承德避暑山庄实地考察一番后感叹："把复杂的政治目的和军事意义转化为一片幽静闲适的园林、一圈香火缭绕的寺庙，这不能不说是康熙的大本事。"[①] 他断定避暑山庄其实就是康熙的"长城"，并借此发问：若与秦始皇的长城相比，哪个更高明些呢？我无意评说它们之间有没有可比性，因为不同时代自有不同的安全主题。而千真万确的是，延绵万里的古长城是有形的，但人民心中的长

---

① 余秋雨：《山居笔记》（新版），文汇出版社 2002 年版，第 11—13 页。

城是无形的，决定民族荣辱兴衰的正是人心，尽管康熙的"长城"最终在他的血脉后人手中毁于一旦。

毫无疑问，一个民族假如在文化隐结构上存在缺陷，那它在大国博弈中败下阵来只是迟早的事。从这个意义上说，大国博弈与其说是新兴大国与守成大国之间综合实力的较量，还不如说是双方文化的博弈、智慧的博弈，说到底是人才的博弈。今天，作为世界上唯一超级大国的美国，如果认定挑战其全球首要地位的大国来自东方，那么如此一来，未来世界权杖的交接，将不会在同一文化谱系的"兄弟"间进行。东西方之间文化隐结构的冲突，势必会在无形之中，把未来大国博弈的惨烈程度推高千百倍。而那时，那些担心"文化冲突论"自我实现的人需要扪心自问：你们的批评为何没能阻止这一大势的出现？

第一个陷阱："中等收入陷阱"

隐结构把大国博弈带入了一片新天地。可以毫不夸张地说，世界秩序只以守成大国的意志为转移；而且，隐结构对抗才是大国博弈的高级阶段。作为博弈的必然结果，那些想通过联合国和国际法维护自身利益的发展中国家无疑都将面临困境，最终落入资源过度开发、环境污染、低层次循环甚至招来大国围堵的发展陷阱。这就是新兴大国在崛起过程中必须面对的悖论：为获得足够的发展空间，只能融入守成大国设计并主导的国际体系；深度融入国际体系的后果是，没有哪个新兴大国能获得足够的发展空间。其结局不难料定，维护国际秩序的道具，反倒成了守成大国

攫取利益的法宝。结果是富的更富、穷的更穷，强者更强、弱者
更弱。

　　近来被炒得沸沸扬扬的"中等收入陷阱"①，也许最有说服力。
20世纪30年代，世界经济陷入大萧条，导致拉美地区以初级产品
出口为主的经济发展模式难以为继。随后，拉美各国纷纷转而实行
进口替代战略。大部分拉美国家在这一时期进入中等收入国家行
列，并相继出现了所谓的"巴西奇迹"和"墨西哥奇迹"。但到了
20世纪70年代，拉美地区的经济增长开始陷入停滞。虽然在80
年代后期和90年代前期，很多拉美国家实施新自由主义改革，但
并没有从根本上扭转经济增长相对停滞的颓势，直到今天仍然处于
中等收入阶段，落入了"中等收入陷阱"。不独拉美地区如此，紧
接着，亚洲也在步拉美国家的后尘。经历了20世纪90年代的东南
亚金融风暴之后，曾让人羡慕不已的亚洲"四小龙""四小虎"一
夜间繁荣不再，经济徘徊不前，有的甚至出现经济倒退，并引发政
局不稳等经济社会问题。世界银行宣称，几乎每一个中等收入国
家，包括勉强迈入中等收入国家行列的，比如越南和印度，目前都
已落入"中等收入陷阱"。②眼下，西方普遍猜测，中国很可能成

---

　　① "中等收入陷阱"这个概念，由世界银行2007年的报告《东亚复兴：关于经
济增长的观点》首次提出。该报告引用的文献表明："比起较富或较穷的国家来，中等
收入国家的增长会相对较慢。"这个概念在一定程度上等同于此前广为使用的"拉美陷
阱"，用来类比拉丁美洲以及亚洲若干经济体在进入中等收入阶段后面临的发展困境，
并且常常作为判断中国经济前景的一个参照点。参见蔡昉：《跨越中等收入陷阱唯有改
革》，载《参考消息》2016年3月14日第11版。
　　② 世界银行宣称，几乎每一个中等收入国家，包括勉强迈入中等收入行列的国
家，比如越南和印度，目前都已落入"中等收入陷阱"。有关"中等收入陷阱"和贸易
引擎的理论，从根本上说是一回事。贸易引擎理论认为，贸易是经济增长的引擎，但
这个引擎现在不工作了。"中等收入陷阱"理论认为，采用出口导向工业化战略的国家

为下一个坠入"中等收入陷阱"的新兴经济体。尽管国内外学者对"中等收入陷阱"的成因以及规避方法大费笔墨，但多半把原因归结于当事国内部这样那样的要素"短板"，或者干脆掩耳盗铃，判定"中等收入陷阱"对中国是伪命题。① 我从不怀疑这类研究的良好初衷，也无意否定它们为中国摆脱"中等收入陷阱"所开具药方的价值，但我要说的是，"中等收入陷阱"是大国博弈的副产品，假如仅从一国内部寻找祸源，就无异于坐井观天。

不可否认，比起农耕时代、工业时代，今天人类的生存境遇已不可同日而语。换言之，就整体生产力水平而言，几乎每个国家都提高了 N 倍。然而，大国竞争是一个相对概念。水涨船高，相对于发达国家而言，广大发展中国家并没有跳出低级循环的怪圈。尽管不同时代有不同的生产方式，但多数国家很难摆脱跟风者的命运，除非你掌握了引领世界新潮流的核心技术一跃而起。问题是，守成大国会心甘情愿吗？当然不会。早在20世纪40年代末，没有人比乔治·F.凯南更敏锐、更清晰地意识到："美国拥有世界50%的财富，但人口却只占世界的6.3%……在这种情况下，我们难免成为嫉妒和仇恨的对象。"他提醒美国决策机构："下一时期我们的真正任务是，设计一种在不危及我们国家安全的情况下，允许我们保持这种差距的关系模式"。② 再看看今天的国际秩序，无论是早已成为既成事实的不合理的国际分工、贸易和货币体制，还是经过

正在走向死胡同，因为这些国家的繁荣水平受到非熟练工人生产率的制约，这些工人集中在以出口为导向的劳动密集型制造业。参见《外国专家解析"中等收入陷阱"》，载《参考消息》2016年4月5日第10版。

① 胡鞍钢：《"中等收入陷阱"对中国是伪命题》，载《参考消息》2016年3月18日第10版。

② 《美国国务院政策备忘录》，1948年2月。

美式全球化包装后的你中有我、我中有你的经济一体化格局，就不难理解凯南所指"关系模式"究竟为何物。说穿了，就是美国为维护霸权地位布下的一个弥天大局。

其实，当把"中等收入陷阱"置于大国竞争背景下考察时，它就不再是一个简单的人均收入高低的问题。这个世界上怀有崛起梦想的民族国家不计其数，但不是所有进入崛起进程的国家都可以走到最后的，也并非所有怀揣大国梦的国家都可以梦想成真，因为历史上崛起中断的现象屡见不鲜。纵然崛起中断的诱因有千万种，表现形式有万千类，但万变不离其宗的则是守成大国的结构预埋。你尽可以将巴西的发展停滞归结于新自由主义政策改革的不彻底，视亚洲"小龙""小虎"们辉煌难续的原因是加工业的致命内伤，但守成大国通过操纵金融、货币、贸易和国际规则推波助澜，也是不争的事实。也许人们会注意到，经过几轮大浪淘沙之后，日本、韩国成为亚太地区为数不多的幸存者，率先进入中高收入国家行列。谁也无法否认它们经济转型升级的成功经验，但也不能否认另外一个事实，那就是日本、韩国都是美国在西太平洋地区的小兄弟，它们之所以能够摆脱"中等收入陷阱"，与美国的"划挡排位"不无关系。在美国的全球大棋局中，让某个国家成为何种棋子，完全取决于美国的战略需求。美国人可以利用关税优惠、金融合作、技术转移等手段，在他们划定的小圈子里制造"布朗运动"，扩散科技含量相对较高的美式经济，让你闻闻味道就能长成一个大胖子；也可以根据需要，令你在"世界工厂"中担当不同的角色，调整在产业链中所处的位置，使上游国家挣得盆满钵满，铁了心跟定美国"闹革命"。也许有人会说，你把美国说得也太神了。我无意神化美国。我只是想说，隐结构与司空见惯的显结构有多么不同，以至于人们忽视了它的存在。远的不说，奥巴马政府发起的 TPP 便可见一斑。准入条件如此苛刻，以至于连中国都难以企及的 TPP，越南居然名列其中。[①] 且不论这对越南来说，究竟是福是祸还不得而知，但美国要让越南在其"重返亚太"布局中扮演更重要角色的"善意"，则是司马昭之心，路人皆知，尽管特朗普政府已让 TPP 一命呜呼。

现在可以说，我们已经走到了大国崛起悖论的入口，因为我们发现了"中等收入陷阱"的隐结构。人们一直纠结拉美国家为何难以扭转发展颓势，扼腕"亚洲模式"何以昙花一现。何止于拉美、东南亚，其实，所有发展中国家都得面临这"一号陷阱"的生死考验。否则的话，这个世界就不会有欠发达国家了。从大国博弈角度看，新兴国家面对的发展困境与其说是"中等收入陷阱"，还不如说是"大国崛起陷阱"——多数国家在崛起进程中终将沦为少数崛起大国的陪伴者，成为把"双星伴月"奇观演化为"众星捧月"天象的众星，这岂不是历史宿命！显而易见，在既定的世界秩序下，广大发展中国家谁也别想走出这个陷阱。打破这个魔咒的唯一出路，就是打破不合理的国际政治、经济秩序。但要与守成大国重切世界权利蛋糕，就如同与虎谋皮！守成大国既不可能轻言放弃现行秩序，更不会坐以待毙。譬如，奥巴马政府曾力推的 TPP 和 TTIP，其格局恐怕不仅限于把欧亚国家统统纳入美式经济的大框架这么小，构建适应大转折时代的经济隐结构，以确保美国在新一轮竞争中立于不败之地才是应有之义。可惜，奥巴马的继任者未必

---

① 2015 年 10 月 4 日，美国、日本、越南等 12 个 TPP 国家的部长们宣布结束谈判。作为谈判的结果，他们称，形成了一个"标准高、目标高、全面而平衡"的协议。

读懂就另起炉灶了。由此可以推定，能走出"中等收入陷阱"的新兴大国当然是凤毛麟角，除非洞悉了守成大国预埋下的隐结构密码——随时间推移不断变换的破敌之策。

按一个概念布局

在勒内·笛卡尔之后，概念辩证法于格奥尔格·黑格尔手中达到了顶峰。黑格尔认为，概念是产生一切的母体。概念经过运动——展开自身矛盾，使自己越来越具体、越来越丰富。[①] 按一个概念布局，就是把概念展开，形成概念体系。一个概念就是一个局，一个概念体系就是一个布局体系。比如苏联解体后，美国按"全球至高无上地位"即"独霸"概念布局，通过概念的运动，形成了"重返亚太"→"亚太再平衡"→"印太战略"→全球公域→南海"航行自由"的战略概念链条。这个链条上的每一个概念都对应着一个局："重返亚太"是一个局，"亚太再平衡"也是一个局，等等，依此类推。而且，局与局之间存在逻辑递进关系，一个局比一个局更具体。其中，全球公域正是其新的概念支点，为

---

① 概念的运动包括分解、深化、展开、解释，以及相互作用、相互排斥、对立统一等等。客观现实中，一切事物都是发展、变化的，因而，反映人的认识的概念也是发展、变化的。它表现为原有概念内容的逐步递加和累进，或者新旧概念的更替和变革。思维要正确地反映客观现实的辩证运动，概念就必须是辩证的、灵活的、相互联系的和相互转化的。概念的辩证本性，表现为主观性与客观性、特殊性与普遍性、抽象性与具体性的辩证统一。人类的认识史表明，对真理的认识是在一系列概念的形成中、在概念的不断更替和变革中、在一个概念向另一个概念的无数转化中实现的。参见冯契主编：《哲学大辞典》上卷，上海辞书出版社 2007 年版，第 348、474 页。

美国介入南海问题提供了理论依据。日本则按"正常国家"这一概念布局。冷战后，日本搭上美国围堵中国的战车，在全世界的眼皮底下完成了一系列大动作，例如向海外派兵、解禁集体自卫权、防卫装备转移三原则、南下战略、介入南海问题、俯瞰地球外交等等，最终目标是完成修宪，彻底摆脱第二次世界大战战后安排的束缚。当然，日本藏在"正常国家"背后的，是重返世界大国舞台的野心。

按一个概念布局并不是什么新鲜事。但凡做大事者，通常都按照一个概念在那里布局，并把概念变成具体的局。概念有多大，格局就有多大；格局有多大，事业就有多大。毛泽东不愧为概念布局大师，他的《论持久战》实际上为中国人民抗日战争布了一个局，就是按持久战布局——面对日本帝国主义的大举入侵，中国既不能速胜，也不会速亡，而是打持久战；抗日战争将经历战略防御、战略相持、战略反攻三个阶段，最后的胜利属于中华民族！中国人民14年抗战的悲壮历史，验证了毛泽东的精准预言。解放战争也是如此。毛泽东按照从量变到质变的概念布局，先后指挥发起辽沈、淮海、平津三大战役，逐步改变国共力量对比，彻底扭转敌强我弱态势，最后打败了蒋家王朝。

干事业，如果是凌乱的，干不成；要干成，必须有一个概念、布一个局，无论是一人、一家还是一国，概莫能外。然而，大国崛起是横跨几代人甚至几十代人的历史进程，假如不能按一个概念布局，一代一代接力前行，而是各干各的，那肯定与崛起无缘。困难也就随之而来：在漫长的岁月里，不同时代自有不同的安全与发展主题，怎么可能做到按照一个概念布局？不错，按一个概念布局的严密性在多大程度上为大国崛起开辟了正确路径，也就在多大程度上给未来从事大国博弈的政治家出了难题：按一个概念布局，使你保持在更小的误差范围行动的同时，必将使你行动的选择范围在更大限度上受到这一布局的束缚。不过，破解这一难题并不难，说白了就是登一回泰山，像诗人杜甫那样，领略一下"会当凌绝顶，一览众山小"的意境。你只有在站位足够高、眼界足够宽时才会顿悟：尽管不同时代定然会有不同的局，但只要所有局的战略指向聚焦在一个点上，按一个概念布局也就大功告成了。如果说政府的决策偏差和政策摇摆不可避免的话，那么，政治家的使命就是确保国家利益的轴线始终与大国崛起的目标对正，这才是战略定力的应有之义。

现在已然明白，按一个概念布局指的是大局，而不同时代、不同领域的局皆为小局。不同阶段可以有不同的主题，也可以有不同的概念，但必须服从按一个概念布局的原则。概念本身就像一个俄罗斯套娃，由内核向外展开，外延不断扩大，但即使走到天涯海角，也离不开核心。而概念运动则酷似从两个黑洞相撞处像涟漪一样散开的引力波，无论穿越多少光年，产生了多么奇妙的空间变形，但相对于质心的关系始终没有改变。否则，就不能认定是按一个概念布局。

从时间角度看，一般人大都按照年、月、日布局；眼光稍远点的，也许会按照人生的不同阶段布局。假如一个人能按人的一生进行布局，那就算是非凡之举了。围棋大师吴清源下了一辈子棋，曾战胜日本七大高手，并与日本棋手木谷实共同发起围棋的"新布局革命"，被公认为雄踞"天下第一"的无冕之王。他除了围棋，什么都不在乎，可谓一生一世一棋局。人们在赞叹吴清源的超群天赋之余，不能不为他父亲的独到眼光以及从小为孩子作的人生设计所折服，尽管他在吴清源 10 岁时就撒手人寰。① 但伟人则不同，他们都是构建大框架的高人，布局将超越人的生命周期，跨越身后几代人甚至更长时间。比如毛泽东的"三个世界"理论，除了为新中国在复杂多变的世界安身立命作出安排之外，还为跻身大国崛起行列之今日中国的纵横捭阖提前布了局，影响至深至远。不过，要变小局为大局，仅有时间维度是不够的，除了保持方向正确，还需完成从要素到结构再到结构体系的转变。池塘里那些漂浮在水面上的荷叶看似并不相连，青蛙却可以借助它们跳向猎物。美军受此启发，将其冷战后攻城略地的新思路形象地称为"睡莲"战略。如今，在美国的地缘政治、军事、经济、外交等布局中，"睡莲"战略已遍地开花结果。例如"重返亚太"、重建岛链、北约东扩、占领中东、渗透西亚等等，"睡莲"的影子随处可见。如果说俄罗斯套娃是纵向结构的经典的话，那么，"睡莲"战略就是横向结构的典型代表，尽管青蛙在一片片荷叶之间递进时依然离不开"套娃"思维。然而，纵与横并不是问题的关键。"睡莲"战略的要害，在于把独立的荷叶变成了荷叶的体系。② 青蛙跳跃依托的是荷叶，而散

---

① 1914 年 6 月 12 日，吴清源出生在福建省闽侯县。他的父亲吴毅曾留学日本，对围棋非常痴迷。在吴毅的教导下，吴清源进步很快，从小就会两手同时打谱。吴毅发现吴清源的潜质非凡，专门为他订购了新出版的日本棋谱。吴清源 10 岁时，吴毅去世。吴清源后来在福建同乡的带领下，到日本人的俱乐部下棋，被日本著名棋士濑越宪作收为弟子，并于 1928 年东渡日本。从 1933 年开始，吴清源与日本棋手木谷实一起发起围棋"新布局革命"；1939 至 1956 年，围棋界进入"吴清源时代"，吴清源战胜了日本最顶尖的 7 位超级棋士。参见蒋丰：《百岁吴清源：一生一世一棋局》，载《环球人物》2014 年第 17 期。

② 美国《石英》财经网站于 2015 年 4 月 2 日，发表记者安娜丽莎·梅雷利题为《美国在这些国家都有军事力量》的文章。该文援引美国国防部发布的《基地结构报告》提供的数据称：美国共在至少 74 个国家设有军事基地，并在美国 50 个州和华盛顿哥伦比亚特区以外设有 686 个军事基地。而且，这些数据还不包括在科索沃、科威特和

落的荷叶围绕特定的猎物，在蛙跳中形成链条，从点到线，再从线到面，完成了从单一结构到结构体系的转变，获得了单个荷叶无法拥有的能力，即结构力。

尽管隐结构与显结构形态各异，但彼此相辅相成、不可分割。显结构是隐结构的载体，隐结构不能脱离显结构而存在，即所谓"形神相即"[①]；而任何显结构一旦建立，相应的隐结构就蕴含其中，即所谓"形具神生"。[②] 可见，古代中国对事物结构的认知已达到很高的境界，尽管未曾说出隐结构一词。2016 年 3 月，俄罗斯突然宣布从叙利亚撤军。国际社会反应强烈，纷纷猜测其背后的意图，包括美国及其西方盟友在内，对普京的这一决定一头雾水。[③]

卡塔尔的军事基地，也不包括在以色列、沙特的秘密军事基地。参见李长久：《美国对外干涉和战争"常态化"》，载《中国战略观察》2015 年第 7 期。

　　① 南朝齐梁间的范缜认为，精神和形体"名殊而体一"，两者既相互区别，又相互联系，不可分离，"神即形也，形即神也。是以形存则神存，形谢则神灭也"。他强调精神不能离开形体而独立存在，"形者神之质，神者形之用也"（《神灭论》）。见冯契主编：《哲学大辞典》下卷，上海辞书出版社 2007 年版，第 1151 页。

　　② 荀子提出："形具而神生，好恶、喜怒、哀乐臧焉"（《荀子·天论》），并认为"心者，形之君也，而神明之主也"（《荀子·解蔽》）。他首次肯定精神需依赖形体，也肯定思维器官在形体中的作用。"形神之辩"是中国哲学史上关于人的形体与人的精神之间相互关系的争论，其渊源甚早，形神作为哲学问题的探讨以及形神范畴的提出则始于先秦时期。参见冯契主编：《哲学大辞典》下卷，上海辞书出版社 2007 年版，第 1150 页。

　　③ 2016 年 3 月 14 日，俄罗斯总统普京会见了国防部部长谢尔盖·绍伊古和外交部部长谢尔盖·拉夫罗夫，下令由 3 月 15 日起从叙利亚撤出俄军主力部队。普京称，俄军总体上完成了既定任务，从叙利亚撤军旨在提高和平进程的互信水平。俄总统新闻秘书佩斯科夫表示，此前，普京与叙利亚总统巴沙尔·阿萨德进行了交谈，双方就撤军达成了一致。俄方事先没有通知西方有关从叙利亚部分撤军的消息。绍伊古会见普京时表示，在俄军行动期间，叙利亚政府军解放了 1 万平方公里内的 400 个居民点。据俄军估计，共有 2000 多名来自俄罗斯的武装分子被消灭，其中包括 17 名战地指挥官，这是俄军的优先任务之一。俄在叙利亚约有 60 架战机，第一阶段计划撤出一半，但部分部队将继续驻扎在塔尔图斯海军基地和拉塔基亚机场，S-400 防空系统也继续在叙担负警戒任务。

俄罗斯通过出兵叙利亚而成功进入中东，改变了地缘政治格局；保住了阿萨德政权，从而保住了俄罗斯在叙利亚的军事基地，在中东站稳了脚跟；打击极端恐怖主义而保护俄自身安全，并吸引了西方的注意力。这些都不是什么秘密，普京一箭三雕的小把戏世人皆知，但让人难以发现的是隐结构。普京在俄军顺风顺水、大踏步前推之际戛然而止的举动，无疑使西方陷入对其目的判断的"OODA"循环：有经济困难的被迫论，有虚张声势的阴谋论，有推动和谈的策略论，还有声东击西的新招论，其中免不了有大量过度解读的奇谈怪论。不过，人们无法否认的事实是，当猜测普京撤军意图的各种观点甚嚣尘上之时，俄罗斯的国际地位以及普京本人在国内的地位都飙升了。[①] 更重要的是，引发乌克兰危机升级的克里米亚半岛在黑海，美国和北约却集结重兵于波罗的海。俄罗斯人深谙远交近攻的策略，出兵叙利亚围魏救赵，这为俄罗斯在西部打开了一个新格局：波罗的海、黑海、地中海遥相呼应，北线、中线、南线进退自如，无论是土耳其还是伊拉克、乌克兰，皆被摆进了这个大棋局之中。尽管2015年11月土耳其在叙土边界上空击落俄军战机一事，短暂打乱了普京的如意算盘，但挡不住这个斯拉夫人前行的步伐。其实，俄罗斯下一步将采取何种行动已不重要，重要的是俄罗斯已然成为世界的中心，其大国地位毋庸置疑，而这正是普京时代的俄罗斯最需要的。如果由此断言普京正在重新塑造世界格局也许言过

---

① 　俄罗斯《独立报》在2016年3月16日报道，普京决定将俄军主力部队从叙利亚撤出，不啻为向美国奥巴马政府和俄罗斯反对派送出的意外之礼。反应敏感的媒体指出，来自莫斯科的消息"既与主要西方国家，也同叙利亚普通民众的预期向左，人们开始对俄罗斯的意图作出各种天马行空的揣测"。参见《西方猜测普京撤军背后意图》，载《参考消息》2016年3月17日第3版。

其实，但说他是个摆弄隐结构的高手则恰如其分。

显而易见，文化隐结构其实有两种：一种沉湎于对历史的回忆和解读，另一种则面向对未来的探索与建构，而不同的文化隐结构应当有不同的命运归宿。从这个意义上说，讲好故事固然重要，做好新事更重要。对于大国的政治家而言，以民族崛起为己任，未雨绸缪，敢为人先，把未来的事、身后的事提前到当下来做，为子孙后代留下一笔取之不尽、用之不竭的隐结构财富，或许，这才开始向伟人走近了一点点。

第六章
塑造胜势：1+1>2 正反馈

> 好的艺术家只是照抄，而伟大
> 的艺术家窃取灵感。
>
> ——巴勃罗·毕加索

在大国兴衰史上，但凡崛起了的大国皆信誓旦旦，自以为多么与众不同，问鼎世界霸权理所当然，由此断言将如日中天到永远；衰落下去的大国也言之凿凿，多半会把式微归结为国运不济或一人一事的过错，并坚信有朝一日将东山再起。殊不知，林无静树，川无停流。"在一切民族超越一切民族的竞争"[①]中，横跨三大洲的罗马帝国也好，自诩"日不落"的大英帝国也罢，没有谁能够经久不衰，也没有谁可以咸鱼翻身。这是为什么？难道它们不懂得结构预埋？当然不是。

显然，要探得大国崛起的真谛，仅仅把目光定格在结构上是不够的。即便费再多口舌去谈论结构预埋，假如没有掌握如何获得最佳结构的秘诀，那么，即使预埋上千万次，也未必能赢得时

---

① 托马斯·霍布斯认为，在自然状态下，人的"自然权利"是无限制的。但由于人的利己本性，"人对人就像狼一样"，"进行着一切人反对一切人的战争"。参见周心慧等主编：《中外典故大辞典》，科学出版社1989年版，第538页。

间，甚或适得其反。要做到这一点，唯有跳出结构看结构，看看其中还有什么奥秘。

我还不曾说出的另外两个字是：态势。

按照《现代汉语词典》的解释，态势就是状态和形势。不过，这种释义与其说是字面的展开，还不如说是同义反复。早在春秋末年，孙子就曾抵达过"势"的思想开阔地。尽管后人大都会把《孙子兵法》看成一部兵书，但它作为孙武助吴国崛起的"见面礼"，与其说是兵法，还不如说是霸王之书。① 他在为吴王阖闾开出的大国策中，把"计利以听，乃为之势，以佐其外"，赫然列在"十三篇"之首。今天，从结构战的角度看，孙子的"先为"实为结构预埋。而且，他指出了预埋的具体路径，即造势。孙子曰："势者，因利而制权也。"在孙子眼里，势因利而生，通过制权而显现。按照现代人的理解，制权即控制权、主导权和主动权。"如转圆石于千仞之山者，势也"，孙子如是说。

然而，形与势不可分割，态与势融为一体。态势虽然看不见、摸不着，但无时无刻不在左右着人们的思想和行动，是一种典型的隐结构。支撑态势的支柱有二：一是空间意义上的结构。态势源于结构，结构决定态势，二者互为因果、形影不离。二是时间意义上的先手。结构被提前预埋，后人在启用时将拥有更多选择，由此获得战略主动。也就是说，结构预埋之所以能赢得时间，其实是通过

---

① 约公元前517年，孙武来到吴国，暂时"辟隐深膈"，躬耕谋食，隐居在穹窿山东麓之下，潜心撰著兵法十三篇。后经伍子胥举荐，吴王阖闾读了《孙子兵法》，深为叹服，并召见孙武。孙武在吴王面前上演了一幕"吴宫教战"，并一举征服阖闾，被任命为将，见《史记·孙子列传》。在《孙子兵法》中，孙子对"形"与"势"作了严格区分，分而论之，另见《孙子兵法·形篇》《孙子兵法·势篇》。

构建有利态势实现的。人处于某种态势之中时，也许冥冥间知道应该怎么做，但往往无能为力，任凭事物像脱缰的野马肆意奔驰。或许，最能说明问题的莫过于战争了。因为有战场态势的存在，战史专著在描述战争收局时，才会有摧枯拉朽、兵败如山倒之类充满戏剧性的语言。多少英雄豪杰由于把握住有利态势而乘胜追击，最终痛饮了胜利的美酒，甚至为大国崛起一战定乾坤而万古流芳；又有多少常胜将军因为态势不利而失去淡定，甚至雷霆大发，以至于因一念之差，败掉一场本可以大获全胜的战争而遗憾万年。现在当以顿悟，其实，隐藏在大国博弈背后的不仅有结构，还有一双无形的手——态势。随着她的纤指翻动，战争胜负也好，大国兴衰也罢，一切都将随之起舞、高潮迭起，奏响一部六马仰秣、沉鱼出听的宏大乐章。

值得指出的是，态势是鲜活的。以为当下的态势只是来自当下，或一成不变，或持续永恒，错！态势既不会来去无踪，也不会戛然而止。它就像生命一样，今天的模样来自于岁月年轮的每一次碾压，镌刻着生命旅程的全部信息，无论健康或疾病。而且，只要生命依然存在，它就会继续演绎成长的故事，达到生命应有的高度。更重要的是，在千姿百态、瞬息万变的态势中，存在一种难以察觉却决定着大国博弈走向的特殊态势：一国有了它，必将国运昌盛，无往而不胜，在实力呈几何级数跃升的同时，对世界的影响力、控制力与日俱增，崛起的历史车轮滚滚向前，挡也挡不住。相反，一旦失去它，必将危机四伏，灾难接踵而至，任凭怎样亡羊补牢也无济于事，没有谁可以力挽狂澜，救大厦于倾倒之际。

欲问此为何物？那就是"胜势"。

以三角结构为基石

三角形是战略家的图腾。

早在公元前 3000 年，古巴比伦人就发现，直角三角形的两个直角边 a、b 的平方之和等于斜边 c 的平方，即勾股定理[①]：

$$a^2 + b^2 = c^2$$

自那以后，上述公式一直被能工巧匠们奉若神明。无论是东方的太和殿还是西方的阿波罗神庙，几乎所有千年不倒的建筑，但凡呈三角形架构，都严格遵循这一公式。人们对沉睡在尼罗河畔古埃及金字塔上的巨石阵，何以历经千年风雨却依然不倒颇感费解，曾疑是天外来物。后经勘察发现，胡夫金字塔的四个斜面均为等腰三角形，而每个等腰三角形都可分解为两个对称的直角三角形，它们的底边、斜边、塔高当然符合勾股定理。[②]

[①] 远在约公元前 3000 年的古巴比伦人就知道应用勾股定理。古埃及人也应用过勾股定理（公元前 2700 年至公元前 2100 年），胡夫金字塔和狮身人面像都是那个时候修建的。中国西周的商高（公元前 1000 年）提出了"勾三股四弦五"的勾股定理的特例，即商高定理。目前，勾股定理约有 500 种证明方法，尤以加菲尔德总统证法、欧几里得证法和青朱出入图证法最为著名。

[②] 胡夫金字塔是一个正四角锥体，底座为边长 230.3 米的正方形，塔高为 146.7 米，四个侧面都是等腰三角形，倾斜角为 51.85 度，侧面三条边的比例为 218.95：230.3：218.95。每一个等腰三角形，都可得到两个大小相等的直角三角形。围绕金字塔的中心轴（过金字塔顶点且垂直于底座）作切面，可切得无数个等腰三角形，也就可以得到无数个直角三角形。如果建立理想模型，还可以发现许多"巧合的数字"，与人们已知的科学知识有关联。比如，假设正四角锥体正方形底面的底边为 2 个单位的话，在侧面倾斜角为 51.85 度时，正四角锥体的高 h=1.273，侧面的高

三角形具有稳定性。人类的先民们很早就掌握并运用这一特性，去解决工程和艺术难题。在胡夫金字塔的北侧，有一个高出地面 13 米、由 4 块巨石堆砌而成的三角形出入口。古埃及人用大三角套小三角的方法，巧妙地分散来自整个塔身的重力，任凭地动山摇，至今岿然不动。矗立在法国巴黎塞纳河南岸战神广场上的埃菲尔铁塔，更是三角形的乐园，18038 个钢铁构件通过 250 万颗铆钉，连接成无数大小不等的三角形架构，稳稳地撑起 1 万余吨重的塔身，在 1889 年庆祝法国大革命胜利 100 周年之际高耸入云。但让人没想到的是，又过了 100 年，著名美籍华裔建筑师贝聿铭别出心裁，把金字塔拷贝到了卢浮宫的城脚下，让晶莹剔透的玻璃金字塔造型出入口与波谲云诡的哥特式建筑群遥相辉映，在不对称中透出对称与和谐，令世人对三角形的唯美价值刮目相看。不光是建筑，人们在日常生活中随时随地都可能与三角形的稳定性迎面相遇，比如三脚架。[①]

作为欧氏几何的基础，勾股定理不仅是论证几何的发端，而且开启了用代数解决几何问题的先河，对现代工程和工程师都产生了深刻影响。但后来人们发现，图与数其实是相通的。有图就有数，有数就有图，图数不可分割，它们只是同一事物的不同表达方式而

H=1.6188，h ≈ √ H，H=1.6188 ≈ Φ，即黄金分割数。另外，胡夫金字塔的侧面以约 52 度的角度倾斜，该角度也被称为自然稳定角。因为受地球重力作用，自然塌落或堆积而成的锥体倾斜角就都是 52 度，这是金字塔长存不倒的原因之一。参见徐锦圣：《匹热迷能：探索金字塔能量之谜》，中国青年出版社 2006 年版，第 52—53 页。

① 只要三角形三边的长度确定（三个点的位置一旦确定），这个三角形的形状和大小就完全确定，这个性质叫三角形的稳定性，可由全等三角形定理（SSS）推知。三脚架的稳定性是有公理做保证的，但不是说三只脚一定比四只脚稳定。也许人们都有体会，三只脚的桌子其实没有四只脚的稳当。但问题是，在现实的生产生活中，地面时常并不那么平坦，此时很难找到四点或更多点的平面。既然用三点就可以很容易地确定一个平面，也就没有必要费力地去找第四点。

已。图数相通的例子比比皆是，其中，杨辉三角形与二项式定理堪称完美的一对。①

---

① 1050 年，北宋数学家贾宪在求解高次幂的正根时，与一个神秘图形——三角形不期而遇。如下图所示，当端头的数为 1 时，每个数字等于上一行的左右两个数之和。可据此性质写出整个三角形，人称贾宪三角形。

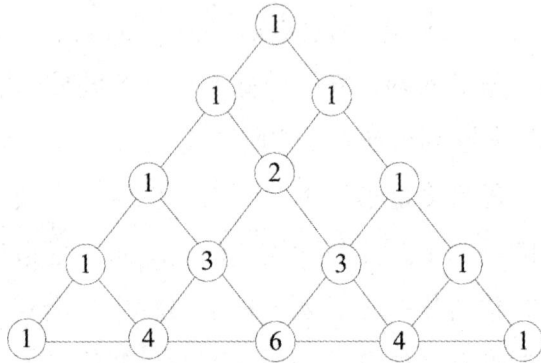

贾宪三角形

由于贾宪的原著佚失，其成果由南宋数学家杨辉引用而得以传世，因此，贾宪三角形又称杨辉三角形。1636 年，法国一个名叫布莱士·帕斯卡的 13 岁天才少年，在遥远的地中海北岸发现并证明了上述规律，被称为帕斯卡三角形，收入 1654 年出版的《论算术三角》。杨辉，字谦光，南宋数学家，杭州人。他在 1261 年所著《详解九章算法》一书中，辑录了如上所示的三角形数表，称之为"开方作法本源图"，并说明此表引自北宋贾宪的《释锁算术》（1050 年），书中还绘制了"古法七乘方图"。据《宋史》记载，贾宪，北宋杰出数学家，师从北宋前期著名天文学家和数学家楚衍学习天文、历算，著有《黄帝九章算经细草》《释锁算术》等，但原著佚失。贾宪的主要贡献是创造了贾宪三角形和增乘开方法。贾宪三角的给出，开辟了等差级数求和问题的研究方向。元代数学家朱世杰从"三角"的每条斜线上，发现了三角垛、撒星形垛等高阶等差级数求和公式。增乘开方法即求高次幂的正根法，计算程序大致与欧洲数学家威廉·霍纳（1819 年）的方法相同，但比他早了 770 年。人们发现，杨辉三角形与二项式定理有不解之缘：$(a+b)^n = C_n^0 a^n + \cdots$求二项式展开系数的问题，实际上是一种组合数的计算问题。比如，杨辉三角形的基本性质可表达为：第 n+1 行的第 i 个数等于第 n 行的第 i−1 个数和第 i 个数之和，这也是组合数的性质之一，即 $C(n+1, i) = C(n, i) + (n, i-1)$。现在用系数通项公式来计算，称为"式算"；用杨辉三角形来计算，称作"图算"。数图相通再一次得到了完美诠释。人们已知，杨辉三角形中的每个数都是确定的，每条斜线的级数关系也是确定的，而线与线之间的数学关系同样是确定的，且左右对称。这些信息表明，杨辉三角形具有稳定性。

不过，杨辉三角形也好，勾股定理也罢，无论图与数的趣遇多么精彩，都不是本书关注的话题。我要说的是，但凡一种稳定态势，就一定存在与之对应的稳定结构，反之亦然。作为图的三角形和作为数的三角形之所以都具有稳定性，是因为它们拥有一个共同的结构，即三角结构。三角结构就是稳定结构。从工程建筑到艺术作品，从战争到大国博弈，一切事物的存在与发展，无论是静态还是动态，都可以从中找到三角结构的影子，胜势当然也不例外。卡尔·马克思敏锐地意识到三角形超越数学的普世价值，他说："三角形使数学家有可能作图和论证……对同一对象采取的不同位置，就赋予三角形创造了各种不同的关系和真理。"[1] 这无疑是迄今为止，对三角形普世性意义给出的最为精辟的概括。

事实的确如此。"铁三角"早已通过古代智者的思想之旅，穿越漫长的时空隧道，走出数学天地，广泛应用于各个领域之中，自然也包括国际政治。只要回首大国博弈史，你就会发现，从军事对抗到地缘政治再到大国政治，三角形的身影比比皆是。

公元前 216 年 8 月 2 日，坎尼会战爆发。战前，迦太基军队统帅汉尼拔将他的兵力布成一个新月形阵势，在中央集结着相对较弱的西班牙和高卢部队，而把他的非洲劲旅布在两翼，并在步兵阵线的两端各放一支强有力的骑兵。会战开始后，面对罗马人的平行攻击序列，汉尼拔首先击溃了罗马的骑兵，接着就在那里静候罗马步兵的进攻。罗马人前推，压迫着迦太基军队的新月形阵势向后退，一直到中央凹入，形成一个大夹角为止。突然间，汉尼拔命令他两个师的非洲步兵前进，两面都向内旋转，从侧面把罗马人卷入口袋

---

[1] 《马克思恩格斯全集》第 47 卷，人民出版社 2004 年版，第 8 页。

之中。最后，追击罗马骑兵归来的迦太基骑兵迅速把夹角的缺口封上，正好形成一个三角形，并直接打击在罗马军团的后背上。汉尼拔用他的三角形对罗马执政官保罗斯的直线，结局当然是罗马军团被包了饺子，7 万生灵全部被吞食。①

1991 年 2 月，德国、法国、波兰在德国东部小城魏玛举行三边高级磋商。这是东欧剧变之后，三国为加强合作而建立的定期磋商机制，人称"魏玛三角形"。冷战结束后，"魏玛三角形"定期会晤由部长级提升为国家元首级，尽管其作用随着波兰加入北约而有所弱化。"德国的影响可以通过波兰向北辐射到波罗的海诸国，向东可以到达乌克兰和白俄罗斯。而且，波德和解的范围，通过波兰不时地参与法德关于欧洲前景的重要磋商而有所扩大。在欧洲大陆，形成了一个拥有 3 个国家、总共 1.8 亿人口和十分明确的民族认同感的重要地缘政治轴心。一方面，它进一步加强了德国在中欧的主导作用；但另一方面，德国的作用又因波兰和法国参加三方对话而有所抵消"②，布热津斯基作如是观。何止于"魏玛三角形"，布热津斯基这位出生于波兰华沙的肯尼迪政府外交政策顾问，似乎对地缘政治版图上的三角结构情有独钟。他在《大棋局》中反复运用这一铁律，设计德法波、美日韩、美日中等三角关系，为冷战后

---

① 坎尼会战与特里比亚会战、特拉西梅诺湖会战一起，将汉尼拔的军事天才发挥得淋漓尽致。不过，值得注意的是，汉尼拔在坎尼之战中从一开始就按照新月形排兵布阵，并非像有的人所说，新月形是由于高卢军和西班牙步兵战斗力弱而形成的，罗马步兵的进攻只是扩大了这弯新月形凹陷而已。汉尼拔事先已经预见到这一点，并且作出了超乎寻常的安排。参见 J.F.C. 富勒：《西洋世界军事史》第 1 卷，钮先钟译，广西师范大学出版社 2004 年版，第 115—116 页。

② 兹比格纽·布热津斯基：《大棋局：美国的首要地位及其地缘战略》，中国国际问题研究所译，上海人民出版社 2007 年版，第 58 页。

的美国提供地缘战略指向，并在美国的欧亚、亚太政策上打下了深深的烙印。

令人惊讶的是，布热津斯基的死对头、享有"均势大师"之名的基辛格[①]，也是"三角外交"的大玩家。作为尼克松政府的国务卿，他在《大外交》一书中用了整整一章的篇幅讨论尼克松的"三角外交"，称美国"为了实施把两极世界转化为战略性的三角关系之策略"，如何借中美华沙会谈宣布一系列的"单方面主动议案"，来显示对华态度已有转变，以促成尼克松访华，云云。[②] 尽管约翰·米尔斯海默很早就发出"为什么我们很快就会怀念冷战"的感叹，他言下之意是两极格局最稳定[③]，可是，相信人们不会忘记冷战初期，确切地说，在中美关系正常化之前，这个世界何等紧张。从朝鲜战争到古巴导弹危机，从柏林墙事件到越南战争，第三次世界大战濒临爆发的边缘。让美国人难以释怀的冷战，尽管美苏两极结构这个

[①] 基辛格与布热津斯基都是欧洲移民，他们的政治生涯都从学术界开始，20世纪 50 年代初在哈佛大学时就是对头。尽管他们都是玩弄地缘政治的高手，但基辛格推崇全球均势，布热津斯基则主张美国控制欧亚大陆。1976 年，布热津斯基帮助吉米·卡特竞选总统时，激烈抨击基辛格的外交政策（缓和）和外交风格（秘密）。直到 21 世纪，他们出现在同一档电视评论节目时还不忘踩对方一脚。参见丁力：《地缘大战略》，山西人民出版社 2010 年版，第 30—31 页。

[②] 亨利·基辛格：《大外交》，顾淑馨、林添贵译，海南出版社 1998 年版，第667—668 页。

[③] 早在冷战结束前的 1990 年，约翰·米尔斯海默就在《大西洋月刊》上发表文章，发出"为什么我们很快就会怀念冷战"的惊人论调。在冷战后的国际关系理论大论战中，他一直扮演着重量级角色，成为进攻性现实主义的代言人。他认为："两极体系往往是最和平的，而不平衡的多极体系最可能发生冲突。平衡的多极体系处于两者之间。"他称："富强的中国不会是一个维护现状的大国，而会是个决心要获取地区霸权的雄心勃勃的国家。"米尔斯海默主张美国对华采取遏制政策而不是接触政策，而且认为"想办法延缓中国崛起还为时未晚"。参见约翰·米尔斯海默：《大国政治的悲剧》，王义桅、唐小松译，上海人民出版社 2008 年版，第 8、405、421 页。

特征十分明显，欧洲变成了美苏对抗的战场和战利品，但以中国为代表的第三极的存在，以及在国际政治舞台上发挥的独特作用，也是不争的事实，否则，就不会有基辛格后来的"秘密外交"了。

其实，无论是罗马帝国时代、多极欧洲时代，还是冷战时代，在国际政治版图上都暗藏着三角结构，只是第三极的强弱不同而已，抑或是人们刻意忽视它的存在罢了。即便在所谓罗马帝国治下的和平时期，也并非纯粹意义上的单极，因为由西向东看，罗马、安息、贵霜、东汉四大帝国并立，而且，安息长期与罗马对峙，将罗马的势力始终遏制在两河流域以西地区。至于欧洲多极均衡时期，虽然一度出现三个以上大国争雄的局面，但主导欧罗巴命运的三极结构近乎固执地轮替出现：16世纪的西班牙、英国、法国，17世纪的法国、荷兰、英国，18和19世纪的英国、法国、俄国。无论是西班牙治下的和平还是英国治下的和平，以及法国称霸欧洲时期，"铁三角"始终与欧洲形影不离。

还远不止这些。不妨再看看，不管在冷战之前还是冷战之后，"铁三角"作为战略家手中的法器，又是如何一次又一次"显灵"的：三角形是隐藏在国际政治中的神秘图形，三角关系是保持大国间权力均衡的稳定器，三角结构是蕴含在胜势中的隐结构。一句话，三角结构是战略家布局天下的不二法门。

2015年，俄罗斯与塞浦路斯签署港口租用协议。按照常理来说，此类合作项目在全球化时代再平常不过了，但出乎意料的是，此举引发国际社会高度关注。盘点俄罗斯近年来与越南、叙利亚、尼加拉瓜等国建立的经济、军事合作关系，仔细考察这些国家的分布，不难发现俄罗斯对海外基地的选择，一直在自觉不自觉地使用"三角形稳定器"，可以说深谋远虑。叙利亚、塞浦路斯在地中海，越南在南海，尼加拉瓜在加勒比海。而这三个海域，无论在过去、现在还是未来，都是冲突最集中的地方。比对地中海的地缘特征，把南海、加勒比海分别视为第二、第三地中海并不过分。更重要的是，从全球范围看，地中海、南海和加勒比海构成一个大三角，可以让俄罗斯的军事力量于第一时间出现在这些敏感地区的同时，形成相互支撑、相互联动的战略响应关系。从苏联的大扩张到苏联解体后的大收缩，再到如今俄罗斯的再出发，西方看在眼里、急在心中。在叙利亚内战久拖不决、乌克兰危机前途未卜的大背景下，俄罗斯于地中海的一举一动都会引发西方的神经质反应，这一点儿也不奇怪。

美国作为离岛国家，一向把控制欧亚大陆作为其地缘政治目标，不惜派出重兵从大西洋、印度洋和太平洋三个方向围堵"世界岛"。在浩瀚的太平洋上，美国依托三大岛链梯次配置军事力量，与其说是扩大防御纵深，不如说是为了提升进攻能力，因为美军把第一岛链视为前沿基地，第二、第三岛链为其支撑，这已不是什么秘密。只是，人们不曾察觉的是，在美国的亚太军事体系中，三角结构举目皆是，甚至简直就是美军力量布局的不二法则。比如，夏威夷、关岛、阿拉斯加构成一个三角形（"北三角"），控制北太平洋；日本、关岛、新加坡形成一个三角形（"南三角"），控制西太平洋。南海也不例外。人们曾经对美国与越南频频"秀恩爱"，"一笑泯恩仇"颇感惊愕和不解，但只要洞悉了美军的"铁三角"法则，疑惑即可迎刃而解。中国的南海被三个板块环绕：菲律宾群岛、中南半岛和加里曼丹岛。它们形成一个三角结构，像钳子一样向北夹住南海。美国早已完成对菲律宾群岛、加里曼丹岛的布局，现在只要控制住中南半岛，美军的"南海铁三角"即可大功告成。而在中南半岛上，唯有越南面南海而居，且与中国存在南海主权争端。美国人需要越南这颗棋子，越南人也需要美国借力打力。于是，双方一拍即合也就在情理之中，哪里还顾得上当年越南战争留下的伤痛。①

等等，等等。

照此思路走下去，我们将会与无数领域不同、形态各异的三角形不期而遇：小到要地控制、战争胜利，大到均势维持、世界稳定，不管是信手拈来还是刻意为之，可以说，三角结构无处不在。从亚历山大到汉尼拔，从丘吉尔到毛泽东，人类历史上所有伟大的战略家都是三角关系的大玩家。他们取得的每一次胜利，无论战争还是大国博弈，几乎都以"三角形稳定器"为根基，都与三角形的稳定性相暗合。尽管这些散落在历史角落的事件看似偶然，但我们不得不承认，太多的偶然意味着必然，三角结构就是胜势结构。

不过即便如此，我还是不得不说，新兴大国千万不要以为有了"三角形稳定器"就可以稳操胜券、万事大吉了。三角结构作为一种制衡结构，它兴许可以保证大国稳定无忧，却不能保证大国定会崛起。这是因为，大国崛起与超常发展几乎同义，只有在速度、质量、环境和效益四个维度上都高人一筹，甚至高人好几筹，才有可能超越守成大国。而要做到这一点，需要一种能够打破现有格局的

---

① 自 2012 年以来，美国不断强化在南海周边的军事部署。美国国防部的思路是，未来 10 年，美国不谋求在南海及周边地区新建军事基地，但将采取共建或租用的方式，以新加坡樟宜、越南金兰湾和菲律宾苏比克湾为三大主要支点，利用轮换部署的模式，强化在南海地区的海、空军事存在。为避免刺激中国，以免中国对这些国家施压而影响部署进度，美将采取只做不说和循序渐进的方式推进上述部署计划。值得注意的是，樟宜、金兰湾和苏比克湾正好构成一个等腰三角形，就像一条三角裤一样卡住了整个南海。

"洪荒之力"。但令人遗憾的是，这并非三角稳定结构之所长，仅靠"稳"不能解决所有问题。看来，胜势肯定还有其他结构，那就让我们走着瞧吧。

胜势的标识：1+1>2

亚里士多德的命题是："整体大于部分之和"。顺着这条思路走下去，这位古希腊智者与一个不等式不期而遇[①]：

$$1 + 1 > 2$$

这就是胜势的另一个结构。在这里，1+1 既是数，也不是数。说它们是数，一加一等于二，这个连三岁小孩都知道的最基本的数量关系，在亚里士多德那里却被彻底颠覆了；说它们不是数，它们可分别代表两个不同的要素、主体、结构、系统、状态，而它们的叠加将产生新的要素、主体、结构、系统、状态，涌现原本没有的

---

① 亚里士多德认为，整体"由若干部分组成，其总和并非只是一种堆积，而其整体又不同于部分"（《形而上学》）。系统科学把这种现象称为整体涌现性，其通俗的表达就是"整体大于部分之和"。在特殊情况下，当整体与部分具有同质的特性，可以进行量的比较时，整体涌现性就是"整体不等于部分之和"，可以用公式表示为：$W \neq \sum p_i$。其中，W 代表整体，$\sum$ 为加和符号，pi 代表系统的第 i 个部分。当 i=2 时，亚里士多德的这个命题可表达为 1+1>2。合理的结构方式产生正的结构效应，整体大于部分之和；不合理的结构方式产生负的结构效应，整体将小于部分之和；在特定条件下，整体等于部分之和。参见许国志主编：《系统科学》，上海科技教育出版社 2000 年版，第 21 页；另见冯契主编：《哲学大辞典》上卷，上海辞书出版社 2007 年版，第 109—110 页。

新的整体性。[①] 顿然间，1+1>2，这个不起眼儿的不等式，一下子有了惊世骇俗的味道，充满了智慧。从此，这个不等式一直受到科学家、政治家、军事家、哲学家、经济学家乃至老百姓的追捧，被奉为赢得战争或博弈的制胜机理。

1+1>2 的全部奥秘在于，"1+1"之后产生了">2"的增量。这意味着，获得了一个足以产生链式反应的结构，打破了"1+1=2"的平衡格局，产生了">2"的额外力量，使系统输出（如态势）朝着正量的方向迅跑。如果把它运用于大国博弈，其结局不难想象。当下实力尚处下风的新兴大国，通过持续的"1+1>2"操作注入正能量，终将吹响胜利的号角，把守成大国掀翻在地。显然，这是一种与"三角形稳定器"截然相反的"不安分"力量，但无论是战场上杀红了眼的两支大军，还是竞争场上斗急了心的两个大国，都无不期待这一神秘力量的垂青。只是，她来无影、去无踪，人们难以把握她的踪迹——她是谁？从哪里来？到哪里去？长期以来，无数人为此苦苦思索而不得其解。

作为一种现象，她神乎其神；但作为一种规律，她的原理并不复杂，仅有三个字：

正反馈。

---

① 整体性与涌现性是同一事物的两个方面：前者是以既成论观点看问题的结果，路德维希·贝塔朗菲采用亚里士多德"整体大于部分之和"的说法表示；后者是从生成论观点看问题的结果，采用 J.霍兰"多来自少"的说法表示。老子的《道德经》关于"道生一，一生二，二生三，三生万物"的说法，是生成论最早的表述。参见许国志主编：《系统科学》，上海科技教育出版社 2000 年版，第 21 页。一般系统论的创始人贝塔朗菲认为："'整体大于部分之和'这句话多少有点神秘，其实，它的含义不过是组合特征不能用孤立部分的特征来解释。"参见路德维希·贝塔朗菲：《一般系统论：基础、发展和应用》，林康义、魏宏森等译，清华大学出版社 1987 年版，第 51 页。

在自然界中，存在着大量的正反馈运动。这种运动规律显示，系统一旦受到微小的扰动，就会产生发散性震荡。从输入与输出之间量的关系看，它们是非线性的：很小的输入将获得很大的输出；放大了的输出的一部分又被反馈到输入端，推动输出趋于极大值；而且，量的变化越来越快。①或许，蝴蝶效应最能说明这个问题——南半球蝴蝶翅膀对空气的轻微扰动，经过一系列连锁反应，结果在北半球产生了风暴。

正反馈运动在大国博弈中比比皆是。纵观大国兴衰史，从未有哪个大国可以在四平八稳中崛起，更没有哪个大国的崛起能在走下坡路时完成。所以，在浩如烟海的历史、文学作品中，才会有蓄势待发、势不可挡、时势造英雄这些关乎国运盛衰的溢美之词。隐藏在这些话语背后的，相信不仅仅出于对英雄的爱戴，抑或为了民族的尊严，定当别有他因。仅凭直觉，所有在大国博弈中曾经畅饮过胜利酒浆的政治家们，肯定在溟蒙之中都感觉到有一种催生胜利之光的无形力量存在，并不止一次真真切切地将其握在了手中。但时至今日，还没有哪位政治家清晰地说出她，更没有人为她揭开神秘的面纱。可以毫不夸张地说，每一次大国巅峰对决中，她都几近固执地显灵，但每一次，人们都未曾发现自己就浸润在此种境遇之中，不识庐山真面目，而把胜利常常归结于伟大人物的神明。大多数事后诸葛亮式的大国兴衰研究，也由于陷入海量史料分析而使人使己如坠云雾，与她擦

---

① 系统科学把在一个控制系统中，将输出信号的一部分作为输入，再来控制系统的输出，称为反馈。在系统演化过程中，反馈是一种重要机制。正反馈是系统的激励机制、信息的放大机制，它的作用是使系统的输出越来越大；负反馈是系统的抑制机制、稳定机制，以及信息的衰减机制。参见许国志主编：《系统科学》，上海科技教育出版社 2000 年版，第 175—176 页。

肩而过。但她一直高傲地矗立在那里——像智慧与战争女神俯视着大地，为人类每一场大国搏杀裁决。她的法槌落向谁一边，谁就会踏着衰败者的废墟登峰造极，演绎"一将功成万骨枯"的壮举。只是，即便是那些眼光独具的政治家或战略家，也不曾见过她的芳容。

其实，她就是正反馈；更确切地说，是基于正反馈原理的1+1>2。最能说明这一点的，大概非原子弹莫属了。在太平洋战争即将收官、打扫战场的关键时刻，擅长于把思想附丽于技术之上的美国人，再一次创造了经典之作。当美军从截获的 ULTRA 无线电信息得知，日本统帅部已疯狂地下定决心，利用大量掩体工程和自杀式空袭进行"背水一战"，意在给美国造成严重破坏和大量人员伤亡后，美国陆军航空队第 313 轰炸机联队使用 B-29 轰炸机，在日本广岛、长崎分别投下代号为"小男孩"和"胖子"的原子弹，瞬间导致"数万人伤亡，两座城市被摧毁，（日本）整个国家任他人摆布"。尽管历史学家们对于原子弹在结束战争方面是否起到决定性作用一直存在争议，但它无疑为促使日本投降提供了催化剂。更重要的是，"成为第一个开发出原子弹的国家所花费的费用，美国将在处理对苏关系上拥有潜在的外交优势，另外同样重要的一点便是，无须再付出血腥代价来换取胜利——这些对杜鲁门而言，无疑均为重中之重"。① 局势的确正如美国人所愿向前发展。战后，

---

① 根据"银盘"计划（Project SILVER-PLATE），美国生产了 14 架具有专门配置的 B-29 轰炸机，并组建了陆军航空队第 509 混合大队（509th Composite Group）的第 313 轰炸机联队（313th-Bombardment Wing）。该联队由精心挑选的顶级飞行员和机组人员组成，从 1944 年 9 月开始，在古巴、马里亚纳群岛进行了长达近 1 年的海空飞行训练，并先后于 1945 年 8 月 6 日、9 日，执行对广岛、长崎的原子弹袭击任务，后划归美国空军。参见斯蒂文·L.瑞尔登：《谁掌控美国的战争》，许秀芬等译，世界知识出版社 2015 年版，第 56—59 页。

美国不仅得到了对日本、韩国等国的控制权，而且主导了北约、联合国，构建了与苏联集团分庭抗礼的庞大西方世界，美国人心中的如意算盘无一落空。"小男孩"+"胖子">2 颗原子弹，好一个精妙绝伦的不等式！凭借这个不等式，美国在原子弹之外得到了想得到的一切。

现在，我们等于找到了胜势结构的另一个结构：1+1>2，其制胜机理便是正反馈。正反馈运动正是产生"不安分"力量的源泉。但凡大国博弈，无论是战场上的厮杀，还是市场上的竞争，抑或外交"情场"上的争夺，正反馈的影子总是与胜利者相伴相随：或让自己的战斗力、生产力和影响力出现正反馈而"无限"放大，或让对手的军队、社会和外交等系统进入正反馈而加速崩塌。

这是一种魔力——打破格局与困境的超凡力量。一方面，她是导致生产力跨越式发展的"普照光"①、引发军队战斗力阶跃式提升的新质点，可能是前沿技术、高新技术、颠覆性技术，也可能是新武器、新战术、新战法。另一方面，她还意味着离经叛道，不按常理出牌，以非对称思路破解"戈尔迪之结"，与孙子所说的"奇胜"不谋而合，比如政治上的第三种选择、外交上的第三条道路。她虽然与三角形不同，但与"三"有关；她虽然借力正反馈，但大盘稳如泰山；她从不按图索骥、安于现状，而是充满不确定性，结果常常出人意料，结局令常人难以想象。她就像大

---

① 马克思在研究生产力的发展历史时，发现了"普照光"现象。他说："在一切社会形式中都有一种一定的生产决定其他一切生产的地位和影响，因而它的关系也决定其他一切关系的地位和影响。这是一种普照的光，它掩盖了一切其他色彩，改变着它们的特点。这是一种特殊的以太，它决定着它里面显露出来的一切存在的比重。"《马克思恩格斯文集》第 8 卷，人民出版社 2009 年版，第 31 页。

师手中的法器，多半会在关键时刻悄然登场，瞬间改变态势和格局，或反败为胜，或乘胜追击。伴随着她的脚步声，对手的防线顷刻间分崩离析。不仅如此，一旦拥有这一胜势结构，不仅态势为之逆转，而且会产生连锁反应，出现多米诺骨牌效应，可谓一招制敌。

即便用再多的唯象语言，也难以准确描述她的品性。再往深里想想，如果说星星之火可以燎原的话，那么，她既不是引燃燎原烈火的火种，也不是春风吹又生的草木。说她是随时都有可能把星火吹灭的大风，也只说对了一半，因为更确切地说，她更像是有可能浇灭大火但又没能得逞的雨水。雨水汽化形成气场，进而变成风，反倒成了火势滔天的助燃剂，其效果甚至超过了火上浇油。1976 年 9 月，苏联空军上尉维克多·别连科驾米格-25 战机叛逃，降落在日本北海道的民用机场。面对这架苏联当时最先进的战机，美国人迫不及待地进行拆解、分析，探究这一至今仍是飞行速度最快纪录保持者的战机何以超高速的秘密，结果却石破天惊。他们发现苏联人向发动机里喷水，而不仅仅是喷油。① 水与火、油与水、冷与热，这些原本彼此相克、互不相容的尤物，竟破天荒地珠联璧合，交织在一起，形成

---

① 让美国人没想到的是，米格-25 战机大量使用了不锈钢材料，在大大提高耐高温能力的同时，也带来了飞机过重、影响速度的矛盾。但苏联人另辟蹊径，通过喷嘴向进气道喷射水和酒精的混合液体，利用雾状液体的强烈蒸发效应大量吸热而降低温度，提高进气空气密度和喷出气体总质量，从而增大发动机推力，完美解决了高速飞行时空气摩擦引起的一系列问题。此外，米格-25 身上密密麻麻的电子管也让美国人大吃一惊，因为苏联用落后的技术同样完成了尖端武器的建造。后来，英国的鹞式战斗机也采用了喷水加力技术，不过，其原理与米格-25 不同。鹞式战斗机在发动机的燃烧室喷入水，这样可以产生大量蒸汽，一方面增加喷流质量，另一方面提高喷流速度而进行加力。

一种相反相成、不可遏制的洪荒之力。所有伟大的政治家和常胜将军梦寐以求的，或许正是这种神秘之力，无中生有、似在非在，只可意会，不可言传。对如此飘忽不定、深藏不露的"不安分"力量，要想不失时机地把握她，与其说是智慧，还不如说是直觉和运气。政治家和军人之于她，就如同在刀尖上跳舞，跳好了，胜利非他莫属；跳砸了，遍体鳞伤甚至满盘皆输。

值得说明的是，把 1+1>2 理解为正反馈运动是有条件的。从系统结构角度看，作为整体的系统可能是负反馈的，但作为获得了新质的系统的整体，无疑是正反馈的，这正是"三生万物"的动力学机制。从这个意义上说，1+1>2 与正反馈具有数学同结性。在这里，我们看到了亚里士多德的预言同正反馈运动规律的完美对接。

眼下，"一加一大于二"是最时髦的用语之一，几乎成了合作共赢、联合做大的代名词。不可否认，合作可能会带来这种效应，但并非所有合作都会有如此圆满的结局，有的将导致"一加一小于二"，也是客观事实。正因为如此，我有必要指出，对于大国博弈而言，这里所说的"一加一大于二"特指新兴大国结构预埋行动之间的相互关系。换言之，在新兴大国的整个崛起进程中，一代又一代人的结构预埋、一个又一个领域预埋的结构，无论何时何地把它们叠加在一起时，必须服从 1+1>2 这个不等式。否则的话，大国崛起的"蛋糕"将越做越小甚至变味，胜势也将离你而去。如果出现这一局面，唯一能说明的就是你的结构预埋不得要领。这样的结构不预埋也罢，因为即使埋了也是乱作为，那无异于自我毁灭。

千万不要以为，把什么东西不择手段地组合在一起，都可以自动获得 1+1>2。假如"为达目的不择手段是马基雅维利最重要的精神遗产"这句话可以成立的话,那么请注意,尼科洛·马基雅维利的箴言无可辩驳地蕴含了"基于效果"的前提条件,因为他明确地告诉人们,"达成目的"在前,"手段选择"在后,而不是相反。①

万变不离其"三"

人类的直觉是一致的。尽管在毕达哥拉斯眼里"一切都是数",但他又是西方提出并用演绎法证明勾股定理的第一人,人称毕达哥拉斯定理。无独有偶,杨辉三角形的原创者、北宋数学家贾宪,也曾精心绘制过"勾股生变十三图",完备了勾股弦及其和差的所有关系。古代智者隔空对话,竟有如此相近的直觉,简直让人感叹不已。

图数相通意味着极与势也是相通的。任何稳定的气数和态势,都存在与之对应的极形和图谱,反之亦然。比如,三角形的三个顶点代表三个极,三角形的稳定性就是看不见的势,依此类推。对于国际政治而言,如果有形的图是极的话,那么,无形的数就是势。那些才智过人的政治家、战略家凭着直觉,把几何原理反复运用于大国博弈,在历史上留下了无数的梦幻三角形,令后人啧啧称奇、顶礼膜拜。

---

① 马基雅维利认为,正当政治生活的实现必须采用的方法,就是使人放弃他自然的目的性和道德判断。在西方政治理论的发展过程中,一般把由马基雅维利开创的政治思想看作是现代政治哲学的开端,而他本人也被视为现代政治哲学的代表人物,因为他不像传统理论家那样把政治归属于道德,而是将道德从属于政治。参见李小兵:《当代西方政治哲学主流》,中共中央党校出版社2001年版,第3页。

不过，真理向前迈一步就是谬误。如果不理解三角结构的奥旨，把它用错了地方，非但达不到预期效果，还可能误入歧途。

在我眼里，三角形既是一种图形，也是一种格局。我们全然可以将国家的大小、地理位置、综合实力，以及国家间的远近、依存关系、战略目标等，看作是三角形的点、线段、夹角、面积等结构要素，由此建立所谓的数学模型，对大国行为进行分析和推演，抑或虚拟不同行动对国际格局可能产生的影响。但是，世界是复杂的。以为有了"三角形稳定器"就可以解决大国关系中的一切问题，那是痴心妄想！这个世界上，没有包治百病的灵丹妙药。我要指出的是，三角形的真正要害在于"三"。一点孤立，两点成线，三点成面，多一点，事物的性质就发生了质的飞跃，三角形稳定性的秘密也全在此。一点可大可小，具有不确定性。尽管两点可成一线，但充其量不过沿着直线的方向造势，或左或右，忽左忽右，不会拐弯，没有第三向度，不可能稳定。这第三个点的出现不得了，不仅有了第三向度，完成了从直线到平面的飞跃，而且可以得到六个两两组合，世界一下子就变得丰富多彩了。第三种选择、第三条道路、第三支力量、第三方、第三极等等，它们跨越千年时空，在大国博弈中担负着独特角色，演绎出一幕幕精妙绝伦的历史大剧。

"三"意味着制约，有制约才能产生均衡。由于第三方的存在，博弈双方不再是二元对立，三方都有了借力打力的空间。不仅一国在国际舞台上行走不再独立于另外两国，而且，国内事务也会受到国际社会的监视；任何双边关系也不再是简单的一对一，要受到第三国以及第三国与另外两国之间复杂关系的影响。处在面中的国不再是孤立的点，谁也不可能独善其身。有了"三"，就可以通过外力打破现有均势，形成新的均衡。抓住了点与面的关系，就等于捕捉到了三角稳定律的精髓。如下图所示，国是点，国与国之间就是线，一国与另外两国也就构成一个面。在这个由三国构成的三角形里，不仅有 AB、BC、CA 的双边关系，而且有一国与另外两国的多边关系，出现了制衡，也就有了跌宕起伏的"三国演义"（见图 6.1）。16 世纪初，英国首席大臣托马斯·沃尔西一开始支持西班牙同法国作战，但当西班牙取得支配欧洲的优势后，转而支持法国。此后，英国一直扮演着权力均衡掌控者的角色。英王亨利八世有一句名言："我支持谁，谁就取胜。"据说，亨利八世让一位画家给他绘制了这样一幅画：他右手执一个绝对不偏不倚的天平，天平的一端是法国，另一端是奥地利；左手拿一砝码，准备随时投放到天平的任何一端。[①]当对抗双方处于纠缠状态时，第三方的出现不仅会改变格局，而且将近乎强制性地改变对抗态势。20 世纪 70 年代，美苏冷战进入白热化阶段。尼克松大胆尝试对华开放政策，借力中国，与中国不谋而合，一举扭转紧张局面，并为日后彻底击垮苏联埋下了伏笔。伟人们在大国博弈

---

① 人们还曾经这样评说伊丽莎白一世统治下的英国：西班牙和法国宛如欧洲天平的两端，英国则是天平的指针或支架。1624 年，法国出版的一本小册子请求雅各布国王，将伊丽莎白一世和亨利八世作为光辉楷模。"他非常高明地在皇帝查理五世和国王弗朗西斯中间扮演他的角色，让双方都既惧怕他又恭维他，并在双方之间维持平衡。"1936 年 3 月，在英国即将淡出权力均衡掌控者角色之际，丘吉尔在保守党议员外交委员会的讲演中称：无论是抗衡西班牙菲利普二世、在威廉三世和马尔巴勒公爵领导下反对路易十四，还是抗击拿破仑、对付德国的威廉二世，如果英国加入较强大的一方，分享其征服的果实，那是既轻而易举，又极具诱惑的。然而，我们总是知难而进，加入较弱的一方，联合起来，挫败大陆上的军事霸主，不管他是谁，不管他所统治的是哪一国家。参见汉斯·摩根索：《国家间政治：权力斗争与和平》第七版，徐昕等译，北京大学出版社 2006 年版，第 233—234 页。

中纵横捭阖，成功地把美苏对抗关进了冷战的笼子，写下了 20 世纪下半叶最壮美的篇章。

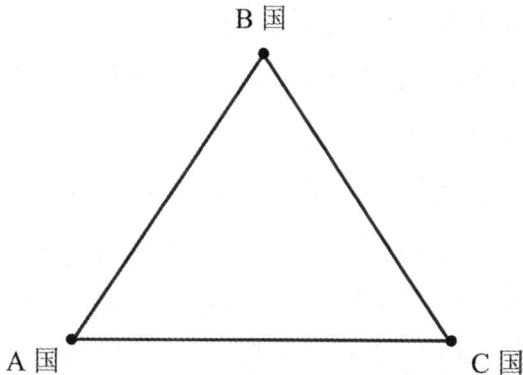

B 国

A 国　　　　　　　　　　　　　　　　C 国

图 6.1　三国关系图

　　"三"意味着余度，多余度才能万无一失。但凡常胜将军，尽管秉性和制胜之道各不相同，但他们有一个共同之处，那就是都精于"庙算"，在行动之前制定三个以上作战方案：主方案，备份方案，第三方案，等等。今天，这已然成为现代军人必须恪守的军事法则。不仅如此，他们都精通"以正合，以奇胜"的道理，手中一定握有一支规模不尽相同、战斗力却非同寻常的第三力量，扮演迂回小分队、特战突袭队、战略预备队的角色，在决定胜负的关键时刻给对手以致命一击。拉开架势准备打堂堂之战的两支大军，要想出奇制胜，就看谁拥有第三支力量，不管这支力量的布局以及在战场上的出现多么离奇，甚至隐在后方却决定前线战局。从制胜机理上看，如果说"二"是正的话，那么，"三"就是奇——多半是超乎敌人想象的突然袭击；如果说"二"是打堂堂之战的话，那么，"三"就是游击战——神出鬼没，不按套路出牌；如果说"二"是对称的话，那么，"三"就是非对称——让对手难以想象行动路线以及攻击点在何方。只有那些如流星划空般的军事天才，才能穿越时空预知战争结局，提前描绘一幅变幻莫测的战场态势图，并演绎出足以改变战争法则的千古绝杀。但无论这法则怎样改变，他们都深谙"三"的要义。善于导演螳螂捕蝉、黄雀在后大戏的高手，从不在一棵树上吊死。

　　"三"蕴藏着无限的可能性，意味着起死回生。不论在战机瞬息万变的战场，还是在旷日持久的大国博弈场，要想成为最后的赢家，仅仅把握可能性、不可能性是远远不够的，还必须把握不可能的可能性。而善于把握不可能的可能性，正是所有天才军事家们的共同禀赋。公元前 218 年，汉尼拔率 9 万步兵、1.2 万骑兵和 40 头大象进攻罗马。摆在他们面前的，有陆路、海路、山路三条路。汉尼拔既没有选可能成功的陆路，也没有选很难成功的海路，而是选择了几乎不可能成功的山路，即翻越比利牛斯山脉、阿尔卑斯山脉。当迦太基军队翻越阿尔卑斯山脉，出现在罗马人面前时，罗马人惊呆了，疑是神兵天降。尽管罗马人紧急召回进攻迦太基本土的海、陆军团，但在汉尼拔的"奇谋"和气势双重震慑下，攻击力顿失，溃不成军。结局自然是汉尼拔以少胜多，痛饮了胜利的琼浆。①1934 年 10 月，第五次反"围剿"失败后，中央红军主力为

----

　　①　著名的汉尼拔大战是第二次布匿战争的开端。当时，从伊比利亚半岛前往意大利半岛有三条路：一是海路，由地中海向东即可，但罗马帝国掌握了地中海的制海权；二是陆路，沿着利久立海沿岸东进而至，这条路方便可行；三是山路，翻越比利牛斯山、阿尔卑斯山，这几乎是不可能的。这是因为，且不说当时的装备笨重、交通工具落后，即便是一支现代化军队越过阿尔卑斯山，在那样的气候、地形下也绝不是一件易事。汉尼拔恰恰选择了第三条道路。罗马人认定迦太基人不可能从第三条线路进攻，于是决定兵分两路，一路由圣普罗斯率领 4 个军团从海路进攻

了摆脱国民党军队的包围、追击，被迫实行战略大转移，退出中央革命根据地进行长征。在毛泽东的指挥下，中央红军果断放弃大城市、大村镇，放弃正常的陆路、水路，历经千难万险，跨越18座山脉，走过600里人迹罕至的茫茫草地，横渡24条河流，打了300余次战役、战斗，行程二万五千里，最终走出一条蒋介石认定不可能走通的"第三条道路"，不仅甩掉了蒋介石的围追堵截，建立了陕甘宁革命根据地，而且成为中国人民抗日的中流砥柱，并为打败蒋介石埋下了伏笔，谱写了一部壮丽的史诗。[①]尽管毛泽东率领中国工农红军翻越雪山、跨过草地北上抗日，与汉尼拔统率迦太基军队翻越阿尔卑斯山脉攻击罗马人不可同日而语，却有异曲同工之妙。那就是，他们都对常人眼里的不可能提出了挑战，把不可能的可能性紧紧捏在手中。

"三"是对"二"的超越，意味着无穷的变化。它从不局限于博弈双方、事物两面、两种结局，而是不知疲倦地演绎第三种情况。出乎常人意料的第三种选择、第三条道路、第三支力量，往往让事物沿着新的轨迹发展，令危局出现转机，把死棋重新盘活，正

迦太基本土，另一路由史奇皮欧率领同等兵力在陆路阻击汉尼拔，并继续进攻伊比利亚。据记载，汉尼拔跨越阿尔卑斯山之后，只剩下2万步兵、6000骑兵和几头大象，不到出发时的1/3。参见陈润华：《孙子兵法鉴赏》，军事科学出版社2001年版，第169页。

① 中央红军主力长征从1934年10月由瑞金出发至1935年10月到达陕北，历时13个月零2天，纵横11个省份。遵义会议上，中共中央确立了毛泽东的领导地位，并作出北上抗日的决定。1934年10月16日，蒋介石在千里之外指着地图狂叫："他们是走向深渊，走向死亡！"的确，红军长征艰苦卓绝，牺牲的营以上干部多达430人。仅湘江战役，中央红军就损失5万人，由原来的8万锐减到3万。但让蒋介石没想到的是，长征一路走来，成了宣言书、播种机、宣传队，让人们看到了中国未来的希望。而且，经过长征考验的红军人数虽少，却成了中国革命的种子。

所谓"山重水复疑无路，柳暗花明又一村"。第三极的存在，使大国博弈摆脱了两极的二元对立，出现了无限的可能性。摩根索曾经感叹权力均衡的不确定性和不现实性，相信他一定意识到，任何新生力量的出现，将毫不客气地打破原有权力均衡，各方都得适应新的力量结构、新的博弈规则和新的国际格局。适应性造就复杂性。这也正是我们举起警告牌的原因，千万不要落入三角形的陷阱之中，最重要的是掌握"三"的内核！也就是说，在任何情况下，无论你处于顺境还是逆境，都不能忘记第三方力量的存在与运用。即便是没有第三方，也要设法找到第三方。抑或今天两国达成默契独干了，也要为未来预留口子，留出回旋余地。

古往今来，多少才华出众的国际政治学者，都梦想有一天找到一个能让这个世界保持和平、稳定、有序的结构，并为此孜孜不倦地求索，衣带渐宽终不悔。摩根索的"权力均衡结构"，基辛格的"和平结构"，巴里·布赞的"国际安全结构"，斯坦利·霍夫曼的"稳定的和平结构"，查尔斯·金德尔伯格的"单极稳定结构"，等等。但几千年过去了，谁也没有回答得了这一命题。也许，本来就没有答案。他们给政治家、战略家们开出的方子可谓琳琅满目：一极？二极？三极？多极？公说公有理，婆说婆有理。

其实，三角形不仅仅是新兴大国布局天下的秘诀，也是守成大国统治世界的密钥。其核心思想是结构制衡。至于是不是以国家为主体，那不一定，完全可以是联盟、集团或利益攸关方。美国在后冷战时期常常把区域的大国与全球大国进行区分，在区域进行布局时，充分发挥区域性大国的作用。比如朝核问题，中、韩、日成为实际上的三角形；又如南海问题，日、越、菲成为实际上的三角形；等等。而在国际舞台上，美国常常把自己和欧洲作为独立的两极，而把中国、俄罗斯作为一极看待；或者说，时而把中国当一极、忽视俄罗斯，或把俄罗斯当一极而忽视中国。吃着碗里的、盯着锅里的，可以说是对三角思想最形象的描述。今天与俄罗斯打得火热，一定会同时与美国保持必要联系；明天与美国共度蜜月，也别忘了跟俄罗斯鸿雁频传。假如一头扎在某个地方，结果很可能就真的栽在那个地方了。

不在一棵树上吊死，也不在另一棵树上等死，而是在成"森"不可或缺的第三棵树上寻找活路。大国间多少事，凡事留一手。否则，你将死无葬身之地。

切记，重要的不是"一"不是"二"而是"三"！

在时间与空间的交会点上

胜势是一种特殊态势。态势源于时间结构和空间结构的双维度运动，胜势也不例外。任何态势都是时间与空间的相交之点：空间结构是时间运动的沉淀，时间结构则是空间运动的升华。更重要的是，这种运动与博弈双方态势的此消彼长息息相关，从而构成一幅由四种元素排列组合而成的、五彩缤纷的态势图。如果不懂得结构决定态势这一机理，就难以理解胜势的全部秘密，也就无法找到获得胜势的窍门。也许，具有决战意义的大会战，可以清晰地说明这一点。

时针指向 1815 年 6 月 18 日下午 1 点。此时，滑铁卢战役已激战了 2 个小时。拿破仑·波拿巴的 4 次进攻虽然均被击退，但反法联军统帅威灵顿公爵主阵地上的防线也开始出现空隙。于是，拿破仑这位常胜将军决定发起一次决定性的攻击。当米歇尔·内伊（拿破仑的部将）率领万人敢死队，冲破英军的最初几道防线，英军战斗力濒临殆尽，山头上英军像箍桶似的严密防线开始松散，拿破仑最后的预备队——老近卫军缓慢地向山头逼近，威灵顿公爵已经到了山穷水尽之时，却率先得到了格布哈德·布吕歇尔的普鲁士军队增援，战场态势急转直下，结果，拿破仑的军队溃不成军。此时此刻，假如站在嘎德—布拉高地往下看，当一向以集中优势兵力著称的拿破仑决定，将 1/3 的兵力交给埃曼努尔·格鲁希元帅，去追逐布吕歇尔的普军时，主战场的空间结构随之发生改变，也就意味着，拿破仑的命运已经不在自己手里了；不仅如此，如果拿破仑按原计划在早上 9 点发起攻击，没有推迟那致命的 2 小时，也许在增援的普军到达之前，拿破仑早已拿下威灵顿公爵占据的那个山头。拿破仑军队部分主力远离主战场的空间结构与推迟进攻的时间结构交会在一起，时间与空间从两个维度控制态势的演变，在滑铁卢战役中得到完美诠释。①

　　无独有偶，126 年后的另一个 6 月，纳粹德国启动了针对苏联

------

　　①　1815 年 6 月 17 日，拿破仑率领全军到达嘎德—布拉高地前。英国元帅威灵顿已经在高地上筑好工事，严阵以待。第二天上午 11 时——比预定时间晚了 2 小时，法国军团向山头上的英国红衣士兵发起进攻。激战持续到下午 1 点，山坡上已是尸体遍野。双方统帅心里都明白，谁先得到增援，谁就是胜利者。与其说是格鲁希的"茅舍 1 秒钟"决定了拿破仑的命运，还不如说是拿破仑的分兵策略导致不利态势的必然结果，因为他深知格鲁希是一个唯命是从的人。问题是，谁给格鲁希送去拿破仑让他尽快返回增援的命令？在电报发明以前，这要靠直觉的天赋，何况隆隆炮声就是命令，而布吕歇尔做到了。要不是夜幕的掩护，恐怕拿破仑性命难保。参见斯蒂芬·威尔茨：《人类的群星闪烁时》，舒昌善译，生活·读书·新知三联书店 2010 年版，第 113—115 页；另见 J.F.C. 富勒：《西洋世界军事史》第 2 卷，钮先钟译，广西师范大学出版社 2004 年版，第 439—447 页。

的"巴巴罗萨"计划。可谁曾想到，被战史学家们公认为苏联卫国战争转折点的斯大林格勒战役，竟然同希特勒急于获取高加索的石油有关。战争中经济性的考量是无法抵偿军事上的失算的，更无法弥补战略上的重大失误。不说别的，仅就战线而言，当时德军在苏联南方的正面就长达 1250 英里以上，如果再加上从库尔斯克到列宁格勒之间的距离，德军在苏联的全部正面的长度已经超过 2000 英里。富勒曾因此断言："假使我们考虑到希特勒当时手中所能运用的兵力和资源，为了应付这个正面所需要的大量交通工具以及苏联在其后方所作游击战的激烈程度，凡此种种都足以表示希特勒真不能算是一个够格的战略家。"① 在时间上，希特勒原本计划于 1942 年 10 月前结束东线战争，让进入苏联的纳粹德国军队宿营过冬。而实际上，斯大林格勒会战一直持续到 1943 年 2 月，又一个致命的推迟！时间结构与空间结构的交会再一次主宰了战场态势的演变，从一开始就决定了"巴巴罗萨"计划失败的命运。

毫无疑问，不管是拿破仑还是希特勒，他们都不乏对有形力量运筹帷幄的胆略和眼神，却唯独忽视了无形的态势，更不会意识到作战双方的时间和空间四种要素运动一旦相交将会发生什么。假如他们稍稍关注，哪怕用余光扫一眼战场态势的走向，改变一种要素的结构，或减少一个错误的决定，也许结局将会完全不同。

---

① 希特勒第 21 号训令的原本目标是：在 1942 年沿着伏尔加河的上游和中游建立一条防线，使苏联的战斗力量日趋减弱。于是，当美英两国实力增强到足以进攻欧洲大陆时，他就可以只在苏联留下最低限度的兵力，而把最大量的兵力转而集中在西线，但经济顾问影响了希特勒的决定。尽管德军进攻莫斯科失败、伏尔加河流域冬天严寒以及朱可夫元帅的勇猛，都可以成为希特勒兵败斯大林格勒的原因之一。参见 J.F.C. 富勒：《西洋世界军事史》第 3 卷，钮先钟译，广西师范大学出版社 2004 年版，第 462 页。

在大国纷争的背后，常常隐藏着被具体行动目标掩盖了的更大目标，而态势便是其中之一。不过，美国人对态势的感觉一向超好。美国历任国防部部长中，对态势最为敏感的恐怕非麦克纳马拉莫属，因为他是利用态势重新设计美国军事战略、国防预算和力量配置的第一人。他手下有一个由"神童"组成的顾问小组，专门负责核查各军种和参谋长联席会议提出的各种方案、建议。① 在麦克纳马拉的授意下，这帮"神童"们绕开参谋长联席会议这一被麦克纳马拉称为受制于分权利益和狭隘利益的"悲惨机构"，使用一种叫作"系统分析"的计算机建模技术，直接把军事需求与国家目标进行对接，并由此生成"五年防御计划"。这一做法实际上就是把各种时间和空间要素的运动提前在计算机上进行仿真，既克服了人的记忆容量局限性，又可留下可追溯、可比较的方案样本空间。在当时，这当然是绝无仅有的超前举动；而且，麦克纳马拉的手下并未就此止步。为了说明这个计划，他们富有创意地提出国防部部长"态势报告"——肯尼迪称，它与高级官员的"重大政策声明报告"一起，构成了美国的"基本国家安全政策"。得益于"系统分析"获得的大量态势信息，麦克纳马拉意识到大规模报复战略的致命伤，因为他明白皮之不存、毛将焉附的道理。在这位国防部部长

---

① 肯尼迪执政期间，麦克纳马拉在国防部内部开展了两场重大改革：一是重新设计美国的军事战略与武装力量，以实现更大的作战灵活性和有效性；二是在规划、管理和采购等领域，运用新的分析与决策方法。为了获得信息分析方面的支持，他成立了自己的顾问小组，这些顾问人员被称为"神童"（Whiz Kids）。所谓"神童"其实就是一些充满热情的年轻文官。这位国防部部长和他的下属用计算机建模技术确定5年军费开支预估数据，旨在将各军种的需求与国家目标进行整合。参见斯蒂文·L.瑞尔登：《谁掌控美国的战争》，许秀芬等译，世界知识出版社2015年版，第251—254页。

对美国国防部进行的大刀阔斧的一系列改革中，最为雄心勃勃的改革当推重新配置战略核威慑力量的规模和结构。他相信，大规模报复战略下的军力态势既不合理，也不可行。他和参谋长联席会议之间展开了一场重新定义美国战略学说的持续斗争。当 1963 年 12 月一切尘埃落定时，麦克纳马拉基于"三位一体"核力量的"确保摧毁"原则最终击败了"大规模报复"理论，成为美国新的核战略的基础。① 这一调整无疑为美国从与苏联的核军备竞赛中金蝉脱壳，重塑常规军事优势，实现更大的作战灵活性与有效性，提供了战略支撑。

尽管态势在左右大国关系时，既不同于真刀真枪的战争，也不同于扑朔迷离的意识形态斗争，但对于当政者而言，别有一番滋味在心头。或许，太多的政策性、事务性选择会让人忘记了态势的存在，即便感受到有一双无形的手在操控着事物的发展，但又常常对它无可奈何。比如，苏联解体之前的戈尔巴乔夫，就处于这种态势的煎熬之中：国际与国内，经济与政治，政府与民意，党内与党外，放任与镇压……当这一切时间要素与空间要素会合在一起时，他已经无所适从、力不从心。时间与空间是态势的两翼。一旦顾此失彼，必将进入不利态势，就更谈不上建立、巩固和扩大胜势了，甚至身处危险境地还全然不知。不仅如此，结构决定态势的要害就在于时间结构和空间结构的交会运动。无论时间要素还是空间要素，如果说它们在独立时还有可能被各个击破，进而，危机可以一一化解的话，那么，当且仅当它们迎面碰在一起时，那就是福不

---

① 自那以后，《美国国防态势报告》成为定期发布的有关国家安全的重要报告之一。参见斯蒂文·L.瑞尔登：《谁掌控美国的战争》，许秀芬等译，世界知识出版社 2015 年版，第 255—256 页。

是祸、是祸躲不过，谁也无力回天了。

在大转折时代，由于世界权力真空比比皆是，大国的攻城略地也屡屡得手，很容易让人想到地缘政治结构、地区权利格局等空间要素，而忽略时间要素，更不会想到时间与空间的同步运用。其实，任何优势都是时间与空间双维度运动的结果。或者说，争夺优势本身就是获得胜势的有效途径。一旦获得某种独特优势，包括技术、政治、军事、文化、地缘等优势，不但可以获得高位势能，形成居高临下的有利态势；而且会产生由此及彼、由点到面的连锁反应，出现 1+1>2 的正反馈运动。这也是一个国家或区域统领另一个国家或地区的重要前提，因为这种优势会产生类似物理学中的"布朗运动"，出现"优势浓度"扩散，即从高密度向低密度运动，最后达到均衡，除非出现新的优势。比如技术优势，苹果公司的产品在美国以外的国家和地区受到追捧，原因就在于技术"代差"，由此产生了技术转移和商业控制。又如，政治优势输出价值观、制度安排和人权干预，那些殖民主义宗主国至今对原来的殖民地仍然抱有心理优势；军事优势可以塑造有利的战略态势，慑止对手轻举妄动，或打赢战争；文化优势可以对他国进行精神控制和入侵，而且使对方不知不觉；等等。这些要素在分立情况下可能无足轻重，但当它们在特定的时间和空间会合时，结构优势就不容置疑了。时至今日，美国对欧洲，美、欧对亚洲，美、欧、亚对非洲，依然处于这种相对优势之中。不同国家和地区之间存在优势"高度差"，尚且没有非洲国家跑到世界其他地方指手画脚的事情发生。

或许，善良的民族总是希望与世无争搞发展、以邻为伴谋地缘、与人为善求崛起，但树欲静而风不止。大国兴衰史无不证明，在人类需求无限性与地球资源有限性的矛盾彻底解决之前，竞争永无止境，没有竞争就没有发展，没有竞争就没有多样性。问题是，竞争与对抗并没有不可逾越的鸿沟，也没有理智永远如常的政治家。这就是千百年来，大国争夺优势的博弈为何如此惨烈而且从不停息的原因。

第二个陷阱："皮洛士陷阱"

如前所述，三角形的秘密在于"比二多一点"，而 1+1>2 的秘密也在于"比二多一点"。仅从这个意义上，我们得到如下关系：

三角形稳定器 =1+1>2 正反馈

三角形是稳定结构，正反馈是不稳定结构，二者牛头不对马嘴，但破天荒地成了让天平保持平衡的两个砝码，真是让人匪夷所思！不，我无意把它们生拉硬拽地扯在一起，只是想借此等式强调，在只有一代又一代人接力前行才能成功的大国崛起面前，三角形稳定器与 1+1>2 正反馈同等重要、不可或缺，关键要看它们相对于谁。如果就结构本身而言，不错，二者有天壤之别，甚至相互矛盾；但相对于大国崛起整个进程来说，它们却对立统一：整体负反馈、局部正反馈，社会负反馈、实力正反馈。用一个时髦词来说，就是稳中求进——稳是基础，进是目的，而且，前进的速度、加速度都要超越守成大国才行。从结构属性看，三角结构是胜势的隐结构，正反馈是胜势的显结构。也就是说，胜势以三角结构为稳定根基，以正反馈为制胜机理，稳定中有激励，激励中有稳定，最后实现国力的 1+1>2。稳定与激励，一隐一显，一张一弛，共同构成胜势的完整形态。

对于一个政治家而言，想到稳定并不难，想到不稳定也不难，但要准确把握稳定中的不稳定则没那么容易。多少人一味求稳而碌碌无为，甚至稳也稳不住；多少人一心求快而人仰马翻，结果一败涂地。只有为数不多的天才政治家，才懂得三角形稳定器与 1+1>2 正反馈可以兼得的深义：谁把握住它们，胜利之神就会向他招手，谁就会大步流星地走向世界巨人之巅；谁失去了它们，即便坐拥金山银山富得流油，也免不了最终衰微跌落的厄运。也就是说，一个新兴大国的崛起，既需要三角形稳定器的稳定机制，也需要 1+1>2 正反馈的激励机制。至于什么时候稳定、什么时候激励，什么地方正反馈、什么地方负反馈，运用之妙存乎一心。

难就难在这里。给三角形稳定器注入激励机制，在稳定的格局中寻找正反馈的机遇，借势突围、乘胜追击或一举登顶，即便懂得这个道理，做起来却并非易事。胜利女神飘忽不定的踪迹如此难以追寻，以至于让许多卓越的政治家、军事家也免不了落入"皮洛士陷阱"，最后功亏一篑。公元前295年，罗马人在塞恩蒂姆会战中击败萨谟奈人、埃特鲁斯坎人和高卢人的联军，取得从阿尔努斯河到萨来诺湾的控制权后迅速南下，目标直指希腊城市国家，而他林敦首当其冲。于是，他林敦人向伊庇鲁斯求援。伊庇鲁斯的国王皮洛士是亚历山大的后裔，也是当时的名将之一。公元前280年，皮洛士率军在意大利登陆，并在意大利南部平原赫拉克莱亚与罗马军团会战。皮洛士是能征善战的英雄人物，而罗马军队是当时世界上装备最精良、战斗力最强的军队，双方发生激战。最终，皮洛士技高一筹，以骑兵和战象的机动攻击力打败了罗马人。公元前279年，双方再战于奥斯库鲁姆，皮洛士再次获胜。但经过两次会战，皮洛士的军队遭到了巨大损失，折损勇将猛卒过半；而且，罗马军队的骁勇让他印象深刻。事后，他说："如果再和罗马打一次的话，我非得损失所有的军队，一个人单身回国了。"不幸的是，皮洛士一语成谶，伊庇鲁斯与罗马人的第三次战争果真发生了。公元前275年，帮助叙拉古人对抗迦太基人并赢得一系列卓越战役后回到意大利的皮洛士，在贝内文图姆惨败于罗马军队，史称贝尼班会战，皮洛士几乎是只身回到伊庇鲁斯的。[①]皮洛士打赢每一次战斗却输掉整个战争，打赢每一次战争却输掉全局，后人将这种胜利称为"皮洛士式胜利"。与其说是胜利，还不如说是陷阱。"皮洛士式胜利"就是"皮洛士陷阱"：一个以局部胜利开始却以全局失败告终的大陷阱。

"皮洛士陷阱"有一种魔力，就是掉进这个陷阱的人将无一幸免地进入一种自循环而难以自拔。一步错步步错，自己无法阻止自己开启的悲剧发生，即便已经意识到灾难就在前面，也会鬼使神差地滑向那里，无可奈何花落去。对于军人而言，它就像套在他们脚上的"魔鞋"，在被求胜欲望拧紧了发条之后只能随鞋齐步走，按照它给定的路线和节奏大踏步走向毁灭。对于政治家而言，它就像站在他们面前变幻莫测的魔术师，每一个行动独立做的时候都正确无比，但把所有行动串在一起时却偏离了正确方向；每一场博弈独立看都赢了，但把它们合在一起时却输个精光。这究竟是为什么？人们百思不得其解。其实，说穿了很简单，还是这两个字：态势。不过，这是一种超越单个事件周期的长波态势，它的跨度要远远大于康德拉季耶夫周

---

① 皮洛士在与罗马军团两次交手后，预感到如果有第三次交战的话，最终失败将在劫难逃，但他还是与罗马军团进行了贝尼班会战，鬼使神差地踏入了自己布下的陷阱。参见陈润华：《孙子兵法鉴赏》，军事科学出版社2001年版，第245—247页。

期。①"皮洛士陷阱"的全部秘密就在于此：关注了"形"却忽略了"势"，形胜而势衰。说白了，皮洛士赢得了胜利，却失去了胜势。

古往今来，无论人们在"皮洛士陷阱"周围划出多少道醒目的警戒线，但突破红线往里跳的却大有人在，而且前赴后继、义无反顾，真是令人惊叹不已。无须扯得很远，第二次世界大战中的希特勒、山本五十六，冷战中的戈尔巴乔夫，包括朝鲜战争、越南战争中的美国人，都是这么干的，他们都慷慨地步皮洛士的后尘。擅长于检讨式总结的美国人，在反思朝鲜战争时就曾语惊四座："在错误的时间、错误的地点与错误的对手打了一场错误的战争。"他们心里当然明白，与毛泽东麾下的中国军队交手，无论每一场战斗打得多么精彩，但战争结局总是归于失败，尽管麦克阿瑟曾对自己没能扩大西太平洋战事反倒被杜鲁门总统解了职感到愤愤不平。如果说第一次落入"皮洛士陷阱"尚且情有可原的话，那么，第二次落入同一个陷阱就简直是不可饶恕，特别是对于那种已经想到却偏偏做不到的人。令人遗憾的是，在大国博弈史上，此类行动脱离思想轨道的案例屡见不鲜。和 15 年前一样，尽管美军在朝鲜战场上被中国人民志愿军打得心服口服②，可当朝鲜半岛的硝烟散尽之后，分明已经用鲜血换取对远东新认识的美国人，战略思维却令人费解地又退回到了战前水平，把本该

---

① 康德拉季耶夫周期由苏联经济学家尼古拉·康德拉季耶夫首次提出。1925 年，康德拉季耶夫在美国发表题为《经济生活中的长波》一文认为，资本主义经济中存在历时 50—60 年的周期性波动，即康德拉季耶夫周期。

② 历史是最公正的评判者。第二次世界大战后，美军吃的两次大败仗都在亚洲，一个是朝鲜战争，另一个是越南战争，而且都与中国有关，确切地说，都与"毛泽东"这个名字有关。这已成了嵌在美国人心中挥之不去的阴影，也是让美军对中国军队心有余悸的原因之一。

汲取的教训抛在脑后，在越南问题原本有更多选项的情况下独独选择了战争。他们抱残守缺，固执地坚持把边缘地带当作控制欧亚大陆的踏脚板。结果，投入的兵力越来越多，战争规模越来越大，在战争泥潭里越陷越深。在麦克纳马拉看来，这一回，美国人犯了"用技术代替战略"的错误，其结果就是赢得战斗、输掉战争。① 殊不知，越南战争的背后依然有毛泽东的影子，这绝非"用技术代替战略"一言可以蔽之的。尽管美国军方并非没有人注意到远东地区的复杂性，以及循序渐进的军事施压策略可能带来的严重后果，但美国人不长记性，重复着与朝鲜战争同样的错误。②

战略上的失误很难从战术或技术上得到纠正和弥补，这句话与其说是对产生"皮洛士陷阱"原因的概括，还不如说是对避免再次落入这一陷阱的忠告。人类早已习惯于为族群利益而相互倾轧，竟全然不知自身的处境。人们大可为一时的胜利而开怀干杯，但它们无疑又是诱饵——把你一步步引向深渊；而且，这诱饵多半是对手

① 美国前国防部部长麦克纳马拉在总结越南战争的经验教训时说："事后证明，我们错了，我们没有充分认识到现代化、高科技的军事装备、军队和理论，在与非正规的、被高度激发起来的人民运动的对抗中，其作用是极其有限的，用技术代替战略，其结果就是赢得战斗、输掉战争。"

② 林登·约翰逊入主白宫后，既不想背负"丢失"越南的骂名，也不想看到扩大战争的事情。于是，麦克纳马拉提出了一个循序渐进地施加军事压力的策略，并得到灵活反应理论的制定者、时任美军参谋长联席会议主席麦克斯威尔·泰勒的支持。尽管此方案受到美军参谋长们的质疑，但约翰逊还是于1964年3月17日决定将其付诸行动。随后，美军参谋长联席会议组织了一次代号为"SIGMA I-64"的兵棋推演行动。结果显示，稳步增加的军事压力非但不能对北越产生任何威慑作用，相反，却导致北越更猛烈的抵抗和南越局势的进一步恶化，只剩下可供美国选择的两个方案——冒着中国可能进行干预的风险迅速扩大对北越的战争，或不光彩地撤出越南。历史学家H.R.麦克马斯特曾把这次兵棋推演描述为"出奇地具有预言性质"，因为越南战争的结局正如该次兵棋推演预言的那样，而且，美国人对这两个选择都要了。参见斯蒂文·L.瑞尔登：《谁掌控美国的战争》，许秀芬等译，世界知识出版社2015年版，第290—292页。

投放的。就皮洛士的败势而言，当然与他对手的胜势相伴相生、互为前提，因为大国博弈向来孤掌难鸣，而当时的罗马帝国崛起之势正盛。就像量子纠缠一样，存在结构性矛盾的两个大国即便远隔千山万水，看似毫不相干，也会相互映射、相互作用和相互影响。也许，很少有政治家能懂得只有科学家才能理解的这种纠缠不清的关系。不过，懂不懂得量子纠缠其实并不重要，重要的是懂得 1+1>2。胜势的奥秘就在于此：只要在稳定的大格局下总是"多那么一点"，那么，在正反馈机制的作用下，实力出现非线性跃升，那是迟早的事，大国博弈的新格局也就会如约而至。1+1>2，何等神奇！就连初中生都明白不过的这个不等式，却在许多决定国家命运的政治家那里令人吃惊地模糊不清，以至于为了所谓个人的政治遗产，只顾埋头拉车而忘了抬头看路。时下，有多少人依然在为赢得"皮洛士式胜利"而沾沾自喜。或许他们明明知道自己走上了不归路，却无法摆脱命运的安排，自己验证自己的不祥之感，自己落入自己布下的陷阱，一条道走到黑。

"皮洛士陷阱"无疑是古希腊的后人对胜势结构最深刻的反思，尽管他们肯定不晓得胜势结构为何物。对于大转折时代的大国博弈来说，不论是为了崛起还是为了守成，也不论当下有多么强大和辉煌，抑或做成功了多少大事情，及时发现并绕过"皮洛士陷阱"，才是大国安全的压舱石。

胜势的三个判据

无论怎样为胜势摇旗呐喊，也无论如何为"皮洛士陷阱"鸣枪示警，如果只是坐而论道，仍然无助于问题的彻底解决。告诉人们如何准确判断态势——不仅要为当下态势"问诊"，而且要为长周期态势"把脉"，才有可操作性，这才是问题的要害。

诚然，假如处于竞争中的大国始终把态势评估作为行动之前的必备程序，那就不失为避免落入"皮洛士陷阱"的一剂良方。但困难在于，态势的优劣并不像战争胜负那样一目了然，多半情况下来无影、去无踪，而且，对当下态势的判断，出于不同站位、不同视野，或许会得出迥然不同的结论。解开当代大国博弈中的"戈尔迪之结"，除了亚历山大的利剑之外，还有系统科学提供的方法论。我们全然可以把它看成一个"黑箱"，通过考察它输入输出之间的关系倒推其内在结构，因为但凡拥有胜势者，定会有共同之处。基于此，提出如下三个判据。

第一判据——战略行动与核心利益轴线的一致性如何。把国家利益视为国家间政治核心的，当首推摩根索。在他那里，国家利益特别是核心利益，是一个融安全和发展利益在内的集合体。从一个相当长的历史时期看，每个国家的利益轴线都会有一个基本指向，或完成国家统一，或摆脱积贫积弱，或实现大国崛起，等等。而这个国家采取的所有行动，特别是关乎核心利益的战略行动，指向必须与这个目标重合，而不应渐行渐远。就大国崛起而言，至少在国家统一、主权独立、领土完整等核心安全利益上，不能有留给守成大国介入的诱发点。对国家安全的度量服从"木桶原理"——"国家安全木桶"的容量取决于最短的那块"木板"。国家安全上存在的每一块短板，迟早都会成为大国崛起必须逾越的沟坎。一个试图崛起的大国，如果不能逐步减少这些短板，甚至相反，短板反而越来越多，那就意味着战略行动已经偏离了核心利益轴线的指向，崛起已断无可能。

天下没有免费的午餐。新兴大国要从守成大国手中夺过接力棒，每个诱发点都会成为博弈点，都将是排兵布阵、讨价还价甚至干戈相向的战场。如是，但凡尚未实现主权独立、国家统一，或与邻国存在重大领土、权益争端的国家，在奢谈大国崛起时都得留点儿神，因为任何安全隐患都有可能被守成大国觊觎和利用，非但让你在一夜之间中断崛起进程，而且从此萎靡不振，甚至万劫不复。很少有人意识到，第二次世界大战以来，特别是冷战结束后，美国在中国周边的布局，包括介入朝鲜半岛、东海、台海、南海等问题，其实很大程度上就是在布"伺机利用这些短板"的局，尽管有各种各样看上去合理甚至很光鲜的理由。至于发展利益，就看新兴大国能否突破守成大国布下的天罗地网了。标准、规则、法律、格局等等，哪一关过不去都不行。

允许政策围绕国家利益主轴上下摆动，以试探国家利益最大化的边界。这种方式为美、英等大国所采用，尽管存在风险，但可以保持应有的政策活力，大大提高获得梦寐以求的"不安分"力量的概率。

> 沿着美利坚利益之矢，
> 容忍思想之翼上下摆动，
> 只要勇敢前行，
> 世界就会为你动容。①

---

① 2017 年 6 月 16 日，美国总统特朗普发布行政令，收紧上届美国政府的对古巴政策。白宫在一份声明中表示，美国将继续执行对古巴的经济、金融封锁和贸易禁运政策。至此，奥巴马政府视若珍宝的四大政治遗产，除了击毙本·拉登之外，全部

　　这是美国人的梦，但是，统治世界没有永恒。大规模插手他国、地区和全球事务，自己既不付出代价也不受惩罚的前提是，战略、战役、战术甚至技术层面都不能有失误。权力大，利益大，风险也大，一招不慎，满盘皆输。如同"倒摆"，只有一个平衡点，一旦偏离这个点，摆锤将在地球引力的作用下迅速跌落，回归平衡。这蕴含了对战略设计和制度安排优势的近乎苛刻的要求。换言之，没有这种优势的国家统治不了世界。美国人问鼎世界，有其道。这个道的核心是美国式的实用主义，以及确保美国国家利益得以实现的制度安排。但他们有没有想过，这样的世界治理模式会导致什么样的后果？会不会与"美国梦"背道而驰？现实主义与理想主义、自由主义，国家利益与联盟利益、人类利益，总是有差别抑或冲突的。这种结构性矛盾，加剧了全球治理中的"倒摆"风险。"倒摆"是世界帝国的死结，美国也回避不了。人也好，国也好，国家集团也好，总是喜欢沿着成功的路径前行，而且不会停下。但是，难就难在没有永远理智的政治家，也没有永远拥有这种优势的国家。这就是自古以来大国兴衰更替的潜规则，上天很公平。

　　第二判据——实力累积方式与时代特征的一致性如何。古希腊两个最大城邦国家——雅典与斯巴达的争雄，可以很好地说明这个问题。当时，雅典以工商业为主，而且拥有一支海军；而斯巴达基本上是内陆国家，以农业经济为主。就财富、力量积累方式而言，雅

被特朗普掀翻，包括退出 TPP 和应对全球气候变化的《巴黎协定》。而奥巴马政府上台时，则是用软实力、巧实力去纠正小布什的"先发制人"，包括宣布从伊拉克撤军、"重返亚太"以及推行"亚太再平衡"战略等。不过，尽管美国的政策可以上下左右摆动，但从不远离国家利益这一轴线。200 多年来，美国依靠这种纠偏式制度安排，避免一条道走到黑，确保国家利益最大化。参见董子峰：《大结构视野下的国家安全》，载国务院参事室《国是咨询》2013 年第 5、6 期。

典比斯巴达更契合时代发展需求，快速崛起很正常。我们发现，支撑大国崛起的栋梁既不是国土面积和人口，也与处在起跑线上的实力无关，而与一个叫核心技术的东西形影不离。但凡能够称雄的国家，肯定是率先掌握了所处时代最前沿的核心技术的国家。无须把目光投得很远，你会发现与这一规律暗合的例子在大国博弈史上几乎俯拾即是。伊比利亚半岛上葡萄牙、西班牙两个帝国的崛起，得益于航海技术领先于他国；号称"日不落"的大英帝国的滚滚财富，源于蒸汽机的巨大推动力；而作为当今世界唯一超级大国的美国，则是第二次工业技术革命和信息技术革命的弄潮儿。我们不能以今天的技术形态去理解几千年以前的具体技术，因为技术形态的演化伴随人类始终。[①] 在远古时期，哪怕是种植技术、贸易方式、社会管理的微小改进，都有可能颠覆生产方式而创造巨大财富，尽管可持续时间长短不一。而武器、弹药、战车等军事技术的突破，以及由此引发的编成、阵法的革新，对军队战斗力的影响不言而喻，尤其在那个凡冲突皆用战争摆平的时代，直接关乎国运兴衰是不足为奇的。

对大国对抗方式的选择，尤其是对战争与和平的选择，考验大国领袖的眼光和意志。比如，当世界格局尚未定格、国家利益拓展

---

① 德国地质学家、哲学家恩斯特·卡普在他的《技术哲学纲要》一书中说，技术活动的伟大正是"从他所创造的工具和机器，从他所想出的铅字中显现出来"的。在卡普眼里，技术是一种类似人体器官的客体，是人体器官的延伸和强化，是人体器官的投影。比如，衣服、房屋分别是人的皮肤和毛发的延伸，弓弩、武器和工具是人的手臂与其他器官的延伸，等等。他对技术的这种人类学解释，深深地影响了后人。比如，有人把电脑看作是人的大脑的延伸，把人工智能视为人脑的强化与完善。卡普在《技术哲学纲要》这部被誉为"技术哲学的奠基作"的著作中，把整个人类史看作人类自我意识的发展史，看作人类不断发明更好的工具的历史。而且，他认为技术的发展过程总是伴随着人的自我意识的进步和人类的自我解放。这种技术乐观主义倾向，与今天柯洁同"阿尔法狗"的围棋大战带给人们的惊叹和反思，不可同日而语。

方式可以多样时，出手就会有收获。如果丧失机遇，就可能留下后遗症，产生连锁反应，后人很难处理。在大国博弈史上，某些大国的某些人，躲在某个阴暗的角落或密室里，一阵窃窃私语之后大笔一挥，就把某个国家或地区瓜分了，世界版图从此改变，这绝非天方夜谭。从 100 多年前的赛克斯—皮科草图，到 20 世纪 30 年代才公开的"麦克马洪线"的划设，再到第二次世界大战末期世界三巨头的雅尔塔协议，"边界"就是大国手中的玩物。只要瓜分相对合理，大家就都会心安理得，并很快形成新的地区乃至世界均势，而且维持相当长一个时期。弗雷德里克·特纳说得最直白，他干脆把国家边界理解为漂移的界碑。处于结构预埋阶段的国家，也许还能够保持头脑清醒，不会大开杀戒。进入塑造胜势阶段后就不同了。大多数国家到了这一阶段，已经越过"中等收入陷阱"而进入发达国家行列，有动机和资本去争夺地盘、扩大势力范围，甚至挑战守成大国，此时是离"皮洛士陷阱"最近的时期。从大国博弈角度看，守成大国希望用"优厚待遇"把你圈在幸福生活之中而停下前进的脚步，甚至设局让你往火坑里跳，进入"发达国家困境"。

　　一个新兴大国的崛起，往往与某个新领域的出现难以割舍。这是因为，在新兴领域，一切还没有定格，一切皆有可能。从罗马帝国对土地的贪婪到美国的边疆"西漂"运动，都符合农耕时代土地边界由实力最终定格的法则。后来，英国、葡萄牙、西班牙、美国对海洋和岛屿的大肆侵占，是海洋成为人类活动新领地之后，遵循谁率先到达就归谁所有的准则的必然结果。如今的全球公域，就是过去农耕时代的土地、海洋。谁能够在这些尚未定格的新领地夺得先机，谁就将是信息时代无可置疑的大国。说到底，一个民族的文化只有契合所在时代的灵魂之光，而且战略行动与有利态势之间建立正反馈，它才能够真正崛起。

第三判据——政治遗产与赢得时间优势的一致性如何。它反映历朝历代领导人对国家终极目标的认识，以及结构预埋行动为后人留下多少战略遗产。政治家为后人留下的战略先手，必须与赢得时间优势保持一致。面对瞬息万变的大千世界，要想准确评估面临的态势，有时候并不容易。不过，但凡是有利态势，它们有一个共同特征，那就是比对手有更多的选择。无论是战争还是大国博弈，如果选择性缺失，只有唯一选择，或者没有选择，就意味着处于不利态势，甚至大势已去。1942 年春，希特勒面临的情况已经与 9 个月前大不相同。当时，摆在他面前的只有两条路：第一条：毁灭苏联的军事力量；第二条：在美英两国尚未能充分发挥其战斗力之前，先把苏联削弱到无能为力的程度。关于第一条路，他早已尝试过了，并且以失败告终；于是，希特勒只剩下第二条路可走。至于他后来为什么又改变第 21 号训令的既定目标，而把获取苏联的石油提升到主要位置，一直是一个谜。尽管包括富勒在内的历史学家们都认为，这是一个战略错误，可谁又曾知道，到 1941 年年底，纳粹德国的石油储备已经下降到了仅仅够用一个月的补给量，也是没有退路的选择。[①] 滑铁卢战役同样如此。有人提出，如果让那个"科西嘉矮子"重新做一次选择，也许欧洲的历史会改写，但问题是那个时候，拿破经已经没得选择。这是因为开战前，拿破仑把 1/3 的兵力交到唯命是从、毫无主见的格鲁希手里时，就注定没有重新选择的机会了。

----

① J.F.C. 富勒：《西洋世界军事史》第 3 卷，钮先钟译，广西师范大学出版社 2004 年版，第 450 页。

一切优势最终都将归结为时间优势。大国间的博弈，从表面上看是在争夺权力，细看是在争夺利益，再往深里看则是在争夺时间。从思想到行动，二者相距十万八千里，中间要以政策为中介系统。如果一切顺利，没有卡壳，思想领先无疑是赢得时间的捷径，是真正从源头上的领先。但令人大失所望的是，从田中奏折到德皇雄图秘著再到彼得一世遗嘱，不少政治家留给后人的惊世谬想，却成了把国家拖入战争，从而走向衰微甚至灭亡的路线图。

有学者跟踪研究发现，如今进入美国顶尖高校读书的学生中国第一，但能留在美国顶尖高校当教授的学生印度第一。"中国的孩子赢在起跑线上，却输在终点线上"，原因在于，高强度的早期教育在获得应试竞争优势的同时，抹杀了孩子们的活力和创造力。在 20 世纪有卓越成就的科学家中，难以看到少年班的"神童"，就很能说明问题。在埋下一种显结构的同时，就埋下了与生俱来的隐结构。那么，结构预埋的正确与否，唯有通过态势来检验，以是否构建有利态势、产生 1+1>2 的胜势为标准。对于早期教育而言，学这学那本身就是结构预埋行动，而创造力就是有利态势。中国人有个误区，"少壮不努力，老大徒伤悲"，以为小时候学得越多越好，抓得越紧就等于赢得了时间，其实是检验的参照系出了毛病。我们为孩子安排的一切早期教育，都必须以激发他们的创造力为参照系，如果不能做到这一点，甚至压抑了孩子的创造力，就宁可还孩子们以自由和活力。大国崛起何尝不是如此。一代又一代政治家的主张和行动、一个政治家政治生涯中的一个又一个决策，无论多么光鲜和时髦，如果不能向崛起这个目标聚焦，而且产生 1+1>2 正反馈，那么，大国崛起将永无成功之日。

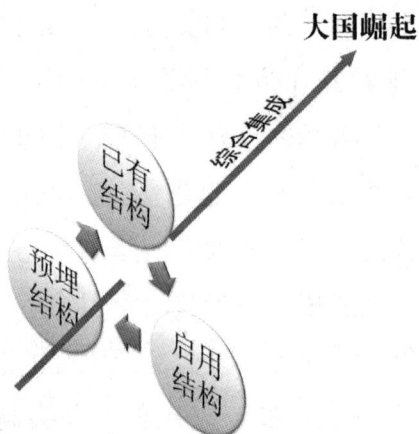

图 6.2　结构预埋与启用的关系

　　一个政治家的政治遗产不仅要接受后人的道德评判，更重要的是接受国运兴衰的历史检验。在你的手里，地缘线，留下多少地盘，或隐或显；经济线，积累多少财富，或有形或无形；技术线，获得多少世界领先，或核心或边缘；外交线，储备多少主动性、选择性，或地缘或均势；军事线，消除多少潜在危机，或威胁或威慑；安全线，消灭多少短板，或领土或主权；政治线，赢得多少战略伙伴，或富大国或穷朋友；等等等等。只有每一条线都共同指向一个目标——大国崛起，胜势之于你，才有可能像当年毛泽东描绘的那样："它是立于高山之巅远看东方已见光芒四射喷薄欲出的一轮朝日"。①

---

　　① 1930 年元旦到来之际，林彪给毛泽东写信，以贺年的形式坦叙了自己对时局的看法和心中的困惑，希望能得到毛泽东的帮助。毛泽东于 1 月 5 日给林彪写了一封语调温和、观点鲜明、文字精妙的回信。1948 年，林彪向中共中央提出，希望公开刊行这封信时不要提他的姓名。毛泽东同意了这个意见。在收入《毛泽东选集》第 1 版时，这封信改题为《星星之火，可以燎原》，指名批评林彪的地方也作了删改。参见罗祎：《战略构想》，解放军文艺出版社 2005 年版，第 138 页。

第七章
战略决战：致命一击

> 凡战者，以正合，以奇胜。故
> 善出奇者，无穷如天地，不竭如
> 江河。

> ——孙　子

一个新兴大国拥有了胜势，意味着已经走完结构预埋、态势构建的漫长之路，具备了击败守成大国而崛起的必要条件。但拥有胜势并不等于赢得胜利，这就像知道了质能转换公式，并不等于能造出原子弹一样。[①] 在大国博弈的最后关头，能把胜势变成胜利的大国断不会由于获得了胜势而自动产生。这关键的关键，就要看你是否真正懂得那最后一击——战略决战的奥义。

对于大转折时代的大国博弈而言，胜利之于新兴大国的条件会非常苛刻。它除了一如既往地要求你通晓大国兴衰的全部秘密之外，还提出了让大多数政治家感到陌生甚至茫然的前提条件：在当下对抗之外的对抗中赢得未来，在生死对决之前的决战中夺

---

① 质能转换公式 $E=mc^2$ 由爱因斯坦提出，也叫爱因斯坦质能方程。该方程主要用来解释核变反应中的质量亏损并计算高能物理中的粒子的能量，对于原子弹的发展是关键性的，这也导致了德布罗意波和波动力学的诞生。

取胜利。或许，这是许多职业政治家终身都无法完成的课题。这是因为，在以往的大国博弈中，所有力量、资源、布局以及战略策略的运用，几乎都是围绕现实利益展开的当下竞争，这种短视在大转折时代已不合时宜。新兴大国要想赢得明天的大国博弈，就必须以潜在利益的集聚为首要目标，把结构预埋的眼光放远再放远；这还不够，还必须按照1+1>2的正反馈机制塑造胜势；这仍然不够，因为获得胜势并不能保证胜利一定会如期而至，它还需要一把锋利的青龙剑去点化，而这把利剑就是战略决战——通过启用已有结构或预埋新的结构，迅速放大胜势，并在关键时刻给对手以致命一击。

一句话，战略决战是基于结构优势一击定乾坤的大国巅峰对决。

如果这一命名可以成立的话，那么，这种巅峰对决意味着不按常理，与墨守成规背道而驰；意味着不再保守现状，主动寻求格局突破；意味着激情四射，勇于尝试和冒险；还意味着大国兴衰规律将被重新审视，甚至许多已有的大国关系准则也将被重新修改。只知道邀正正之旗、击堂堂之阵的人，无法担当战略决战的使命。也许，大国博弈中的战略对抗可能会有多次，但战略决战只有一次，即那决定大国命运兴衰的重重一击。只有以胜负全局为筹码的战略对抗行动，才能释放战略决战的全部信息。战略决战可以在瞬间发生和结束，也可能持续相当长一个时期；但无论如何，它都是过去一切努力的展示，是态势积累的一种必然，也是一次历史的综合。大国之间从不会平白无故地发生战略对抗，更不会发生决定世界格局和命运的战略对决。这种战略对决，只会发生在有意称霸某个领域、地区甚至整个世界的国家或民族之间。也不是所有的战略对抗，都可以称得上战略决战。那种没有完成结构预埋、塑造胜势进程的擦枪走火，或不在一个层面上的、一边倒的冲突，都称不上战略决战；仅仅是没有结局的战略相持，或没有足以决定行动者命运的大国对抗，也算不上战略决战的完成。

大国兴衰是一个相对运动。尽管你可能不屑于你输我赢的零和博弈，也无意让竞争对手麻烦缠身而每况愈下，但从人类历史看，大国博弈总是那么残酷无情，以至于结局惨不忍睹。而且，大国兴衰更替、潮起潮落永不停息。

大国崛起的种种幻景

人们也许会认为，大国博弈中的结构预埋是必要的，塑造胜势也是理所当然，但对战略决战的必然性心存疑虑。抱有这种想法的人，大都与"自然崛起论"脱不了干系。持这一观念的人以为，一个国家的实力渐进积累到一定程度，或一个民族拥有优秀的传统文化基因，或奉行恰如其分的外交策略，就会自然而然地崛起；而且，成为数一数二的世界性大国，那是迟早的事情。

渐进相对于激进而言。激进式崛起一般通过各种手段，包括军事手段和战争，来拓展实力，甚至不惜与守成大国进行殊死决战来完成崛起大业。而渐进式崛起则希望通过发展经济等途径逐步积累自身实力，最后超越守成大国而崛起。渐进式崛起的最大误区在于，以为综合实力积累到一定程度就自然会崛起；或者说只要坚持和平发展，综合实力就一定会不断得到增强并最终超越守成大国。

这一逻辑忽视了大国崛起的博弈本质，忽视了守成大国的存在，也忽视了人类追求功利和荣誉的本性。

毫无疑问，当新兴大国的实力发展到一定程度时，守成大国定会采取各式各样的手段，包括"中等收入陷阱""皮洛士陷阱""修昔底德陷阱"，遏制你的发展，以防威胁其核心利益，挑战其世界霸权地位。如果说在新兴国家崛起的中早期，守成大国为了特定利益与你合作共赢还有可能的话，那么，到了大国博弈的收官阶段，特别是在你犯下致命错误的时候，守成大国会毫不客气地给你重重一击。或许你有一百个理由不想以战争方式解决冲突，但对手会利用你的这种心理指向制造危机，生生把"最后一搏"送到你的面前。你不得不作出二者必居其一的选择：要么战争，要么灭亡，甚至战争也得灭亡。假如你没有充分的战争准备，但守成大国已经放马过来，你不得不硬着头皮应战，那将必输无疑；抑或你压根儿不想发生战争，甚至认为还不到以战争解决冲突的最佳时机，愿意放弃利益而免得生灵涂炭，其结局当然是战也败、不战也败。正所谓输掉一场战争，输掉一个时代。因此，从终极意义看，大国博弈没有双赢。一场横跨几代人甚至几十代人的"马拉松"，冠军只有一个，你赢了他就输了，他赢了你就输了。这个结论也许会让人沮丧。

针对中国的崛起，近年来，一种可称为"文化崛起论"的观点盛行。持有这一观点的人认为，儒家文化作为中国传统文化的核心，由于本身不是宗教，一方面对别的文化不排斥，另一方面作为一种补偿，把"敬"提到很高的地位，因而，"敬"已经进入了中华文化的信仰之维。他们认定，光靠策略、语言难以与不同文化沟通，从根儿上说，还得靠诚信行天下。尽管当今世界的麻烦很多，但孔老夫子很早就开出了济世良方：一个是和而不同；另一个是己所不欲，勿施于人。中国有这样辉煌的传统文化，崛起是必然的。这些"文化达人"忘记了美国。美利坚建国仅仅200多年，也没有像中国这样悠久的5000年传统文化，却一举成为当今世界的唯一超级大国。他们同样忘记了中华民族自己，数千年来风风雨雨、生生不息，既有过辉煌，但也苦难深重。这是为什么？因为一个民族的文化只有契合所在时代的灵魂之光，它才有问鼎世界之巅的可能。中华文化曾经契合农耕时代的生产方式，古代中国成为那个时代的世界大国理所当然。由此可以推论，中国要想实现民族伟大复兴，必须扬弃传统文化，否则，崛起只能是南柯一梦。农耕时代的最大特点是生产力和生产方式落后，人力劳作，靠天吃饭，交通、通信不畅，国土面积、人口规模、生存资源对国家实力的影响至关重要。也只有在那个时代，"世界中心论"才能成立，进贡体系才能行得通。在信息时代，再想靠这些东西东山再起已断无可能。中华文化唯有凤凰涅槃、脱胎换骨，才能契合新时代的极光而助推中国崛起。其实，从大国博弈角度看，任何文化有机体的复兴之所以"难于上青天"，是因为一种文化一旦作为统治文化而定型，与其说它的优势世人皆知，还不如说它的劣势被昭告于天下。寄希望于昔日辉煌重新来过，除非来一场自我革命，除此之外，别无他途。

另外，还有"经济崛起论""地缘崛起论""外交崛起论"等形形色色"自然崛起论"的不同版本。大国崛起的万花筒被急功近利的人肆意摇动着，呈现出千姿百态的幻象。殊不知，大国崛起本质上是大国博弈，属于高风险事业，从来没有天上掉馅饼的美事。指望与世无争搞发展、与人为善搞竞争，以为按照现在的速度发展下去就一定崛起，其实那是一种幻觉。

　　作为守成大国与新兴大国博弈的最后一个阶段，无论由谁主动发起，战略决战都将如期而至。但从规律角度看，新兴大国多半会处于攻势，而守成大国则疲于被动应对，甚至懵里懵懂、迷迷糊糊，不知道已经进入最后对决。例如公元前431年开始的长达30年的伯罗奔尼撒战争，按照修昔底德的说法，面对雅典人的扩张，斯巴达人一直没有作出反应，如果不得已发生战争，也是被迫应战。455年，汪达尔人对罗马城发动进攻，罗马人一直处于麻木和被动应对状态，直至罗马城被攻陷后遭屠城两周，使"汪达尔主义"成了惨无人道的代名词。其实，其中的道理很简单。新兴大国要超越守成大国，当羽翼丰满之后，免不了一直在寻机与守成大国一决高低，对守成大国态势的关注甚至超过守成大国自己对自己的关注，这里传出了打江山容易、守江山难的弦外之音。

　　人类历史上，大国兴衰延绵不断。尽管不同时代的决战方式、周期可能有所不同，但任何大国的崛起都必须经历战略决战的生死考验，而且无一幸免。也许有人会提出质疑，因为当年美苏争霸最后以苏联解体告终，美国不战而胜，堪称"和平崛起"的范例。但只要把美国的历史倒过来看，从1991年苏联解体倒推到1898年美西战争的近100年间，美国发起或参加的大大小小战争数不胜数。可以说，战争充斥着美国的崛起史。只要稍稍梳理一下美西战争以来的美国战史，就不难发现美国运用战争手段解决与大国冲突的三个基本模式：其一，与大国直接发生正面战争，如美西战争、美日战争；其二，在联合其他大国的战争中击败它，如美英联合抗击纳粹德国；其三，发动第三者战争，包括代理人战争、与守成大国"卫星国"的战争、改变地缘政治格局的局部军事行动，如冷战期间美国在两伊战争、中东战争中，玩的是螳螳捕蝉、黄雀在后。让人不可思议的是，伴随着美国的崛起进程，西班牙、日本都是在与美国的正面交战中败落的，昔日的大英帝国在联美作战中彻底退出了世界政治舞台的中心；第二次世界大战后，德国东西分离而一蹶不振，日本则成了美国的保护国，当了美国在西太平洋地区的一个马前卒，真是命运捉弄人。毋庸置疑，从战争中捞到的种种好处，使美国人对战争这玩意儿的感觉十分微妙，相当一部分美国政治家喜欢用军事手段解决利益争端。其实，美国人在骨子里，从来就不在乎用什么手段，合作、恐吓抑或战争都行，只要达成目的就好，现实主义的价值取向一目了然。然而，在如何运用手段问题上，美国人可以说动足了脑筋，一向追求行动的时机、样式、火候都恰到好处，理想主义色彩浓妆艳抹。比如，就美国介入世界事务的时机而言，大体上有两个：一个是坐山观虎斗，待到两败俱伤时，支持一边打另一边，"胜于易胜者也"；另一个是静观其变，审时度势，等到对手露出破绽时，给予致命一击，"而不失敌之败也"。[①] 这套做法自美西战争以来，屡试不爽。

时下，尽管美国正在衰微的议论不绝于耳，但这并不影响美国成为冷战的大赢家，成为当之无愧的超级大国。毫无疑问，从今往后任何新兴大国崛起都不得不与美国过招，过不了美国这一关，崛起也就无从谈起。显然，能否深刻理解大转折时代大国崛起的路径，以及看透美国的维霸秘诀，对于怀揣梦想的新兴大国而言，无疑都不可或缺。秘诀可以讲三天三夜，但结论只有一个，那就是：

---

① 孙子曰："古之所谓善战者，胜于易胜者也……不忒者，其所措必胜，胜已败者也。"又曰："故善战者，立于不败之地，而不失敌之败也。"见《孙子兵法·形篇》。

面对美国这样的对手，必须丢掉幻想，准备战略决战。我想，除此之外，别无他择。

寻找"阿喀琉斯之踵"

既然大国争雄终究躲不掉最后的战略决战，那么，如何赢得决战也就成了新兴大国无法回避的课题。问题是，即便自己准备得再充分，只要对手没有露出破绽，你还是无法走进凯旋门。孙子曰："昔之善战者，先为不可胜，以待敌之可胜。不可胜在己，可胜在敌。"①显而易见，新兴大国要想让胜利之神为自己加冕，仅仅准备好自己是远远不够的，还得找到撬动地球的支点，那就是发现守成大国的"阿喀琉斯之踵"②，并施以精确的聚能打击。

什么是守成大国的"阿喀琉斯之踵"？那是堡垒的缺口、木桶的短板、铜墙铁壁的薄弱环节和孙悟空头上的金箍。"阿喀琉斯之踵"是在修炼过程中留下的，与其说它是被忽视了的隐患，还不如说任何强大都有与之如影随形的脆弱。这是一种思想方法，一种强者与弱者通用的思想之法。它告诉人们，再强大的国家，也有软肋；而且，一切守成大国的致命弱点，恰恰在于它的优势，而不在劣势。

这似乎让人不可思议，但历史明白无误地给出了答案。

---

① 《孙子兵法·谋攻篇》。
② "阿喀琉斯之踵"是希腊神话故事。阿喀琉斯出生后，他的母亲、海洋女神西蒂斯握着他的脚在冥河里浸泡，因此，他全身除了脚踵之外，其余的地方刀枪不入，但他最后正是被射中脚后跟死去的。

最强大的往往也是最虚弱的，最猖狂的时候也是最容易出大错的时候。看似固若金汤，甚至咄咄逼人，貌似无懈可击，也许薄弱环节恰恰就在这里。比如，军事上强大的大国，就喜欢用军事手段解决问题。大英帝国借工业革命和海上炮舰的强大力量，曾经征服海外 59 块殖民地，控制了比它本土大 140 多倍的版图，主宰着比本民族多 10 倍的人口的命运。希特勒也是这么干的，奉行大规模军事征服政策，德国法西斯庞大的战争机器高速运转，把战火引向了全世界。结局不难想象，它们最后都纷纷跌入"皮洛士陷阱"。今天的美国人似乎在步这些老牌帝国的后尘，动辄使用武力或以武力相威胁。他们忘了，大国博弈原本就是一把双刃剑，物极必反，福祸相依。历史在不断提供新的证明。

最成功的也许是最失败的，守成大国成功登顶后常常会留下解不开的"戈尔迪之结"。人们总是喜欢沿着胜利的轨道惯性滑行。殊不知，世界是运动、变化的，按老套路出牌，会输得血本无归。这是因为，巅峰状态强化一种精神的同时也丧失了另一种精神，成为"罗马治下和平"年代的最大危机。罗马帝国的过度扩张，使得整个社会把战争视为高于一切的事业，谋取军功成为人们取得高级职位和荣誉的唯一道路。在当时的罗马人眼里，军事才能才是最高的才能、最高的道德，身上除了还剩下军事美德，所有其他的美德都丧失了。他们只知道打仗这一个职业，而把支撑社会大厦的其他职业全都抛之一旁。

最光鲜的可能是最黑暗的，刻意装潢的地方也是最容易忽视的地方。正所谓一种倾向掩盖另一种倾向。说守成大国的优势往往是它的"阿喀琉斯之踵"，并非只有等待对手出错这一条路。我们应当看到事物的另一面，那就是遮蔽。大楼越高，影子越大，就越容易挡住自己的视线。比如，美国的科技领先优势，可以为新兴大国提供一面镜子，用它去发现美国视野之外的遮蔽处，提前进行秘密研发，我们大可以美言其为"后发优势"；但问题在于，你能否发现这个阴影，并且迅速采取行动。君士坦丁堡作为一座水上孤城，四面环水、难以接近无疑是其得天独厚的优势。而它的陷落正是因为奥斯曼土耳其人利用了这一优势，他们发现了君士坦丁堡上空开放的软肋，用远程大炮跨越海峡，用小船快速投送力量，城破就在所难免。

令人匪夷所思的是，人们千方百计得到的东西最后竟成为葬送自己的坟墓。罗马帝国在多大程度上借修建道路成功扩张，也就在多大程度上为自己的灭亡准备好了棺木。攻下罗马城之前，出自西哥特王阿拉里克之口的"条条大路通罗马"，一语道破天机。大英帝国在殖民扩张时期掠夺的巨大财富，最终成了它自己打垮自己最有效的弹药，并且为无法治愈的"英国病"落下了终生病根儿。守成大国千辛万苦建立的优势，最后却成了新兴大国借力打力的切入点，这或许可以称为崛起悖论，说到底还是人性的局限。一切优势通过人性局限的异化，最后走向反面。但凡处于巅峰的国家，都会因为巅峰而失去某种东西——多半是精神上的东西，尤其是反躬自省精神。一旦进入这种状态，就会产生一种超越个人的强大力量，出现"熵增"效应。这种效应通过人的心理和舆论放大，使社会迅速滑向无序。罗马帝国失去了劳动热情，大英帝国失去了继续创新的动力，苏联失去了社会主义的初心，美国失去了与新兴大国合作的耐心，等等等等。罗马帝国后期，人们对劳动毫无兴趣，节日多如牛毛，沉迷在花天酒地之中。同时，罗马人口急剧减少，大片土地无人耕种，对日耳曼民族的迁徙产生了巨大吸引力，最后成了罗马帝国的掘墓人。[①] 集全国之力办大事，作为社会主义国家的体制性优势，无与伦比。但优势变劣势，也就在旦夕之间。美国人在冷战后期不无震惊地发现，统摄整个苏联大厦安危的神经中枢——最高层，竟然正是庞大的苏联帝国的"阿喀琉斯之踵"。掌握了这个秘密，接下来的事情就好办了，美国人顺理成章地扮演了这个世界上最出色的外科大夫：先是做术前心理疏导，安慰好病人；然后打麻药，让他失去知觉；接着，试探性地抽取小骨骼，如有反应，则继续加大麻药剂量，直到可以大卸八块而病人浑然不觉；最后，再给他来个降龙十八掌，一击即垮，完成了一次几乎没有痛觉的活体解剖——苏联解体了。

大国兴衰史上有过各种各样的警世忠告，但大多被当作耳旁风而遗忘。究其原因，这些警言都是针对别人说的，没有谁相信会发生在自己身上。真正有价值的忠告，应该是一个思维框架。这一框架仅凭其思想方法就让博弈中的大国跳出自己看自己，以免留下"只缘身在此山中"的哀叹。我所说的寻找"阿喀琉斯之踵"，就是这样一个框架、一个战略思维的框架。它不同于以往任何文学性很

---

① 据统计，1 世纪时，罗马全年的节日为 66 天，2 世纪增加到 123 天，4 世纪则增至 175 天。在节日里，举办奴隶角斗、斗兽、戏剧、海陆战等各种庆典娱乐活动，所有开支全部由国家支出。奴隶主过着骄奢淫逸的生活；自由人鄙视生产劳动，把劳动看成耻辱。同时，大量破产农民流入城市，流氓无产者的人数与日俱增。按照富勒的说法，日耳曼民族的迁徙，以 376 年哥特人渡过多瑙河为起点。起因是匈奴人从伏尔加河地区西进，但是，罗马帝国土地的荒芜，无疑是吸引他们迁徙的另一个原因。巴尔克爵士说："罗马人口一个世纪比一个世纪减少，许多土地都开始无人耕种。似乎自然本身已经创造了这样一个真空，对于日耳曼产生了无可避免的吸引力。一旦壁垒破裂，洪流当然就顺势趋下，自然冲涌进来了。"参见刘景华主编：《大国衰落之鉴》，人民出版社 2007 年版，第 57 页；另见 J.F.C. 富勒：《西洋世界军事史》第 1 卷，钮先钟译，广西师范大学出版社 2004 年版，第 247 页。

强的普世箴言，只有在这个框架中装入自己和对手，它才开始有了指向性和可操作性。一场大国博弈能否取胜的关键，不在于别的，只在于你把自己装进这个框架之后看到了什么。毛泽东把美帝国主义比作纸老虎，为什么？因为毛泽东与形形色色的帝国主义及其反动派打了一辈子交道，摸到了帝国主义欺软怕硬的脾气、性格，搞清楚了帝国主义追求利益最大化的本质，牵住了它们的"牛鼻子"，也就没有什么可怕的了。在解放战争、朝鲜战争、越南战争的战场上，美国人明里暗里吃了亏，却不得不承认毛泽东是伟人。美国一向对东方文化敬而远之，在美国大学的图书馆里甚至找不到中国的哲学书。美国人对东方文化不仅陌生，而且多少产生了神秘感，对以孙子、毛泽东为代表的东方智慧是又恨又爱又怕，这也许正是美国的"阿喀琉斯之踵"。

在整个生物系统中，从人类到动物再到微生物，万物相克相依。老鼠是大象的天敌，猫是老鼠的克星，而猫的对手实在太多了，真是应了那句老话："卤水点豆腐，一物降一物。"不过，但凡生物皆有致命的"命门"，大到豺狼虎豹，小到蝼蚁细菌，再到人类自己，概莫能外。人类曾受尽细菌的折磨，乃至被夺去生命。抗生素的发现在给人类带来福音的同时，却锻炼了细菌耐药的本事，抗药性问题又让医生和病人苦恼不已。一直以来，全球科学家都在寻找对付抗药性细菌的方法。哥本哈根大学的专家发现了细菌不为人知的一个弱点，即质子泵泄漏。[①] 人们有理由相信，用不了多久，科学家

---

① 在细菌能量代谢过程中的关键一步，即当细菌因酸碱不平衡而"极其危险地变酸"时，它的一个质子泵会泄漏。科学家希望，这一发现能有助于开发出利用细菌这一先天弱点的药物。参见《科学家发现细菌致命弱点》，载《参考消息》2016 年 3 月 23 日第 7 版。

就可以利用细菌的"阿喀琉斯之踵"，找到破解细菌耐药性的钥匙。至于细菌失去耐药性之后，或者说没有细菌的世界将给人类带来什么，无疑是一个新的课题；而且，这一循环永无止境。

可以肯定的是，"阿喀琉斯之踵"不会只有一个。经济、科技、军事、政治……所有与大国崛起有关的领域，都可能存在"阿喀琉斯之踵"。它们既有空间意义上的漏洞，也有时间意义上的空白，更多的是时空融合意义上的攻击点——隐藏在大国博弈中难为人知的制胜点。当然，如果有谁想找到守成大国的所有致命弱点，那既徒劳，也没有必要。我想说的是，关键看你找到了什么，是否真正发现了对手的死穴。不过，这死穴即便是客观存在，还得有发现它的眼睛；即便是有了发现死穴的眼睛，它还得在过招中暴露出来；即便是定位准确，还得施以精确的聚能打击，以确保一剑封喉。

不过，没有谁能给未来的大国博弈开出一个只胜不败的药方。魔高一尺，道高一丈。天底下，从来就没有可称得上终极的战法。假如说有什么万全之策的话，那一定是以不变应万变的思想方法。马丁·海德格尔在解释老子的"知其白，守其黑"时说，那理解光明者将自己深深隐藏于茫茫黑暗之中，于是，提出了"白天看星星"的命题。① 发现守成大国的"阿喀琉斯之踵"，正需要这"白天看

---

① 海德格尔的原话是这样的，《老子》讲："那理解光明者将自己藏在他的黑暗之中（知其白，守其黑）。"这句话，向我们揭示了这样一个人人都晓得，但鲜能理解的真理：有死之人的思想必须让自身没入深深泉源的黑暗中，以便在白天能看到星星。在海德格尔看来，现代技术意味着一种架构化的单向开发活动，只知去揭蔽，去开发知识和有用的光明，而不知保持这种揭蔽的前提，即隐藏着的境域势态（黑暗）。其典型例子便是原子弹，它爆炸时产生的致死强光"比一千个太阳还亮"，"光明不再是发散于一片赤裸裸的光亮中的光明或澄明"。他在这里说的"有死之人"，指人的根本"有限性"或"缘在"本性。参见张祥龙：《海德格尔思想与中国天道》，生活·读书·新知三联书店1996年版，第434页。

星星"的本事,不被浮云遮望眼,跳出"路灯下找钥匙"的视野局限。一句话,"阿喀琉斯之踵"不是凡人能发现的,能发现它的肯定不是凡人。

大国兴衰的秘密何等复杂,但结论就这么简洁。

拐点、临界状态和诱发点

作为大国博弈的最后对决,战略决战看似自成体系、特立独行,其实不然。这是因为,决战的展开与最终完成,不可能脱离结构预埋、塑造胜势两个阶段打下的基础。恰恰相反,它正是前期战果的继续放大,目的是倒逼对手的综合实力增长曲线出现拐点,塑造临界状态,并等待压垮骆驼的最后一根稻草的到来。

人们深信,世界性大国不会在一夜间衰落,战略决战也不可能一瞬间完成。可又有谁知道,一个大国由盛而衰经历了怎样的跌宕起伏,隐藏了多少难以言说的秘密。然而,我发现,任何大国衰微都逃不掉决定命运的三个关键节点:拐点、临界点和诱发点。它们按时间顺序排开:拐点在前,临界点居中,诱发点在后,就像三颗串在一起的定时炸弹,每爆炸一次都让大国元气大伤一次,直至走向灭亡(见图7.1)。当然,图中的临界点正好是守成大国与新兴大国综合实力的平衡点,这只是一种特殊情形。大国兴衰更迭的过程异常复杂,而临界点附近格外敏感,力量对比的态势瞬息万变,出现不同情形很正常。

拐点,指丧失胜势的点 (t_1)。确切地说,它是一个国家综合实力发生质变的转折点。从此往后，国家实力由上升转向下降。也许，处于拐点附近的守成大国的整体实力还会在新兴大国之上，甚至凭借惯性继续向前冲一阵子，但加速度由正变负，增长势头锐减。拐点很隐蔽，不易被发现，尤其对于那些躺在过去的辉煌上睡大觉的人。他们可能会说，你看啊，我们的实力天下第一，在这

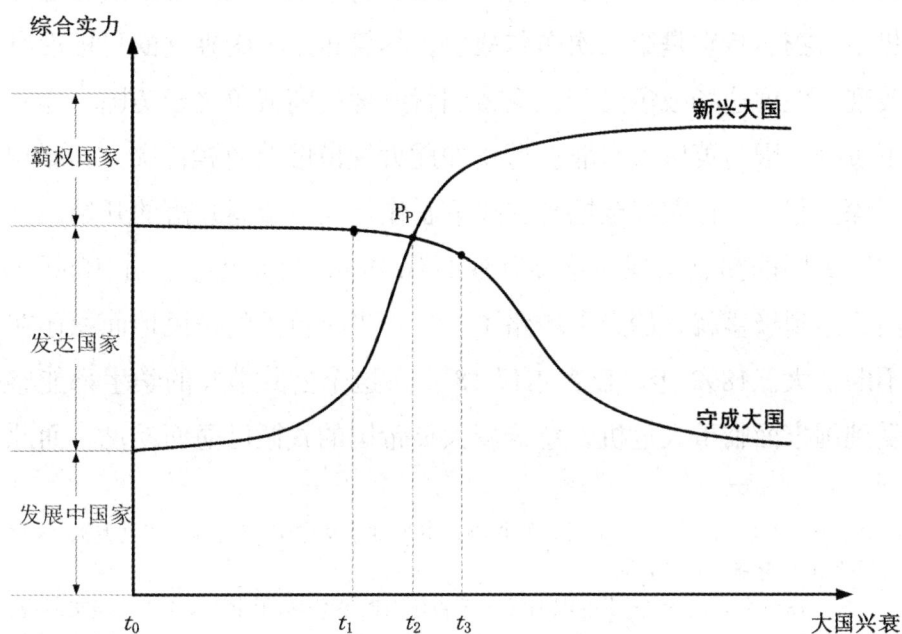

图 7.1　大国综合实力对比态势图

个世界上呼风唤雨，没有谁能与我们比肩。罗马帝国的"3世纪危机"，最后引发东、西罗马分离，就是罗马帝国的拐点。从此，罗马帝国的国运开始衰弱，一蹶不振。① 对于大英帝国来说，1901 年

① 从 192 年康茂德被杀到 284 年戴克里先登上王位，罗马帝国爆发了严重的社会危机，史称"3世纪危机"。危机主要表现为农业萎缩，商业萧条，城市衰落，财政枯竭，政局混乱，内战频仍。这种全面而深刻的危机，猛烈冲击和动摇了罗马帝国的

的确不同寻常：英国人在南非陷入与布尔人的游击战，不断向非洲增兵；创造了维多利亚盛世、在位长达64年的维多利亚女王寿终正寝；澳大利亚开了脱离英联邦之先河，随后，新西兰等国步其后尘；那位在少年时就预言英国将有灭顶之灾，而将拯救伦敦和大英帝国于水火之中的温斯顿·丘吉尔，进入英国议会。[①]20世纪伊始的种种征兆，似乎预示着一场暴风雨即将来临，大英帝国式微已经势不可挡。特别是第二次布尔战争，尽管布尔人闹独立的目标没有实现，但说这场战争之于大英帝国就好像越南战争之于美国一样并不过分，因为英国人在非洲遭受如此大规模惨败尚属首次，其影响至深至远。[②]有人甚至把布尔战争看作是大英帝国衰落的开始。其实，英国的拐点出现在维多利亚时代中期。确切地说，在1860年前后达到极盛就开始走下坡路了，尽管当时英国的殖民地面积还在不断扩大。1892年，丘吉尔仅18岁，这个公共学校的学生都能感受到国家面临重大危机，意味着大英帝国的式微已显而易见，而此

社会基础，对罗马帝国产生了巨大的影响。参见刘景华主编：《大国衰落之鉴》，人民出版社2007年版，第56页。

　　① 1892年，时年18岁的温斯顿·丘吉尔对哈罗公学的同学米兰德·埃文斯说："我可以看到，如今和平的世界上空笼罩着巨变的阴霾……我将指挥伦敦的防守，将伦敦和大英帝国拯救于水火之中。"参见尼尔·弗格森：《帝国》，雨珂译，中信出版社2012年版，第253页。

　　② 第二次布尔战争（1899—1902），亦称布尔大战或南非战争。1886年，德兰士瓦南部发现大面积金矿，外国人纷至沓来，加剧了英国人与布尔人的矛盾。1895年发生的詹姆森袭击事件促成一场布尔人起义，使英布关系更趋恶化。最后，由于保护英国淘金者的英军没有在布尔人最后通牒的限期内撤出，南非共和国及其盟友奥兰治自由邦于1899年10月向英国宣战。其中，1900年1月24日的斯皮恩山战役中，英国人遭受重创，4.5万人因伤亡、疾病死去，并导致英国本土舆论的两极对立，成为英国人挥之不去的痛。而温斯顿·丘吉尔当时作为随军记者目睹了这一切，并以对布尔战争的嘲讽而名噪一时。参见乔治·C.科恩：《世界战争大全》，昆仑出版社1988年版，第80页；另见尼尔·弗格森：《帝国》，雨珂译，中信出版社2012年版，第235页。

时距第二次布尔战争爆发还有 7 年。[①]

临界点，指国家进入临界状态（t_2）。这是一个国家原有秩序崩溃之前的特殊时刻，山雨欲来风满楼。此时只要有一个扰动，就会发生战争、社会动乱、政权更迭等事件，甚至出现国家衰亡的情形。从役使原理得知，系统在临界点附近的行为仅由少数慢变量决定，系统的快变量由慢变量（序参量）支配。[②] 社会系统中的慢变量，常常不被人们发觉，以至于革命性变革到来之前还蒙在鼓里。在苏联解体前夕，整个世界包括东方和西方，就处于这种情景之中。其实，苏联在 1989 年前后已经进入临界状态，只是里根及其继任者，甚至包括戈尔巴乔夫本人都未曾察觉而已。"布什和戈尔巴乔夫都并无太多预料，这说明他们对即将发生的事情并没有太多的掌控。那些由约翰·保罗二世、邓小平、撒切尔、里根和戈尔巴乔夫自己在过去十年中精心造就的对现状的挑战，已经使现状变得缓和，甚至那些难以预料的来自鲜为人知的领导人甚至无名小卒的攻击都使它显得十分脆弱。"[③] 尽管加迪斯的这番话多少有点虚张声势，因为导致苏联解体的真正原因远非"十年中精心造就"这么简单，但他毕竟说出了实情，而且离大彻大悟仅一步之遥。

诱发点，指导致社会系统从一种状态到另一种状态的突发事件（t_3）。处于临界点附近的国家尽管很不稳定，但不会自动滑向

---

① 保罗·肯尼迪：《大国的兴衰》上卷，王保存等译，中信出版社 2013 年版，第 156 页。

② 参见许国志主编：《系统科学》，上海科技教育出版社 2000 年版，第 9 页。

③ 科学家们称这种状况为临界状态：这个系统中某一部分发生的细微变化，可以改变甚至摧毁整个系统。他们还知道，预测这种崩溃在何时、何地、如何发生，或者影响如何，都是不可能的。参见约翰·刘易斯·加迪斯：《冷战》，翟强、张静译，社会科学文献出版社 2013 年版，第 277 页。

新的定态，需要一个初始动力，借"上帝之手"推一把，它就是压倒骆驼的最后一根稻草。这个点很有意思，对于守势国家而言是诱发点，而对于攻势国家来说则是发力点。如苏联的"8·19"事件，在直接导致苏共政权出现危机的同时，也给反共力量及其身后的大国提供了发力的契机。苏联社会以及整个华约集团的秩序开始失控，直至最后解体。诱发点很像系统科学中的涨落现象，一个很不起眼儿的事件就可能颠覆整个大厦。①

从拐点到临界点再到诱发点并非孤立事件，它们在什么时候以什么形式出现，完全取决于博弈双方的结构预埋与启用，绝不是一厢情愿的事情；而且，谁也无法独善其身。拐点的出现，与其说是守成大国统治阶层对国家态势走向的漠然无视，还不如说是新兴大国长期以来的结构预埋塑造的胜势倒逼而来的。守成大国眼睁睁地看着大势已去，感叹一江春水向东流而无能为力。对于崛起中的新兴大国而言，如果说结构预埋、塑造胜势是在准备好自己的话，那么，战略决战就是在准备好对手，千方百计让对手的临界状态早日出现，并在恰当时机以恰当方式给予致命一击。首先，新兴大国要充分利用结构预埋、塑造胜势两个阶段，让对手丧失胜势、出现拐点；而找到对手的"阿喀琉斯之踵"，也许是促使拐点尽早现身的一剂猛药。然后，在判定对手确已越过拐点后，火力全开，以"洪荒之力"为对手塑造临界状态，加速其临界点的到来。只要对手进

---

① 系统科学认为，在系统发生相变时，涨落起着重大的作用。处在临界点处的系统，原来的定态解失稳，但系统不会自动离开定态解，只有涨落才使系统偏离定态解。偏离范围不论多少，只要有偏离，就会使系统演化到新的定态解上。因此，可以说，涨落是使系统由原来的均匀定态解向耗散结构演化的最初驱动力。参见许国志主编：《系统科学》，上海科技教育出版社 2000 年版，第 191 页。

入临界状态，最后剩下的事情就好办了，用一个"巧"字就可以解决问题。这是因为，此时的守成大国已是强弩之末，进入临界状态则意味着，一有风吹草动就可能分崩离析。

从拐点到临界点，可能需要几十年甚至更长时间，而从临界点到诱发点的时间相对较短，且三点间隔总体上呈现逐步缩小的趋势。随着人类生产力和军队战斗力的发展，社会系统慢变量的自身演化提速了，不同时间节点之间的间隔变小很正常。罗马帝国从284年的"3世纪危机"出现拐点，到395年东、西罗马帝国分离进入临界状态，相隔111年；从临界点到428年西罗马帝国灭亡，约33年。英国从1860年出现拐点到1914年卷入第一次世界大战进入临界状态，相隔54年；从临界点到1939年第二次世界大战爆发，前后只有25年。苏联的拐点出现在20世纪70年代末的阿富汗战争，到20世纪80年代末东欧剧变后进入临界状态，相隔只有10来年；从临界点到"8·19"事件，仅仅3年。

也许有人会说，社会系统并没有那么显而易见的节点，甚至这些节点都是后人分析得到的，属于马后炮式的研究。但系统科学已经证明，这些节点的存在毋庸置疑，它们对于准确判断大国兴衰不同历史阶段的价值也毋庸置疑。比如拐点，无论对于新兴大国还是守成大国都有价值。拐点的发现，提醒守成大国不仅仅要关注自己综合实力的变化，而且更重要的是关注实力变化的深度，看看胜势是否还握在自己的手里。有人可能会说，加速度为零又何妨？实力以匀速提升不是也挺好的吗？问题是，保持匀速前进知易行难，大国博弈如逆水行舟不进则退。这种线性思维忽视了对手的存在，忽视了大国博弈的对抗性，也忽视了实力此消彼长的相对性。拥有胜势的新兴大国，其实力将按几何级数增长，以非线性对抗线性，与守成大国的差距将快速拉开，那守成大国就输定了。最有说服力的，恐怕是英国与美国的实力对比。如果以 1860 年英国出现拐点为界，前推后延各 30 年，让我们看看有什么不为人知的秘密暗藏其中。从 1830 年到 1860 年再到 1900 年，英国占世界制造业产量的相对份额从 9.5％上升到 19.9％，而后下降到 18.5％，前 30 年翻了 1 倍多，后 30 年不升反降了；美国则从 2.4％上升到 7.2％再飙升到 23.6％，前 30 年增了 2 倍，后 30 年翻了 3 倍多。按人口计算的工业化水平指数，英国从 25 到 64 再到 100，前 30 年翻了 1 倍多，后 30 年提升不到一半；而美国从 14 到 21 再增加到 69，前 30 年提升不到 1 倍，后 30 年翻了 3 倍多。[①]这两组数据表明，在 1860 年前、后各 30 年里，英美工商业发展的加速度是相反的，英国为负，美国为正。显然，胜势已经从英国人那里悄然转移到美国人手中，尽管 1860 年时英国的实力远在美国之上。[②]

其实，出现差距并不可怕，可怕的是丢失有利态势会让人失去理智，诱导你犯下不可饶恕的大错，从此一步步滑向深渊。

卡尔·克劳塞维茨的进攻"顶点"理论，令历代军事家们着迷。[③]对顶点最敏感的莫过于战场上指挥大军的统帅们，在他们的

---

① 工业化水平以 1900 年的英国为 100 折算。参见保罗·肯尼迪：《大国的兴衰》上卷，王保存等译，中信出版社 2013 年版，第 152—153 页。

② 在 1860 年，英国消费的现代能源（煤、褐煤、石油），是美国或普鲁士／德意志的 5 倍、法国的 6 倍、俄国的 155 倍。英国单独占有全世界商业的 1/5，却占有制成品贸易的 2/5。全世界 1/3 以上的商船飘扬着英国国旗，而且所占比率还在日益增加。参见保罗·肯尼迪：《大国的兴衰》上卷，王保存等译，中信出版社 2013 年版，第 156 页。

③ 进攻的"顶点"理论由克劳塞维茨首创。他认为，有的战略进攻能直接导致媾和，但这种情况极为罕见。大多数战略进攻只能进行到它的力量还足以进行防御，以等待媾和的那个时刻为止。超过这一时刻就会发生剧变，就会遭到还击，这种还击

潜意识里，总是在不断揣度、拿捏和等待顶点的到来，或为了在自己的优势减弱之前给敌人以最大限度杀伤，或寄希望于越过这奇妙的点，敌军战斗力急转直下走向崩溃，我军迅速发起反击走向胜利。只是到了信息时代，军队战斗力随战争进程的变化不再遵循线性规律，顶点变得诡异和捉摸不定，因为作战体系的结构一旦遭到破坏，战斗力将在瞬间土崩瓦解，出现"轰塌效应"。[①] 海湾战争以来的高技术局部战争，曾让许多军事评论家大跌眼镜，与其说他们对军力"人间蒸发"现象感到困惑不解，还不如说忽视了战争形态及其作战方式的改变。

其实，大国对抗也有顶点。这是因为，大国对抗本质上属于体系对抗，战争的基本原理同样适用。只是，大国博弈中的顶点，倒更像是双方综合实力对比发生逆转的那个点。过了这一点，均衡即被打破，胜利的天平就会向握有胜势的一方倾斜，而且势如破竹，一发而不可收。这个点在拐点之后、临界点之前，多半介于拐点与临界状态之间。此时此刻，就实力绝对值而言，守成大国也许仍然占据优势，但走势已经改变，它开始走下坡路。到了顶点，新兴大

的力量通常比进攻者的进攻力量大得多。他把这个时刻叫作进攻的顶点。克劳塞维茨指出，进攻力量会随着战争进程逐渐减弱或增长，但绝大多数情况下，优势总会逐步减弱。如果进攻者能够把自己日益减弱的优势一直保持到媾和为止，那么，他的目的就达到了。参见克劳塞维茨：《战争论》第三卷，军事科学院译，战士出版社1965年版，第1065页。

　　①　在海湾战争以来的高技术局部战争中，常常出现几十万军队在一夜之间突然"蒸发"，或武器装备、作战人员仍在但无法有效反击等现象，曾让许多军事观察家和军事评论家无所适从，对战争进程的判断、预测出现错误屡见不鲜。从系统科学看，信息化军队的信息链式运动一旦被阻断，体系作战能力就会被摧毁，战斗力就会出现"轰塌"；而且，信息化水平越高，这种"轰塌效应"就会越明显，反映了信息化战争打节点、打结构的本质特点。参见董子峰：《信息化战争形态论》，解放军出版社2004年版，第119—120页。

国将实现综合实力反超。大英帝国从维多利亚时代后期出现拐点，到第一次世界大战进入临界状态，在很长一段时间里，综合实力仍然无可争辩地稳居世界第一，尽管美国在美西战争之后的经济总量已经超过英国。一直到了第二次世界大战（诱发点），美英博弈的顶点才姗姗来迟。随着战争硝烟的散去，美国以世界新霸主的身份跃然于世人面前。

现在，我们已经清楚地看到，大国博弈沿着两条线并行展开，在顶点交会：攻势大国从结构预埋→塑造胜势→顶点，守势大国从出现拐点→临界状态→顶点。此后，双方进入等待临界点到来的特殊时期。面对顶点，没有哪个博弈中的大国会被动等待或坐以待毙，除非它没有意识到顶点就在眼前。比如，在罗马帝国灭亡之前，从基督教的精神腐蚀到西哥特人的起义，再到日耳曼人的大规模入侵，以及直接引发日耳曼人大迁徙的匈奴人的进攻，罗马帝国的精神防线和国防都已漏洞百出，亡相十足，尽管罗马东、西分裂后，拜占庭帝国又为它苟延残喘了千年时日。而在冷战时期，美国用信息技术、军备竞赛拖垮苏联经济，里根的"星球大战"计划加速让苏联进入临界状态。而对发力点的选择却出人意料，美国人用非政府组织、非暴力抵抗等杀人不见血的绝活儿，把苏联社会搞得人心浮动、焦躁不安，并使苏联的"卫星国"分崩离析，从经济到政治再到民意，把苏联帝国大厦的根基彻底掏空了，只等压倒骆驼的最后一根稻草——"8·19"事件的降临。那时的苏联就如同动物世界里那只受了重伤的猛兽，尽管它可能会自恃昔日威风犹在而咆哮，但周围大大小小的动物们心里都明白，一顿美餐为时不远。它们步步紧逼，耐心等待时机，群起而攻之。

第三个陷阱："修昔底德陷阱"

无论对"修昔底德陷阱"命题的论证多么不严密，甚至被指居心叵测，但它作为对新兴大国与守成大国结构性冲突风险的概括，其实已被包括反对者、批评者和"阴谋论"怀疑者在内的人默认。[1]

肯尼迪·华尔兹说，大国政治的根本挑战，在于主要国家间实力消长最终带来的体系稳定难题。当一个国家在实力上超过其他强国一截儿而直追主导国家时，往往意味着一个决定体系内所有国家命运的危险时期到来了。因此，我们在谈论"修昔底德陷阱"时，实际上是在肯定权势变迁的巨大风险，及其难以逃脱的暴力与冲突的宿命。说穿了，"修昔底德陷阱"就是国际关系理论界长期讨论的、发生在崛起国与主导国之间的权力转移难题，以及对其巨大冲突风险的忧虑。[2] 尽管人们对"修昔底德陷阱"是否为出自修昔底德本人的预言存在争议，但它不过是有关这一核心理论问题的通俗概括而已。[3]

---

① 说"对此陷阱论，两千多年前的中国古贤就有清醒认识和务实解答"，这实际上承认了"修昔底德陷阱"的存在。参见吴必康：《中国先贤以"强而不霸"破"陷阱论"》，载《参考消息》2016年9月6日第11版。

② 陈岳、莫盛凯：《大国"权力转移"应走和平之路》，载《参考消息》2016年8月29日第11版。

③ 古希腊历史学家修昔底德认为，当一个崛起的大国与既有的地区统治霸主竞争时，双方之间的威胁和反威胁引发激烈冲突，多数时候将以战争告终。修昔底德曾有一句名言："使战争不可避免的真正原因是雅典势力的增长和因此所引起斯巴达的恐惧。"参见《跨越"修昔底德陷阱"——中国强起来的关键一仗》，载《参考消息》2016年8月15日第11版。

　　然而，眼下关于"修昔底德陷阱"问题的所有讨论，几乎都忽视了一个关键因素：时间。没有谁能说清楚这一陷阱究竟位于大国崛起进程中的哪个阶段，因而，出现张冠李戴抑或逻辑混乱也就在所难免了。从哈佛大学教授格雷厄姆·艾利森以雅典与斯巴达争雄为切入点，提出"修昔底德陷阱"概念，再到详尽分析1500年以来16个大国竞争的案例来看，所谓"陷阱"显然特指新兴大国与守成大国的最后一搏。比如他所列的第10例，即20世纪初的美英对抗，是为数不多的4个没有发生战争的案例之一，就属于这种情形。尽人皆知，当时的英国已经进入衰落进程。而美国按照肯尼迪的说法，到1918年已成为无可争辩的世界头号强国。也就是说，美英之间权杖的最后交接就发生在这个时间点上。有中国学者据此认为，美英两国经过打压与抗衡、崛起与妥协、合作又遏制的三个长期阶段，构成了罕见的渐进式霸权转移和"迫不得已的和平转移"方式，似乎想以此为"和平崛起论"提供某种佐证。[①] 其实，他们错了。只要稍稍把视野放开一点，拉长一点时间跨度，就不难发现，任何一个大国的崛起都充满了战争。即便是美英之间的权力转移，也并非纯粹意义上的和平方式。尽管美英两国在20世纪初没有直接开战，但它们在此前后都分别与其他大国打了不少大仗。英国自1860年出现拐点，到第二次世界大战后彻底退出世界政治舞台中心，延绵了半个多世纪。其间，法国、德国、美国等大国群起而攻之，既有战争，也有暗斗，每一次冲突都使英国向衰亡靠近一步。而在美国的崛起进程中，如果战略决战阶段从南北

---

　　① 吴必康：《中国先贤以"强而不霸"破"陷阱论"》，载《参考消息》2016年9月6日第11版。

战争获得胜势开始算起的话，同样充满了与大国的战争：先与西班牙打了一场具有象征意义的战争，第一次拥有了海外领地；崛起之后，还与日本、纳粹德国、中国打过。此时的守成大国就如同动物世界里一只受了伤的雄狮，想从它身上吃到鲜肉的猛兽闻到了味道，纷纷上来与它搏斗一番，以至于它遍体鳞伤、奄奄一息。而最后那个要了它命的，也许已不费吹灰之力，要不要动武已经不重要了。

"修昔底德陷阱"只是一个通过历史统计得到的大概率事件，但由于修昔底德的那段名言，又使它有了预言的神秘色彩，往往让后人偏离了思想的方向。很多学者在"历史预言"与"概率事件"之间较真和纠缠，认为无论多大概率，只要不是百分之百，就不足以支撑"历史铁律"。为了证明"和平崛起论"的正确性，他们就拿最后一搏替代整个崛起进程，凭为数不多的和平移交权力案例，矢口否认发生战争的巨大风险，这无异于掩耳盗铃。不过，这种一叶障目式的学术研究，比起那些诸如"学术讹诈""战略欺骗""话语霸权"的学术谩骂来要文雅多了，也没有那些自以为找到了破解陷阱方法的人天真。

可以不客气地说，中美，或者说中国与西方，在谈论"修昔底德陷阱"这个命题时，压根儿就不在同一个点上。中国人反复申辩"和"是中华优秀传统文化的内核，中国没有对外扩张基因，即便将来崛起了，也不会侵略他人；而美国人关注的是，他们不愿意因为中国或者其他什么大国的崛起，而沦为二流、三流国家，所以，要采取所有手段，防止在欧亚大陆出现一个挑战美国全球地位的大国。显然，这与新兴大国以什么方式崛起无关，除非它在战略决战阶段主动选择了战争；也与崛起之后是否称霸世界没有什么瓜葛，

"强而不霸"的远景无法消弭美国人现在心中的焦虑。如此说来，以什么样的方式应对新兴大国崛起，是战争还是和平抑或冷战，选择权在很大程度上握在美国人手中。显然，这已经不是美国战略家读懂中国的问题，而是美国政治家作出正确选择的问题。这是因为，就终极结果而言，他们从来就不相信有什么"双赢"。在美国人眼里，只要你崛起了，成为新的世界第一，他们的世界第一就不保了，这是美国人断不能接受的。

可见，目前破解"修昔底德陷阱"的方法，例如要求美国战略家读懂中国的、提出和平转移权力的，更有建议模仿大英帝国均势外交的，简直就是一厢情愿，甚至是异想天开。作为规律定会再次显现，但作为具体的大国博弈，不可能是历史的简单重复。人生不可能踏进同一条河，大国竞争也不会落入同一个陷阱。在大国兴衰史上，无论崛起还是衰落，我并不否认有共性规律可循，但就具体原因而言，可以说千姿百态、各不相同。中国只能走自己的路。中国人现在要做的就是消除美国的疑虑，绝不能主动上位当靶子。换言之，中国应当回归发展中国家应有的地位，放低身段，保持低调。如果一味抬高自己，处于高位运行甚至超负荷运行状态，那是在透支未来。邓小平提出"三步走"战略时，头脑相当清醒。按照他的构想，到21世纪中叶，中国也就是一个中等发达国家；在21世纪末能否挤入发达国家行列，还不能说板上钉钉。从现在到成为真正的"世界老二"，有资格与美国煮酒论英雄，其路漫漫兮且风雨兼程，还不知道有多少大风大浪要闯。

当政治家、外交家和学者们把"斯芬克斯之谜"与"修昔底德陷阱"放在一起时，不知道他们是否想过俄狄浦斯"弑父娶母"命运安排背后，与大国兴衰历史规律之间的内在联系。①

　　荷马的同胞修昔底德认为，最初是恐惧驱使雅典扩张帝国，然后才是荣誉和利益。而荷马在《伊利亚特》中强调，荣誉能做冲突的主要驱动力。在我看来，这些选项都可能成为冲突的主要驱动力，关键取决于领袖的大国意志。而对领袖决策产生根本性影响的则是文化嵌入，包括对领袖个人、决策集团、国际舆论环境的文化入侵。如果把文化嵌入做到位，荷马史诗中的第二个启示也可以回答了，因为很多战争的爆发，都与荣誉和利益的诱惑有关。②那种以为因为太平洋水体的阻隔，美国人不愿意出征，中美冲突不会发生的假设是有条件的，关键要看什么东西占主导地位。当出于维护核心利益的需要，而且没有其他选择时，中美发生正面冲突的可能性就不能排除。至于这冲突发生在西太平洋或者南太平洋或者北太平洋甚至东太平洋，那就不好说了。如果发生在东太平洋，在美国人的家门口，那还有"越洋攻击"问题吗？第二次世界大战后，美国人在中国、朝鲜、越南，冷战后在西亚、北非、中东，都是越洋攻击的，一直在充当"离岸平衡手"的角色。

---

　　①　"斯芬克斯之谜"是出自《俄狄浦斯王》的寓言。斯芬克斯是希腊神话中一个长着狮子躯干、女人头面的怪兽。他坐在忒拜城附近的悬崖上，向路人出一个谜语："什么东西早晨四条腿，中午两条腿，晚上三条腿？"路人如果猜错了，就死在斯芬克斯脚下。俄狄浦斯猜中了谜底是人，斯芬克斯羞惭跳崖而死。"斯芬克斯之谜"的秘密是"诱惑"和"恐惧"，揭示了人性的局限。另见戴秉国：《破解21世纪"斯芬克斯之谜"》，载《参考消息》2016年8月15日第11版。

　　②　相传，荷马史诗为古希腊盲诗人荷马创作的两部历史长篇史诗——《伊利亚特》（又译为《伊利昂纪》）和《奥德赛》的统称。《伊利亚特》以特洛伊战争为主题，描写阿喀琉斯与阿伽门之间的争端；《奥德赛》讲述特洛伊城沦陷后，奥德修斯历时10年，返回绮色佳岛上的王国，与妻子珀涅罗团聚的故事。荷马史诗留给人们两个启示：一是恐惧，二是荣誉和利益的诱惑。它们正是导致冲突和战争的人性的局限。

我们似乎面临一个无法回避的悖论：作为以结构博弈为主要特征的"和平崛起"，又回到了有可能导致大国间战争的最后决战。

战争与和平问题，是大国崛起中无法回避的历史性课题。在大国兴衰史上，既有通过战争崛起的大国，也有以和平方式称霸世界的霸主，但更多的是在战争与和平的交织中崛起的。这是因为，即便像美国这样以冷战方式赢得最后胜利的超级大国，在其整个崛起进程中依然充满着战争。美苏争霸充其量不过是在战略决战阶段，避免了正面战争而已。如果从大国博弈的长周期来看，战争与和平难以分割，从来就没有纯粹的"和平崛起"，这也是西方坚信"修昔底德陷阱"存在的原因之一。人们应当明白，守成大国认定"修昔底德陷阱"的客观存在，并不仅仅出于有备才能无患的考量，更重要的目的是把对手拖入特定的博弈结构之中，比如军备竞赛。但冷战已经证明，在拥有核武器这把达摩克利斯之剑后，尽管冲突皆用武力的历史尚未翻篇，但战争作为大国决战唯一方式的根基已然松动。于是，防止核扩散、维护核格局成为守成大国与新兴大国的共同目标，也就顺理成章了。这是因为，一旦核武器、核技术、核材料失控，比如"不负责任"国家、极端组织获得了核武器，出现"核打击转向""核威慑转移"的概率就会陡增，大国间脆弱的核约束也就随之失效。正因为如此，美国人才对导弹防御系统情有独钟，寄希望于拦住第一波次核攻击后的毁灭性核反击，以此为核扩散阴影下的核威慑战略外加一道保险。①

---

① 根据美国多层次防御的设想，导弹防御系统包括助推段防御、末助推段防御、中段防御和再入段防御4个层次，由陆、海、空、天4个拦截系统组成。如果前3层防御的拦截率分别达到预期的90%，前3层系统的总拦截率将达到99.9%，那么，能够进入再入段的核弹头就只剩下1‰了。显然，导弹防御系统会让对手的核打击能

核武器的出现和使用并异化为慑止大国间战争的"第三方力量"，只是半个多世纪以前的事。尽管冷战为核威慑下的大国博弈作了一个"和平"小注脚，但随着核俱乐部的扩大、核技术的进步以及战争形态的演变，核武器能否继续承担原来的功能，以及在未来大国冲突中扮演什么样的新角色，都还是未知数。对于核武器这个谁也不想、不敢、不能用，但谁都想得到它、拥有它、发展它的杀人怪物，仅凭短短的70多年就想盖棺定论，时间未免太短。人们无法排解内心深处对"修昔底德陷阱"的恐惧，情有可原。达摩克利斯之剑一旦落下，核武器慑止战争的功能就会立马失效，因为在人类报复心理的驱使下，它将变成从潘多拉魔盒放出的恶魔，那就不再是两个竞争中大国间发生冲突那么简单了。于是，当今世界

力大打折扣，同时使第一波次打击能否成功成为攻防双方的关键。假设导弹防御系统的拦截率为90%，进攻一方首批连续发射10枚导弹，那么，能够避开拦截即穿越防御系统的导弹只有1枚。如果这枚导弹是10枚中的第一枚并穿越成功，则核打击效应照样发生，导弹防御系统将失去其原本的意义。但如果首枚导弹被成功拦截，情况将发生根本性改变，即进攻方的核打击失败，将出现意志的瓦解和社会秩序的混乱。因为对有核国家来说，核威慑是以核报复为前提的。在进攻一方大批量"齐射"的情况下，首批拦截成功是导弹防御系统的最高原则；而对进攻一方来说，确保首批穿越成功也是核进攻战略的最高原则。因此，一方面，这一新的战略防御系统可以使那种只有一定数量核攻击的核威慑失灵。另一方面，美国一旦完成导弹防御系统的开发和部署，就可以打击其他核国家而无须担心本国会受到它们的核报复，这种"安全不对称"实际上加强了美国的进攻地位。美国有了这个保护伞，对来自本土之外的进攻不再恐惧，核战争已不再是"死亡游戏"，不排除美国对别国实施"先发制人"核打击的可能性。此外，一旦发生核战争，不排除"核打击转向"的可能性。所谓"核打击转向"是指，拥有核武器的某些民族国家或非政府组织，如恐怖主义等极端组织，在受到核战争威胁的情况下，由于对方拥有全领土战略导弹防御系统的防护而无法攻击，改向其没有导弹防御能力的盟国或其他地区投放核武器，直接或间接地破坏对方的利益，打乱对方的战略意图，改变地区或整个世界的格局，以取得等效的核打击效应或自杀性核报复效果。参见董子峰：《信息化战争形态论》，解放军出版社2004年版，第204—210页。

就出现一个有趣的现象——时任美国总统奥巴马大谈"无核世界"，连朝鲜最高领导人金正恩也大谈"无核世界"①，但核技术一天比一天进步，世界核俱乐部一天比一天壮大，这就是核悖论。

自核武器诞生以来，对它功过是非的争论从未间断。把核武器慑止战争的功能说得最透彻的政治家，莫过于俄罗斯总统普京，因为他是第一位给予核武器"维护世界和平的手段"地位的核大国领导人。②不过，他并没有意识到核悖论带来的风险，更没有意识到核威慑失效后的战争风险。"修昔底德陷阱"更多地反映了人性的局限，以及全球治理体系的不完整性。面对超级大国和政治强人的权利扩张，国际均衡与制约机制显得苍白无力。在这种背景下讨论"修昔底德陷阱"问题，核心应该是风险管控，最大限度避免两个竞争大国间的直接军事冲突。这里涉及目标选择、阶段判断、冲突方式、化解方法等。中国的战略家们应该眼睛向自己，修内功、讲真话，提出辅佐国家崛起的真知灼见；而不是附庸风雅，唯美国马首是瞻，行过度解读、牵强附会之能事；更不能让虚荣蒙蔽自己的眼睛，跟着舆论瞎起哄。且不论艾利森教授提出"修昔底德陷阱"的动机如何，中国名牌大学的教授们能不能也提出个什么陷阱，让美国人纠结一阵子？我们提出的"三阶

---

① 2016年5月8日，金正恩在朝鲜劳动党第七次全国代表大会上作党中央委员会工作报告时表示："朝鲜是负责任的拥核国家。只要敌对势力不以核武器侵犯朝鲜的主权，朝鲜就不会先使用核武器。"他还承诺，将诚实地履行对国际社会承担的核不扩散义务，为世界无核化而努力。

② 环球网报道：2016年10月27日，第13届瓦尔代国际辩论俱乐部会议在俄罗斯索契闭幕。像往届一样，俄罗斯总统普京出席会议并发表演讲。普京说，核武器不应被视作挑衅，而是一种威慑手段，有利于维护世界和平。核战争意味着世界上的一切文明都将终结，这显然是不可能发生的。他强调，俄罗斯将永远以负责任的态度对待自己的核地位，所有拥核国家也必须承担与其核地位相匹配的责任。

段论"，实际上构建了大国崛起的阶段划分理论，让大国认清自己和对手，避免选错目标，或过早进入大国焦虑，包括崛起焦虑和衰落焦虑。

人们曾为俄狄浦斯不可抗拒的命运纠结和叹息，赞叹"斯芬克斯之谜"蕴含的启示之深远。我想说的是，恐惧和诱惑——人性的局限，何尝不是大国兴衰的症结所在呢？大国只有认识自己，才能扼住命运的咽喉，斩断多米诺骨牌式大国政治悲剧的链条，让可怕的预言终止。

在这里，我提出当代"斯芬克斯之谜"：有一种人早晨跪着睡，中午站着睡，晚上躺着睡，请问他们是谁？[①]猜错了，你就在斯芬克斯脚下灭亡；猜对了，斯芬克斯将在你面前消失。

请你猜猜看。

万向归一

拐点、临界状态和诱发点，只是战略决战阶段的三种特殊态势。对处于这一阶段的新兴大国来说，其主要任务就是通过启用已有结构或预埋新结构等结构微调行动，推动拐点、临界状态和诱发

---

①　谜底：大国民族。一个大国在其贫穷弱小时卧薪尝胆、励精图治，始终保持清醒，是跪在地上前行的；进入新兴大国（中等强国）行列后，在全球各地大步流星而不知疲倦，锋芒毕露却不觉已落入"皮洛士陷阱""修昔底德陷阱"的考验；完成崛起大业后开始守成，躺在已有的辉煌上睡大觉，前进的脚步停歇了，式微也就随之而来。更重要的是，几乎在同时，世界上另外某个大国已经在自动接替它，延续这无尽的循环。能够破解当代"斯芬克斯之谜"的民族就会崛起，守成大国从此衰落；无法破解的民族非但无法崛起，而且将被守成大国遏制、围堵并扼杀在摇篮之中。

点的生成，为最后赢得战略决战创造必要条件。但是，如果搞不清楚此时胜势的特征，非但无法为这些重要节点准确定位，而且很难找到如何加速它们到来的窍门。

满足战略决战需求的胜势不应该是抽象的。有必要在第一判据，即战略行动与核心利益轴线指向的一致性基础上，再往深里走一步，进一步向大国崛起目标聚焦。拐点是塑造胜势阶段的顶点，塑造胜势就是不断冲顶的过程。在拐点出现之后，新兴大国拥有胜势的直接证据是，博弈态势快速向有利于己方的方向发展，且国家综合实力曲线呈非线性增长。具体来说，新兴大国要在战略决战中胜出，除了满足国土面积、人口规模、地理位置、民族性格、伟大人物等潜在的必要条件之外，还必须拥有两个充分条件：其一，必须拥有与所处时代相契合的领先优势，从而对生产力、战斗力以及安全认同产生决定性影响，这通常与率先掌握某种断代性技术或战略战术有关；其二，也是最重要的一点，在战略构想→结构预埋→有利态势之间形成一个正反馈的封闭链条，使所有的战略行动不仅踵其事而增华，而且变其本而加厉（见图7.2）。

人们对英国这个近代化国家中的"长子"借工业革命崛起耳熟能详，但从胜势结构角度看，英国的崛起远没有那么简单。何出此

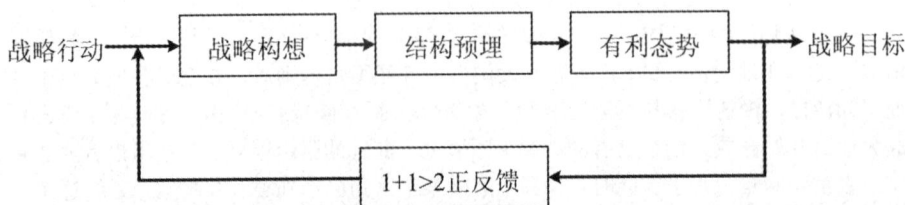

图7.2　战略行动与有利态势的良性循环

言？让我们看看再说。

众所周知，尽管长达近半个世纪的英国资产阶级革命，最终以"光荣革命"的方式结束了专制统治，在1689年诞生了《权利法案》，确立了君主立宪制。这是政治线。思想线——革命催生了约翰·弥尔顿、约翰·洛克、托马斯·霍布斯等大批思想家，"三权分立"等新的政治体系呼之欲出，国王的权力被逐步削减，最后仅为国家的象征。外交线——在国际政治舞台，奉行均势外交政策，维持欧洲大陆大国间的力量平衡，开创了维多利亚时代的"百年和平"。人才线——文艺复兴运动和科技革命虽然姗姗来迟，却诞生了威廉·莎士比亚、弗朗西斯·培根、艾萨克·牛顿、詹姆斯·瓦特、乔治·史蒂芬森等伟大的剧作家、哲学家、科学家和工程师，奠定了近代经典力学的基础。经济线——在工业革命之前发生了农业革命，查尔斯·汤森勋爵推广的4年轮作制已经有了循环农业的萌芽，粮食单产的大幅提高破除了制约人口增长的瓶颈。紧随而来的工业革命，从纺纱机到蒸汽机再到蒸汽机车和铁路，一环扣一环，生产力呈几何级数增长，按照马克思、恩格斯的说法："资产阶级在它的不到一百年的阶级统治中所创造的生产力，比过去一切世代创造的全部生产力还要多，还要大。"军事线——1900年，英国战舰以106.5万吨高居世界第一。英国不仅拥有世界最强大的海上力量，而且，产生于工业革命的技术影响到军事，蒸汽推动的炮舰可通过尼日尔河、恒河及长江等大河向他国内地扩张。资源线——殖民地面积以年平均约为10万平方英里的速度扩张。到1931年英联邦成立前夕，英国有殖民地3480万平方公里，占世界陆地总面积的23.2%。来自世界各地的原材料源源不断运往英国，整个世界成了英国人的

"私家领地"。①

　　表征英国崛起的东西有很多，即使三天三夜也说不完。至于英国为什么能崛起、上苍为何如此青睐这个岛国，争论也许永无答案。但无法否认的是，由机器替代人力和动物能，无疑是最契合那个时代的、最具革命性的变革。仅凭这一领先优势，英国就已经站在了新的历史起点上。不仅如此，海上力量是当时跨越海洋水体阻隔抵达全球的主要手段，而英国海军名冠天下，实力无人可以与其比肩。最后也是更重要的是，前面列举的所有决定英国核心利益的生命线，即政治线、思想线、外交线、人才线、经济线、军事线和资源线，每一条都指向同一个方向。它们因时空同步而产生谐振，在战略行动与有利态势之间形成 1+1>2 的正反馈，崛起之势想摁都摁不住。

　　让我们再看看美国。美国的崛起有特殊性。之所以说它特殊，是因为在美国的崛起进程中，从方式上看，既有热战也有冷战，除了内战还有外战，而且参与了两次世界大战；从对手上看，美国一路杀将过来，不仅从英国手中抢夺了接力棒，并且成功击败纳粹德国、日本对世界秩序的挑战，最后与苏联迎头相撞，并在冷战中将其一剑封喉。这一连串惨烈的大国博弈，与其说是美国人对时代脉

---

　　①　维多利亚时代中期的英国人，为他们无可匹敌的地位洋洋得意。按照经济学家威廉·杰文斯在 1865 年的说法，英国当时是世界的贸易中心："北美和俄国的平原是我们的玉米地，芝加哥和敖德萨是我们的粮仓，加拿大和波罗的海是我们的林场，澳大利亚、西亚有我们的牧羊地，阿根廷和北美的西部草原有我们的牛群，秘鲁运来它的白银，南非和澳大利亚的黄金则流到伦敦，印度人和中国人为我们种植茶叶，而我们的咖啡、甘蔗和香料种植园则遍及东西印度群岛。西班牙和法国是我们的葡萄园；地中海是我们的果园；长期以来早就生长在美国南部的我们的棉花地，现在正在向地球所有的温暖区域扩展。"参见保罗·肯尼迪：《大国的兴衰》上卷，王保存等译，中信出版社 2013 年版，第 156 页。

搏的敏锐把握能力，在很大程度上帮助这个岛国始终处于不败之地，还不如说他们的战略行动总是坚定地指向大国崛起这个目标，而且不失时机地铸就了日益鼎盛的正反馈机制。

保罗·肯尼迪研究后发现，当以电力革命为核心的第二次工业技术革命到来时，美国人快速完成了由灵活动力替代笨重动力的转型升级。对美国的工业潜力，英国已经无法望其项背。比如1938年世界制造业产量的相对份额，美国占到了31.4%，英国则缩到10.7%。又如飞机产量，1939年，美国为5836架，英国为7940架；但到了1945年，美国达49761架，英国仅12070架。而此时，空中力量已取海上力量而代之，成为快速跨越地理障碍的主要手段。①这一升一降，而且变化速度如此之快，这种态势意味着什么不言而喻。面对苏联这个庞然大物，美国人如法炮制，除了在军事、政治、经济、外交、地缘等一切领域全面实施结构预埋之外，还睁大眼睛寻找新的领先优势。当以信息技术为核心的第三次产业革命到来之时，美国人敏锐意识到微电子动力替代灵活动力的可能性，很快成为"第三次浪潮"的弄潮儿。信息化带来的知识经济、网络经济、移动经济，在让美国人钱包更鼓的同时，也确立了美国在核武器、导弹防御、隐形武器、精确弹药、侦察监视与情报等方面的优势地位。里根充分利用这些优势，仅用一个子虚乌有的"星球大战"计划，就把苏联拖入了军备竞赛的不归路，生生把这个最大的竞争者给挤垮了。也就是说，仅仅从技术路线看，美国依次利用第二次工业技术革命、信息革命以及正在展开的第四次产业革命，接力支

---

① 参见保罗·肯尼迪：《大国的兴衰》下卷，王保存等译，中信出版社2013年版，第87页。

撑其胜势的延续，已成功完成大国崛起、称霸世界和维护独霸三部曲中的前两部。至于美国能否顺利写就第三部的辉煌，秘诀全在于持续拥有 1+1>2 正反馈，而能不能做到这一点，人们拭目以待。

相比之下，工业革命在多大程度上助英国登上世界巅峰，也就在多大程度上为阻止英国继续攀高准备了沉重的脚镣。英国人躺在昔日的极度辉煌上睡大觉，对第二次工业技术革命无动于衷。如果说在飞机发明之前，军舰是控制世界的主要工具的话，那么，作为机电集成体的飞机的出现，意味着大气层正在替代海洋水体的原有地位，成为全球战略投送的新生领域。但英国依然沿着海上扩张之路一路迅跑，1914 年，战舰比 1900 年翻了一番还要多，高达 271.4 万吨，而美国的军舰此时只有 98.5 万吨。[1] 显然，英国人只知其一其二但不知其三，吊死在了工业革命这棵大树上；在另一棵电力革命的树下守株待兔，却不知道第三棵信息化之树造就的森林里有生机。而在美国这一边，从经济、政治到军事、技术，每一个结构预埋行动都遵循 1+1>2 正反馈，国力膨胀速度让人目瞪口呆。无须太多，只要列出一两个数据，就足以说明 19 世纪与 20 世纪之交的美国已势不可挡。1880 年，英国的工业化水平指数为 87，美国仅为 38；到了 1913 年，美国跃升为 126，反超英国的 115。1880 年，英国以 22.9％的相对份额位居世界制造业产量第一，美国以 14.7％屈居第二；仅仅 20 年后，美国成功实现翻转，以 23.6％的份额跃居世界第一。[2] 第一次世界大战爆发前的 1914

---

[1] 参见保罗·肯尼迪：《大国的兴衰》上卷，王保存等译，中信出版社 2013 年版，第 212 页。

[2] 参见保罗·肯尼迪：《大国的兴衰》上卷，王保存等译，中信出版社 2013 年版，第 210 页。

年，美国以国民收入 370 亿美元、人均国民收入 337 美元登顶，但英国相应的指标只有 110 亿美元和 224 美元。面对格局如此变化，英国人败在美国人手下已没有悬念，美国完美超越英国，终于一语成谶。①

不过，一个有趣的现象是，在赢得美西战争之后，无论是面对英国、德国、日本还是苏联，美国都保持了极大的历史耐心，从未与它们发生过单打独斗式的大规模正面冲突。即使是珍珠港事件后爆发的太平洋战争，也贴上了反法西斯联盟之东方战场的标签。这与冷战后美国在全世界范围大开杀戒的做派大相径庭。这种看似矛盾的性格，恰恰说明了美国人对国家最高目标的坚守，而不是一味由着性子来。例如，面对鼎盛时期的英国，美国并没有硬碰硬，而是实施大规模的结构预埋行动。其核心是在借力第一次产业革命的同时，紧紧抓住第二次工业技术革命这个契机，完成对英国技术领先优势的超越。此外，美国作为英国的老殖民地，深知英国人的软肋何在。它利用大英帝国难以在欧洲和北美洲同时保持强大军事力量的纠结，率先宣布北美 13 州独立，逼迫英国人退出北美洲，也就等于宣告了"第一大英帝国"的终结。更重要的是，美国看出英国经济过于依赖国际贸易和国际金融的致命短板，主导构建了新的世界货币、贸易、金融体系，很快颠覆了英国的统治地位，夺得对世界经济的控制权。

---

①　在 18 世纪英国焕发勃勃生机的年代里，唯独海外殖民地北美 13 州宣布独立一事（即根据 1783 年签订的《巴黎条约》，美国从英国独立出来，并以密西西比河为它的西部界限），让英国人感到很不舒服。但当时很少有人能意识到，仅仅 100 年后，正是美国这个名不见经传的新兴国家，将世界霸主的接力棒从英国人的手里生生夺走了。参见刘景华主编：《大国衰落之鉴》，人民出版社 2007 年版，第 267 页。

与中小国家之间的利益之争，抑或地区主导权的竞争相比，由于容量、空间和跨度不同，大国博弈的纵深更宏阔、韧性更坚固，战略决战的持续时间也更长。而且，随着大量非对抗性征服手段的运用，战略决战一改以往一战定乾坤的模式，在变得更加"柔和"的同时，分出彼此胜负与高下也更费周折。美国以冷战的方式击败苏联用了 46 年，与其说是一场战略决战，还不如说是一场考验历史耐心的马拉松。

不过，即便是再旷日持久且充满不确定性的战略决战，对于胜势的把握，也可归结为拐点之后对态势走向的操控问题。无论对于新兴大国还是守成大国，三角形稳定结构与 1+1>2 正反馈结构将在拐点上取得统一：在拐点之前是稳定的，越过拐点后则进入不稳定状态。其原动力仍然是正反馈，即利用正反馈的颠覆性与破坏力，打破原有格局。对于自己是正反馈，对于对手也是正反馈，关键是让什么东西进入正反馈。只是，在核武器足以毁灭对手乃至地球 N 次的今天，到了大国博弈的最后阶段，谁都无法回避一个课题，那就是：如何跨越"修昔底德陷阱"，避免大国政治悲剧重演。对于新兴大国而言，难就难在正反馈在临界点上的运用——既要运用正反馈原理快速放大胜势，又要避免与守成大国发生大规模正面冲突。这便是战略决战阶段态势构建的特殊性。

要做到这一点，唯有借助"胜于无形"的大决战观。思路是，动用所有战略资源对守成大国进行战略合围，形成大军压境且"若决积水于千仞之溪者"之势，从时间与空间两个维度逼近其心理底线，让其乱了方寸而出错，自己成为那根压垮骆驼的最后稻草。路径是，启用前人预理结构与嵌入新结构相结合，不断寻找、判断和催生拐点，并把不同领域、不同方向力量的拐点汇集在一起，让它们最终形成临界状态，等待诱发点的到来。具体方法是，调整国家的经济、政治、军事、外交等政策和策略，让所有决定大国命运的利益线朝决战方向聚焦，让对手陷入困兽之斗的深渊。这就是万向归一。一旦出现这种兵临城下的围城效应，新兴大国大可静观其变，甚至隔岸观火、无为而治。当然，无为而治也不是无所作为，而是顺势而为。确切地说，是有所为有所不为，既不能画蛇添足，更不能弄巧成拙。这话听上去虽然很玄，却是对"胜于无形"大决战观唯一准确的解释。只有理解了这一点，才能建立一种超越所有方法的大国博弈法。

大国为何崛起或衰落，原因无疑纷繁复杂。正是这种复杂性，让历史学家陷入史料的矛盾与纠结之中而忽略了事物的本质，国际政治学者却因过于主观武断又难免一叶障目。即便像保罗·肯尼迪这样窥见了大国实力曲线变化规律的学者，也难免被扣上一顶"经济决定论"的帽子。在大国兴衰史上，既有万向归一而崛起的典型，如英国、美国；也有自己打倒自己的典型，如苏联垮台；但多半属于两者结合，比如美国击败苏联，与其说苏联是被自己打倒的，还不如说是被美国与苏联一起打倒的。从正反馈制胜机理看，无论是崛起还是衰落，问题的关键不在于正反馈本身，而在于谁拥有运用正反馈让自己趋利避害、如虎添翼，让对手麻烦缠身、每况愈下的能力；也不在于你预埋了多少结构，而在于这些结构对于构建有利态势的贡献率有多大，而且，这种贡献能否随时间推移不断正向放大。说得再白一点，新兴大国要想拥有无可比拟的实力累积速度去超越守成大国而崛起，历朝历代都必须立足于时代条件，使大国战略和战略行动精准定位，不断为崛起的新大厦添砖加瓦，而不是釜底抽薪，抑或偏移目标指向，另起炉灶。否则，大国崛起进程就会半途而废。这就是建立在大格局上的大国策,一种大智慧。达到了这个境界的新兴大国,才稍稍有资格,谈论水到渠成抑或"自然崛起"。

至此,一个全新的大国博弈法器锻造成型:基于 1+1>2 有利态势正反馈原理,为大国潜在利益提前布局而赢得结构优势的结构对抗。如果将它进一步浓缩,一个完整的大国政治新概念就脱颖而出:结构中心战,简称结构战。

第八章
恪守准则：过犹不及

> 政治法则的根源是人性，而自从中国、印度和希腊的古典哲学致力于发现这些法则以来，人性没有发生变化。

——汉斯·摩根索

当对大国兴衰秘密的缜密思考沉淀为大国策时，行为准则便呼之欲出。请注意，这里指的是必须恪守的行为准则，而不是可有可无、大而化之的原则。

毋庸置疑，任何国际关系原则都不会凭空产生。今天我们看到的这样那样的原则，不管出自哪位政治家、外交家之口，抑或来自哪部国际法典，肯定都是他们为了维护国家利益或世界秩序，在国际政治舞台上长期博弈以及在谈判桌前反复斗智斗勇的产物。假如没有第一次世界大战后的巴黎和会，就不会有伍德罗·威尔逊的"十四点原则"；没有中印在喜马拉雅山脉脚下的领土之争，就不会有周恩来的"和平共处五项原则"；没有第二次世界大战后的雅尔塔体系，就不会有联合国宪章的"七项基本原则"。同样，如果没有美苏冷战以及苏联解体后的世界格局重构，就不会有布热津斯基"大棋局"这类地缘政治构想的出炉，就不会有美国独霸全球的单边布局行动，当然也就谈不上新的国际关系原则的问世。问题是，尽管不同时代的政治家们为国际交往制定了种种原则，但这些原则在国家利益面前常常脆弱不堪，充其量不过是"皇帝的新衣"。这是因为，这些原则在国际政治中就如同空气，人们需要时须臾不能离开，不需要时则可以视而不见，甚至公然践踏。在国家利益法则与国际道义原则的激烈冲突面前，与其仰头长叹或纠结于国际关系原则多么不靠谱，还不如埋头探寻实现国家利益最大化的基本路径，让自己在大国博弈中始终处于不败之地。

拓展和维护国家长远利益，就是结构战的终极追求。面对国家利益概念及其边界的不确定性，我们不能困在理论思辨上纠结不前，而应将"结构博弈"外化为可操作的刚性形态——为实现大国崛起这一国家利益的最高目标，找出简明扼要的行为准则，让上至领袖、下至百姓人人恪守，并世世代代薪火相传，最后沉淀为特有的大国社会意识及其文化品质。然而，大国兴衰是何等复杂，以至于尽管几千年来跌宕起伏，后人大可激情评说，却不曾见过有谁为她勾勒出清晰的行为准则，不论是有关崛起还是衰落。也许，你尽可以认为这种努力是徒劳的，甚至是痴人说梦，因为历史在凝固成冰冷的文字之前总是如此令人捉摸不定！

须知，大国兴衰貌似有规律可循，其实没有规律可言。如果一定要说它有什么规律的话，那么，没有规律就是规律。看似一切按照规律运行，一切皆在掌控之中，但就在铁律之外，一个偶然事件却彻底改变了事物发展的走向。曾几何时，一些新兴大国风生水起，开始的时候，发展势头很猛，可是，仅仅一个人口老龄化引起的劳动力短缺，一棍子就把它们打翻在地，从此风光不再。让大国毁于一旦的，何止是地震、瘟疫、灾难性气候等天灾，战争、金融危机、恐怖袭击等人祸，其中任何一个"偶然"管控不力，都足以让帝国大厦在瞬间轰然倒塌，而且毫无征兆，完全出乎人们意料。一个并非不可破解的"斯芬克斯之谜"，却让多少人死在了斯芬克斯的脚下。当后人面对谜底幡然醒悟时，在诱惑和恐惧面前丧失理智，不正是人性的局限吗？殊不知，也许正是你自己在前面做的事为自己设下了陷阱，谁也无法逃脱人性使然。千万不要被眼前的繁荣所迷惑，也不要为一点点成功就沾沾自喜，没准儿哪一天早晨起来，一切都离你而去，成为过眼云烟。大国兴衰就是这样，既有必然性、规律性，也有偶然性、随机性，充满变数，不确定性与生俱来。面对如此不确定的事物，想为她量身定制贯穿百年的运行规则，难若登天！但大国崛起作为一个民族几代人、几十代人的梦想，假如没有坚如磐石的行为准则，并内化为全民族的行动哲学，到头来，很有可能幻化为一个渐行渐远的幻景。

下面，让我们看看一些简单准则的引入，能否为结构战画龙点睛：第一时间，均衡性，长周期，目标至上，结构力最大化，行动力，不越位，善于守穷。尽管这些行为准则在没有得到大国崛起的最终检验之前，能否成为引领大国走向巅峰的路标还不得而知，但行为准则的确立，无疑为大国策之矢与大利益之的精确对焦，提供了必不可少的准星。

第一时间

——赶在所有人之前，嵌入我方主导的结构而赢得时间优势

第一时间，是结构战理论的逻辑起点。作为大国策的第一准则，它对行动者的基本要求是，尽早发现机遇，紧紧把握机遇，绝不容许错过嵌入结构的最佳时机。当然，识别何为最佳时机需要政治智慧，但它更是一门艺术。

人类发展史曲折而漫长，留给每一个民族崛起的机遇却总是稍纵即逝，时间之矢不肯在任何一处刻意停留。赶在所有人之前，在事关大国兴衰的关键领域谋篇布局，意味着民族自我意识的觉醒。这种文化自觉不是基于条件反射的被动反应，而是一种灵感，是刻意寻找、发现、捕捉机遇的状态，其最高层次当属虚拟——无中生有——创造机遇。

结构战的要义之一就是通过结构预理而获得时间优势，为掌控主动权和主导权奠基。中国有一句古话，叫作先下手为强。第一时间不仅要求先下手，而且要求在方向正确的前提下先下手，主导未来发展。从古到今，每每时代大转折之际，都会在全球范围出现一个不长但也不短的"战略贫困期"，比如冷战结束后的 20 年。在这特殊的时间段，谁早一天明白过来，谁就可能率先获得主导未来世界的入门券，从而斩获巨大的战略利益。如今，人类社会再一次站在了历史拐角处。旧格局崩塌引发的权力结构失衡，呼唤用新的结构来支撑新的世界格局。此时此刻，对于那些总能够在第一时间成功布局的民族，有利于它们的世界秩序带来的战略主动，正在助推它们迈向登顶之路。

　　战略主动最重要的两个方面，当属选择的自由度和改变选择的可能性。拥有战略主动的国家，由于在对手尚未意识到的地方提前下手，嵌入结构，先入为主，从而获得先手。而失去战略主动的国家，选择是没有多少自由可言的，改变选择的可能性几乎为零；换言之，它没有自由选择的余地，也不允许它在选择上出错，否则，就会被时代的列车甩得越来越远。历史证明，第一时间被占领后，其他国家即使意识到也往往来不及了，即便处于第二、第三时间的国家也未必能够翻盘。比如网络安全问题，中国由于起步较晚，面对美国在硬件、软件中预埋结构导致的网络安全威胁，想通过立法亡羊补牢，让那些暗道、机关暴露在阳光之下。其结果，必然遭到美国最强烈的反对。①新一轮博弈的大幕已然拉开，不论你是否要把脸皮撕破，都得付出沉重的代价；除非你已在另一个第一时间另辟蹊径、超越对手，而让对手无可奈何花落去。

　　从结构战原理上说，第一时间的更深刻含义在于，不能把难题留给后人，更不能让他们陷于无法处置的境地。无论是危机还是机遇，都得在第一时间把握。这是因为，一旦丧失机遇，特别是一再错失良机，其结局不难料定，必将延缓大国崛起进程，抑或让崛起成为南柯一梦。帝国是强大的，但帝国在成为帝国之前是脆弱的，

----

　　①　2015年3月2日，时任美国总统奥巴马对中国制定反恐怖主义法提出批评。该法草案要求IT企业，向中国有关部门提供防止数据泄露的加密方案等。奥巴马说，这些规定"实质上就是强迫所有外国企业，包括美国公司向中国政府上交便于其窥探和追踪所有用户的办法"；并强调，如果中国还想跟美国做生意，就必须修改。俄罗斯专家认为，白宫的强硬态度让人匪夷所思。白宫指责北京会借此提升间谍行为能力。殊不知，美国才是那个对境内外数千万公众实施电子窥探及跟踪的国家。然而，奥巴马认为，他有必要亲自出面，谴责中国政府对美国企业的做法。参见《参考消息》2015年3月5日第14版。

脆弱得像襁褓里的婴儿，随时有中途夭折的风险。如是，对崛起梦想的细心呵护越早越主动。人们尽可以张开想象的翅膀，让政治家身上长出一双艺术家的手，用缪斯般的天才手指去拉长或压缩大国崛起的时间之轴，从而调整自己在世界上的国家阵位。而要做到这一点，除了战略远见之外，就是意志——把决心付诸行动的钢铁般意志。但是，行动并非随心所欲，在事关大国兴衰的全局性问题上，必须恪守下一条准则：均衡性。

均衡性

——在长远与当下、国际与国内、合作与对抗之间保持动态平衡

均衡作为一条行为准则，体现了战略的本质规定性，对大国策具有统领作用。其要义是，沿着动态平衡的方向思考问题并采取行动。大国崛起面临的平衡千千万万，但带有全局性的只有三个，即：在长远与当下、国际与国内、合作与对抗之间保持动态平衡。动态与静态相对，微妙之处全在于动态，而对动态的精准刻画莫过于孙子的奇正相生思想。孙子曰："凡战者，以正合，以奇胜。"只有奇，无异于游击队；只有正，那是一支刻板的军队。纯粹的奇或纯粹的正，皆非孙子说的"善战者"。但动态的要害不在于此，"奇正相生，如循环之无端，孰能穷之哉"，这才是孙子要的奇与正的动态平衡。

在大转折时代，一切大国对抗都异变为结构对抗——建立在提前布局基础之上的对抗，不仅为了当下利益，更重要的是为了长远利益；而与其说是长远利益，还不如说是潜在利益。很多至远利益

不是常人能看见的，就是因为它们潜得至深。长远利益不是虚无缥缈的，它通过基于合理布局形成的有利态势产生结构力来实现，其最终目标当然就是在战略决战中一举击败对手。大国间结构力的这种较量，迫使人们把长远利益置于当下利益之上，就如同16世纪时要求西班牙把国家利益置于宗教利益之上一样，如果做不到，就会大难临头。① 或敌或友的定位，理当服从于国家长远利益的需求，绝不能只满足于当下的一点蝇头小利。这是大国兴衰中的重大问题，无论是新兴大国还是守成大国，假如在战略对手的定位上出了偏差，将万劫不复。

平衡大国关系，形成稳定结构，这是均势的基石。但仅有均势是不够的，以为奉行均势外交就可以破解所谓"世界老二"难题，其实是个误区。我们这里所说的均衡性，是融系统概念、稳定结构和制约机制于一体的集合体。它要求把整个世界看成一个大系统，在这样的视野下看待国际国内关系，通过争取有利的国际环境发展自己，又以自身的发展，推动世界秩序朝有利于己方的方向演变。大国崛起的"三段论"，为统筹国内国际两个大局开辟了一个新的维度，即从崛起进程思考国家战略的走向，对国际国内的互动关系和大势走向作出判断。在保持地区内、地区间、大国间、全球力量平衡的同时，通过构建多国、多极、多圈的战略制约机制，形成结构制约力，维持动态平衡。毛泽东"外线作战"思想的精彩之处，

① 西班牙帝国的衰落，与国王查理五世和菲利普二世的眼界落后于时代有关。他们对国教天主教以外的宗教教派实行残酷镇压，包括驱逐从事工商业活动的摩尔人，使西班牙本土的工商业雪上加霜。宗教迫害毁灭了西班牙这个国家的创造力，西班牙帝国沦为死气沉沉、贪图享乐的国家。参见刘景华主编：《大国衰落之鉴》，人民出版社2007年版，第256页。

就是绕到你包围我的包围圈之外采取行动，周边、非洲、拉丁美洲如波浪一样层层展开，在你的战略包围圈之外，形成更大的大战略包围圈。魔高一尺，道高一丈。这种大结构安全观，让后人受益匪浅。

合作与对抗的均衡，不仅仅是摆脱战争与和平、对抗与合作的二元对立，而是它们的融合体——既对抗也对话，既对话也对抗；既对抗也合作，既合作也对抗；既要和平也不能忘记战争，既要战争也不能放弃和平努力。如果把"和平与发展为主题"当作挡箭牌，为自己放弃与帝国主义的斗争找借口，只能是丧失机遇和利益，并给后人留下更多难题。美国在叙利亚问题上稍稍迟疑，IS 组织问题、乌克兰问题、朝核问题就随之而来、接踵而至。正像人们为掩饰一个错误通常会再犯十个错误一样，回避了一个难题，也常常会给自己带来十个难题。在这里，我只想告诉人们，合作与对抗是大国崛起的两翼，失去任何一翼都飞不远。大转折时代对抗方式与方法的异变，并不意味着对抗的消失。回避或放弃对抗的结果只有一个，那就是酿成更大的对抗。

当然，均衡性准则强调在全局上保持平衡，并不排除局部的非对称安排或非均衡行动。这是因为，在均衡性看来，对称与非对称本身就是一对均衡关系。就像正与偏的平衡一样，战史上既可以找到从侧翼突破、以偏取胜的战例，也完全可以找到从中路突破、以正取胜的战例。对正与偏的选择以及偏到什么程度，完全取决于战场态势的需要。如果非要说这里存在什么上帝暗示的黄金分割点，难免有故弄玄虚之嫌。大国崛起关系到一个民族的命运兴衰抑或生死存亡，不是玩一把雕虫小技就能糊弄的。艺术包装除了提供视听享受之外，很容易让人一不小心就误入歧途。

长远与当下相比，人们更容易纠结于当下利益的得与失，正所谓好汉不吃眼前亏。国际与国内两个大局中，政治家们更关注国内也情有可原，没有"小家"，哪有"大家"？对于合作与对抗的选择，合作无疑更抓眼球，家和万事兴的古训路人皆知。可现实总是不尽如人意，天下多少事，人们不得不权衡取舍，更何况大国崛起这样漫长而复杂的历史过程。而要立起一把界尺，让利弊权衡有据可依，必须恪守下一条准则：长周期。

长周期

——超越个人生命和事件周期、覆盖大国崛起整个进程的
大尺度时空观

截取的时间长短不同，考察同一事物得出的结论可能会截然不同。长周期的时间跨度，将超越经济震荡、政权更替、战争起止等具体事件的周期，超越政治家的执政周期，甚至超越所有个人的生命周期。这是一种横跨大国崛起三个阶段的大时空观。这种大时空观，不仅在于时间上的大跨度，而且在于空间上的大框架。在大时空观看来，地球上的事情只是很小的一部分。渴望崛起的民族，还得自觉地把有形的与无形的、看得见的与看不见的、自然的与技术的空间，一句话，把整个宇宙统统纳入自己的视野。只有站在时空之巅，俯瞰人世间的万事万物，才能看得至清、至远、至深，才有可能在"大平衡"面前始终保持大清醒。

作为一个政治家或战略家，他当然无法知道自己的身后事，但凭直觉能预见到世界大势的盛衰走向，为后人留下一盘没有下完但

又让对手无法破解的诡异残局。当年，英国人在印巴次大陆留下的克什米尔争端、美国人在东北亚留下的朝鲜半岛南北分割、苏联在黑海留下的克里米亚半岛归属悬案等等，面对诸如此类预埋的结构，后人如果稍稍有那么一点进取心，就可以轻松地获得红利。而这，正是大时空观的应有之义。

长周期还是一种参照系，反映了在大尺度时空层面把握事物发展的能力，让那些急功近利的人相形见绌、形秽自愧、无处逃遁。黄仁宇的大历史观强调，道德非万能，不能代替技术，尤其不可代替法律，但不是说道德可以全部不要，只是道德的观点应当远大。这是因为，技术的发展是连贯的，可以穿越时空隧道而传承下来。[①]不过，大时空观不同。如果说大历史观是往后看的话，那么，大时空观则是向前看。第二次世界大战结束时，作为战胜国，苏联从纳粹德国搬走了 V-1、V-2 火箭，而美国人带走的是设计、制造这些火箭的科学家。近半个世纪之后，在拖垮苏联过程中发挥了关键作用、至今仍让他国核威慑大打折扣的"星球大战"计划及其导弹防御系统，正是出自这些科学家之手；而 V-1、V-2 却变成一堆破铜烂铁，在战场上早已不见了踪影。从这个意义上说，美国对大尺度时空的把握能力远胜于当年的苏联。

大国的更替运动相当缓慢，其周期动辄上百年。世界格局会因为一个大国的兴衰而剧变，但世界秩序的改变则要慢得多。谁敢说，当今世界秩序与 300 多年前签署的威斯特伐利亚和约无关？

---

① 黄仁宇认为，中国从商周到中华人民共和国已有 3000 多年，但在人类历史上，仍不过是长弧线上的一个小段落。我们认定的真理，也是在这小范围由切身直觉而成。下一代的人将证实我们的发现，也可能检讨我们的错误，就等于我们看到前一代的错误一样。

千万别为眼前的一点点成功而窃喜，它们在长周期面前不值一提。没有放眼长远、久久为功的那股劲儿，不懂得谋长久之策、行固本之举，大国梦就不可能实现。大国子民要做的就是，跳出具体事件的干扰，不让当下蒙住你的眼睛。

"斯芬克斯之谜"之所以难以破解，缘于人性的局限。诱惑与恐惧让理智尽失，人们被眼前的景象迷惑。冷战是典型的低烈度、长周期对抗，后期甚至让人感觉不到双方在对抗，更像一对彼此"关爱"的难兄难弟。假如没有一双长周期的眼睛，就难以看透这一奇特现象的本质。其实，像老布什这样幸运的政治家实在不多，因为他的前 N 任美国总统自第二次世界大战结束前就开始嵌入结构，与苏联展开漫长的结构战，开启凯旋门的金钥匙一路传递，而他只是打开这扇门的最后那个人。在大国战略的指引下，让分布在不同时代、不同领域的预埋结构要素，最终汇聚在战略决战的那一刻，围绕博弈目标，展开此起彼伏、配合默契的结构力较量，以达成隐蔽性、致命性和不可挽回性。一次全系统、全方位的战略决战，人们从中看到的可能只是一个短暂的突发事件，却足以决定一场旷日持久的大国博弈的最后命运。这里所说的"那一刻"，不是几点几分几秒，而是指经过漫长结构准备、逐步建立优势之后迎来的击败对手的"最后时刻"，即诱发点。从这个意义上说，结构战是一场名副其实的、大跨度时间空间的战略决战。他山之石，可以攻玉。这种长周期的战略决战，也许可以为解决当今大国的结构性矛盾提供借鉴，前提当然是新兴大国积攒足够多可用的战略手段。

在大国崛起的长周期面前，个人的生命微不足道，就如同历史长河中的一朵小小浪花，转眼间就会消弭在滚滚向前的惊涛骇浪之中。如果想不迷失自我和方向，就必须恪守下一条准则：目标至上。

目标至上

——一切都指向大国崛起的终极目标，且目不转睛、代代相传

把大国崛起作为民族振兴的最高目标，就像一面插在高山之巅的旗帜，让世世代代仰望它，不管道路多么曲折、遇到何等千难万险，都朝那个方向前行，百折不挠。最高目标既是一个方向、一种理想，甚至是一个梦想，激励全民族子孙万代，为之自豪、为之奋斗、为之牺牲；同时，也是一条底线、一个法式和一面镜子，用它来测度今天的所作所为。尽管它也会像北极星那样，随着时空运转而改变自己的方位，但始终照耀夜空，为那些有梦想的民族指明方向，而且亘古不变。

对最高目标的坚守，离不开整个民族持之以恒的战略定力。在信息时代，当接踵而至的爆炸性新闻像不断冲击人类心灵堤岸的浪涌，使人们都来不及记住它们，就被淹没在世界大事新的巨浪之下时，以一个海市蜃楼般的远景构想，就想让一个民族世世代代保持定力实属不易。人们经常可以看到的是，当下与长远割断，口号与行动背离，眼下做的很多事其实与最高目标毫不相干。也许，这正是很多新兴大国尽管目标看似不曾改变，但面对行动选择时不知不觉偏离初始方向，崛起大业最终夭折的原因之所在。摆脱这一困境的唯一办法，恐怕不仅要让国家利益轴线时刻对准大国崛起的目标，而且必须打通从目标到行动的通道，把全民族

的力量聚集在这面旗帜之下。或许，政策将围绕这一轴线上下摆动，但必须确保有利态势进入正反馈，而不是衰减震荡。从这个意义上讲，新兴国家不仅要推进治理体系和治理能力现代化，建立与崛起目标和进程相适应的经济、政治、军事、文化、生态体系；而且在制度建设上，要从防风险、防腐败上升到防虚弱、防衰退，在塑造胜势阶段之前，对允许政治家尝试国家利益最大化作出制度安排。

最高目标指引下的战略行动，分布在不同领域，横跨不同时代，甚至由不同政治家和行动者完成，行动样式、行动主体、行动方式极其丰富多彩。面对如此浩繁复杂的系统工程，向崛起聚焦、汇集正能量，可不是一件简单的事。以为喊喊口号、摆摆样子，搞几个"形象工程"就想奏效，那绝无可能。这是因为，在长周期里，人们常常会迷失方向，即使大目标不丢，小目标也会丢，大行动对焦，小行动却会脱靶，但这不是最可怕的。最可怕的是身陷此山中，不能跳出当下看当下，不知道自己在干什么，大目标、大行动都失去了准度。如果把最高目标抛在脑后，混淆了当下行动与最高目标之间的关系，各代人各干各的，也就在所难免了。这种要素式的零散行动，无法形成行动体系和体系行动，其结局只能是大国梦成了黄粱美梦。

显然，对于跨越几代、几十代人的长周期而言，有了目标并不等于一定可以到达目的地。尤其在当下与长远、局部与全局发生冲突时，需要有一个统领全局且清晰可辨的判据，让人们迷途知返，快速找到根本利益的历史方位，即便牺牲眼前的局部利益也在所不惜。而要做到这一点，必须恪守下一条准则：结构力最大化。

结构力最大化

——追求基于要素时空分布结构最优的磅礴力量，
其最高境界是"胜于无形"

大国崛起的成功，从来不靠一两个要素或事件赢得。相反，它靠的是由千万个要素和事件按照一定结构布局产生的结构力。追求结构力最大化，意味着对要素的整合与超越，意味着从目标到行动的一整套安排。光有远大目标不行，还得有把目标变成结构的构想；光有构想也不行，还得把构想变成行动的路线图。当然，有了路线图并不意味着万事大吉，还需要将路线图变成一个个具体的行动链。这对政治家的要求几近苛刻，他们中的很多人穷尽毕生精力也未曾做到，因为要完成这种跨越几代、几十代人的大布局，没有战略远见、超常胆魄和伟大胸怀断无可能。

孙子"胜于无形"的思想，让历代军事家着迷不已。其实，从系统科学的角度看，用结构力去阐释其制胜机理恰如其分。人类战争史上，一切经典战例之所以成为超乎寻常的经典，就是因为结构力暗藏其中。君士坦丁堡的城墙被穆罕默德洞开、滑铁卢战役中威灵顿公爵起死回生，以及美军在伊拉克战场上摧枯拉朽，胜利，对于胜利者而言，好像得来全不费工夫，正如孙子所言："故善战之战，无奇胜，无智名，无勇功。"一场旷日持久的战争，胜败就在弹指一挥间，胜亦无形，败亦无形。

必须指出，结构力最大化是从长周期、大时空角度看事物的。眼前的最大并不代表长远的最大，局部的最大并不表示全局的最大。我们强调布局结构的合理性，主要指从全局看结构最佳。即便你干得再多、布局再广，但如果是分散的，没有形成体系，或者形成了体系，可体系结构不合理，还是不可能实现结构力最大化。而要做到这一点，方法是从思想到行动进行全程设计。孙子"胜于易胜"的最佳答案，亦当属结构力最大化。

对结构力的至深理解，东方人拥有优势，因为形象思维与系统思维有不解之缘。毛泽东揭示的"星星之火，可以燎原"，结构力当为主因；"农村包围城市，最后夺取城市"，结构力也功不可没。结构力强调的是力量源泉，依靠系统发力，而不是以要素发力；结构主导，而不是要素主导。眼睛盯着体系，着眼全局，打桩占点，嵌入楔子，预埋伏笔。相对于大国崛起的最后成功而言，前面多少代人皆为铺垫。他们打基础、埋结构、造胜势，尽管千辛万苦，但默默无闻。如果从大国兴衰的角度看，"担当"一词的要义不在于承担某个事件的责任，而是承担民族复兴整个历史画卷的分量。每一个政治家在踏入政坛之前，就得想明白这个问题，甘愿默默奉献，从不为一丁点儿成功而沾沾自喜。不仅如此，还必须懂得只有让结构力最大化，才能为大国崛起留下浓墨重彩一笔的道理。

不过，把结构力最大化这样一个科学术语作为大国崛起的准则，目的只有一个，那就是让人们摆脱对现实力量的依赖，变有形的要素驱动为无形的结构驱动，在一个新的起点上把握大国博弈的真谛。尤其对于那些没有理工科背景的政治家而言，理解基于结构与基于要素的差异，审慎看待结构布局的价值，深谙以合理结构去实现结构力最大化的政治艺术，可谓四两拨千斤。这是因为，大国碰撞凭实力说话，但结构力的较量跳出了"自然崛起论"的线性思维模式。它既有要素也有结构，既有动能又有势能，形成全时空战略合围态势，其力量之巨非个别要素所能左右。基于结构力驱动的航船，气势磅礴，乘风破浪，挡也挡不住。新兴大国借到了这一撬动地球的支点，守成大国即便想遏制和围堵，也将无济于事，无异于蚍蜉挡车粉身碎骨。从结构力看大国博弈，如同站在高山之巅观海潮，云卷云舒、潮起潮落尽收眼底。

结构力看似很抽象、不可言，但又很实在、很有力，且无处不在、无刻不在。拥有胜势的一方，占尽天时、地利、人和，万事俱备，只欠东风，就待战略决战的到来。不过，大作为需要大格局。为了防止惹人注目，避免大国崛起的事业中途夭折，必须恪守下一条准则：行动力。

行动力

——做十说一甚至只做不说，千万别让全世界的矛头指向你

尽管现如今人们开口闭口大国，甚至奢谈崛起口若悬河，但大国崛起并不容易。从"中等收入陷阱"到"发达国家陷阱"再到"世界老二陷阱""修昔底德陷阱"，守成大国精心埋下了一连串地雷在那里等着你踩，这也是很多新兴大国中途夭折的原因之一。不单单是当今的美国，但凡历史上的世界霸主几乎都是这么干的，以至于数千年来真正的世界性大国屈指可数。

大国崛起与大国衰落其实是按照两条线各自运动、分别展开的，只有当它们在同一个时空相交时，才会产生结构性矛盾和冲突。然而，大国兴衰的史实却是，大国间戒心重重、纷争不断，其中多半属于战略误判所致，而并非结构性矛盾使然。假如把这种"意外"冲突的责任完全归咎于守成大国也不尽公平，因为守成大

国面对一群正在兴起的大国，锁定谁为对手，多半与新兴大国的做派脱不了干系。尽管导致新兴大国崛起进程中断的原因千差万别，但能否恪守行动力准则不能不说是一个重要考量。

何为行动力？行动力就是把战略构想和计划在无声中付诸行动的执行力。也许最能说明这一点的，莫过于美国 DARPA 的"五代递进制"，即构思一代、验证一代、研发一代、使用一代、淘汰一代。以美国空军的武器装备为例，目前在淘汰二代机，使用三代机、四代机，研发五代机、全球快速打击系统和非动能武器，验证六代机、空天轨道飞行器，构思颠覆性作战体系，比如基于空中网络的有人与无人"战斗云"。美国人真正拿出来说和卖的只是使用中的这一代，如 F-16、F-35 战斗机等等。美军这一发展链条的设计本身，就隐含了行动力准则。当把一个东西用嘴说的时候，他们一定是手里捏一个，兜里藏一个，脑袋里还装一个。对于新兴大国而言最怕的是，假如人家做十说一，甚至只做不说，而你做一说十，甚至做一说十二，有点新玩意儿，生怕别人不知道，整天咋咋呼呼；或稍有实力积累就以世界老大自居，做事不惜代价、不计成本，美其名曰"大国气派"；或大国竞争原本是暗流涌动、暗中使劲，你却大张旗鼓、口若悬河，恨不得把家底儿都拿出来吹，让全世界的目光都盯着你。过早地露富露强，只能招来守成大国的警惕和锁定，等待你的除了遏制就是围堵，你就死定了。

也许，有人对此不以为然，以为炫成就、秀肌肉可以提升民族自信心、激发民族自豪感、鼓舞民族精气神，没什么不好的。误区就在这里。你的目标是什么？如果你只想做二流、三流国家，那你尽情吹好了，世界上没有人关注你，守成大国更不会在意你。问题是你不想，你的目标是实现大国崛起，进入世界一流

305

大国行列，甚至争当"世界第一"，这对说与做"比例"的要求截然不同。一个懂得低调的民族，才是真正有自信的民族。拿仅有的一点儿家底吹牛说大话，追求"奢华外交"，花钱大手大脚，那是败家子作风，与民族自信心半毛钱的关系都没有。如此做派与其说是给国家"挣面子"，还不如说是给虚荣心贴上"民族自信心"的标签，充其量只能忽悠一时。这是因为，没有实力和先手依托的所谓自信，不过是皇帝的新衣，根本经受不住大国间惨烈的博弈。

新兴大国在国际舞台上越活跃，就越容易遭到守成大国的战略误判，甚至将错就错、顺水推舟，来一个"捧杀"。没有潜在力量支撑的活力，或许可以博得一时喝彩，但只能是昙花一现，因为"捧杀"在大国博弈中屡试不爽。19世纪末，人们对英国维多利亚女王的颂扬无以复加；到了20世纪80年代，戈尔巴乔夫也被他的对手和朋友们狂赞过。可是，赞美声在一夜间烟消云散后，就沦为货真价实的舆论战，留下骂声和叹息声一片。甜言蜜语让人陶醉、失去警觉，失去戒备意味着大难临头。许多新兴大国一开始打拼时都小心翼翼，如履薄冰、如临深渊，但时间一长，在虚荣心的驱使下渐渐忘记了初心，结果被守成大国盯上，引来全线围堵与反击，结果只能是与大国崛起擦肩而过。

殊不知，新兴大国在擘画崛起蓝图的同时，必须拥有卧薪尝胆的意志，多多准备几支"杀手锏"，才有可能在守成大国的一路"追杀"中活下来。最大限度地"隐蔽自己，放松敌人"，就是最有效的"保存自己，消灭敌人"。放低身段，夹着尾巴做人，准备几代人跪着睡、几代政治家默默无闻，千秋功罪让后人评说。也许，这才是大国崛起应有的状态吧，相信一切成功崛起的大国都走过这样的路。判断一个执政者德行的标准无须太多，只要看看他说与做的摆位便一目了然，因为这是一个是否以造福子孙万代为从政宗旨和价值追求的镜像。

在大国兴衰史上，崛起从未有过按老套路出牌而大功告成的，这或许就是鲜有"复兴"先例的原因。看看吧，伊朗、意大利、土耳其、英国，这些当年波斯帝国、罗马帝国、奥斯曼帝国、大英帝国的故乡，如今要在新的世界格局下"复兴"，谈何容易！大国博弈是在全世界眼皮子底下公开表演的活话剧，伴随着大国兴衰的喜怒哀乐，一个民族特有的文化性格、战略传统、思维特质和价值取向，一招一式都在世人面前展露无遗且淋漓尽致。没有哪个想赢得下一场博弈的大国会毫无防范，甘愿在同一条阴沟里翻船。尽管天旋地转、世事沧桑，你的过去也许自己已经忘记，但你的对手不会也不能忘记。假如你穿新鞋走老路就想"复兴"，连门儿都没有。"日日新，苟日新，又日新。"唯有多做新事、少讲旧事，才有胜算。行动力准则指向虚怀若谷的审美取向，以低调行事、处变不惊为民族性格修炼的境界，视厚重、创新和藏锋为民族自信心的基石，并形成心照不宣的社会共识和定力。

从上述角度看，但凡追求崛起的民族，大致有三种故事可讲：一是卧薪尝胆、以屈求伸，二是以迂为直、出其不意，三是以静制动、后发制人。那么，豪言壮语是不是永远不能说？那也不是。大国自有说话时，关键要看什么时候说、说什么、说到什么程度；而关键的关键在于，你扬眉吐气地说话的时候应当扪心自问，手里还捏有几个？若要准确拿捏分寸，必须恪守下一条准则：不越位。

不越位

——在不同阶段干不同的事，不得超前和滞后于崛起进程

新兴大国如果对崛起进程的判断出现偏差，通常是致命的。不越位，就是准确把握大国崛起的阶段性特征，正确判断拐点、临界点和诱发点，既不超前，也不滞后，确保在不同阶段干不同的事。"过犹不及"，但与滞后相比，超越阶段的危害性更大。滞后可能丧失机遇，失去利益，拖后并延缓崛起进程，但超前则会提前暴露自己，力量上不占优势，面临将是"先败"的战略决战，有亡国的危险。

为什么在大国崛起进程的设计上，要在结构预埋与战略决战之间嵌入一个塑造胜势阶段？或者说，为什么新兴大国必须经历塑造胜势之后，才能进入战略决战？这是因为，大国崛起是一项千秋伟业，而且是一个高风险事业，容不得任何闪失。一旦在崛起进程的阶段性特征把握上出现失误而过早启动战略决战，就无异于鸡蛋碰石头，必将粉身碎骨，死无葬身之地。插入塑造胜势阶段后，不但为准确判断时代特征、充分准备好自己提供必要的时间，而且能够以静制动，等待对手出错，寻找和创造不战而胜的良机。可见，塑造胜势堪称纠错环节，是结构战专门为大国崛起设计的纠错机制，为的就是避免一招不慎、满盘皆输的悲剧发生。塑造胜势的主要使命，可以归结为把前期预埋的结构转化为有利态势，具体任务有三项：其一，把点连成线进而连成面，把不同的点、线、面，塑造成以三角为支撑的、稳定的立体结构，即三角形锥体；其二，进行结构微调与完善，根据时代发展对原有结构加以修正，弥补预见性

不足导致的结构性缺陷；其三，赋予原有结构以新内涵、新价值，通过造势、任势，催生拐点的到来，为战略决战完成结构优势的积累。

从严格意义上说，战略决战有两种基本情形：一种为新兴大国挑战守成大国，雅典与斯巴达、罗马与波斯、奥斯曼与波斯，都属于此种类型；另一种为实力相当的两个大国或大国联盟争夺地区或世界主导权，英国与法国、美国与苏联，就属于这一类。战略决战一定发生在完成结构预埋、塑造胜势两个阶段后的两个强国或国家集团之间，并且，它们的实力达到全球或地区数一数二的水平，抑或干脆实力相当。

大争之世，一切皆在变化之中，可以先下手为强。关键是找到大国之间、结构之间和格局之间的权力真空，发现尚未被守成大国攫取的一切剩余价值，毫不客气地采取行动。而对行动方式、时机与价值的把握，考验着每一代政治家的智慧和意志。即便如此，也不能盲目行动，绝不可跨阶段冒进。于是，新兴大国必须建立常态化战略态势评估机制，准确判断世界大势，准确判断崛起进程，准确判断对手态势的变化，切莫误把杏花当桃花。20世纪80年代，在日本经济腾飞之前，美国哈佛大学的日本问题研究专家埃兹拉·沃格尔教授写了一本书叫《日本第一》，引起轰动，却遭到日本民众的强烈抵触。日本人的理由很简单：如果把日本摆到世界第一的位置，那么，全世界的矛头都会指向日本。或许，今天日本经济在全球的位置已经告诉人们，当年日本人的担忧绝非空穴来风、无病呻吟。其实，他人"捧杀"并不是最可怕的，因为假如你有这个实力，即便所有矛头都指向你，指了也就指了，能奈你几何？毛病在于，明明没有"实力"这个金刚钻儿，却非要揽那个"世界第一"的瓷器活儿，"自我捧杀"的结局可就没那么好看：小国因为高山仰止而羡慕，其他新兴大国因为追赶不上而嫉妒，而守成大国因为恐惧被挑落龙椅而生恨。结果，全世界的羡慕嫉妒恨都冲你来了，政治围堵、经济遏制、科技封锁、舆论妖魔化等等等等。你就别想从守成大国控制的世界得到一颗螺钉、螺帽了。

大国崛起是一项踽踽独行的事业。大国兴衰史表明，任何大国领袖无论在台上多么光鲜和耀眼，他执政时干的每一件大事，都得经受后人和历史近乎苛刻的检验，看他对国运走向和胜势塑造的贡献究竟是正还是负，而在其巅峰时刻就盖棺定论未免为时过早。一个政治家如果急功近利，过于在乎个人的政治遗产和名声，甚至为了一点儿可怜的虚荣，借由头误导民众情绪并操纵国家机器，把自己的民族提前摆到与对手进行战略决战的位置，必将成为千古罪人。大国博弈史上，此类案例屡见不鲜。

其实，大国崛起"三阶段论"反映了事物发展的基本规律，适用于任何矛盾运动过程，具有一般性。何以干得正当其时、不前不后；而且，意志坚如磐石，不为任何诱惑所动？要达到这种境界，必须恪守下一条准则：善于守穷。

善于守穷

——让对手忽视你的存在，直到"临死"前那一刻才回过味儿来

穷有两个维度：一曰穷尽，即山穷水尽；二曰贫穷，就是穷困潦倒。在物欲横流、信息泛滥的"浅薄"时代，人们谈"穷"色变。然而，这么一个不招人待见的字儿，却博得了我们老祖宗的青

睐。① 穷则思变，变则通久。从某种意义上说，穷是一种思维方式。善于守穷的民族，崛起那是迟早的事。

守穷是一种境界，只有达到那种境界，才会有那样的思维。如果说智力是对现实性、确定性、规律性的把握，那么，智慧就是对不确定性的把握、对现实性的不断否定、对智力永不停顿的超越。如是，智慧就与穷不期而遇。守穷意味着不断超越。人一旦停留在现实性的世界里，停歇了思想的呼吸，就不可能产生智慧。一个伟大的民族，一定是不断超越自己的民族；一个大国的崛起，一定是永不停顿地超越既得物的"穷"过程。假如一个人抱住已有的东西不放，意味着智慧之路到头了；一个民族不能扬弃传统文化，意味着发展之路到头了。东方有一句老话，叫作"富不过三代"，西方的俾斯麦却说："培养一个贵族需要三代人。"尽管这两句话，一个由富而衰，另一个由弱而强，却有异曲同工之妙，因为它们都与"穷"有关。如果不再居敬穷理，不再穷源溯流，不再锲而不舍，那就意味着失去了原始创新能力，衰微即从此开始。一人一家一国无不如此，古今中外概莫能外。

守穷不是刻意自苦，也不是甘愿贫穷落后，而是拥有淡泊名利的心态，宁穷自己、富足后人的价值追求，是人性的修炼。守穷意味着安静。什么是安静？安静就是退到不能再退，退无可退。于是乎，守穷常常与孤独在一起。独上高楼，望断天涯路，可谓穷。你全然明白，在前行的路上，可能形只影单、孤军奋战，没有鲜花和掌声，甚至荆棘丛生，充满风险，高处不胜寒。有了这样的路径选

---

① 《论语》《道德经》《孙子兵法》中有"穷"字十余处，对上述两层含义都有所涉及。参见董子峰：《守住穷的底线》，载《国参建言》2015 年第 8 期。

择和精神准备，你才能面对俗世，宠辱不惊，耐得住寂寞，守得住清贫，坐得住冷板凳，回归本我、发现大我。一个伟大的民族、一个持续辉煌的文明，一定是不仅有强的、动的向度，而且有弱的、静的向度。守穷则致远。弱鸟先飞、水滴石穿的弱与静，其后发制人的力量却锐不可当。

守穷的最高境界当属放弃，坚守有利态势，放弃失利位置、领域和地盘，而且每一次都是生死抉择。但凡一座山峰，都有上坡、巅峰、下坡。这是造物主向人类预示：任何事物都有发生、发展、灭亡的过程，大国兴衰也不例外。一个民族的荣辱盛衰，逃不出从贫弱到崛起再到衰微的沉浮变迁，没有谁可以在巅峰上居高不下。这与其说是客观规律决定的，还不如说是人性的局限使然。假如沉醉于已有的辉煌，坚守一个山头不放，必将从巅峰上跌落，而且跌得鼻青脸肿。守是守不住的，唯有在巅峰时刻主动放弃、转移战场，才有可能从一个巅峰来到一个更高的巅峰，在巅峰上多停留一会儿。这种主动"放弃"，犹如一部交响乐在高潮处戛然而止，让人怦然心跳、回味无穷。巅峰之间并非没有深谷鸿沟，而从一个巅峰顺利到达另一个巅峰，无疑要派出先遣队跋山涉水，抢占制高点，提前架起迎接大部队到来的天路，才会天堑变通途。这就是前面所说的结构预埋。

当把守穷放在大国兴衰的框架下考察时，它又是大国崛起须臾离不开的底线思维。底线就是退无可退的红线，守住底线就是守住穷的本色。眼下，有的人稍稍富有，就开始任性，忘记了祸福相依的道理，甚至大手大脚、口无遮拦；有的国稍稍富裕，就开始自以为是，甚至以世界老大自居，大国身份焦虑溢于言表。这样的人迟早会被自己打倒，这样的国只配做二流、三流国家，这是由思维模式决定的。任何一个民族或国家，假如丢掉艰苦奋斗、勤俭建国的作风，满足于现有的财富和舒适，甚至纸醉金迷、狂妄自大，离衰败就不远了。"其兴也勃焉，其亡也忽焉。"千百年来，大国不断产生又不断灭亡，英雄屡被英雄自己击倒，一幕幕可歌可泣的集体行动悲剧高潮迭起。走出悲剧的唯一路径，就是在第一时间文化自觉并采取行动。

细心的读者或许已惊奇地发现，作为大国崛起必须恪守的行为准则，转了一大圈又回到第一个准则——第一时间，回到了原点。上述八大准则头尾衔接、环环相扣、循环往复，指引着大国的登顶之路。这样看来，说"善于守穷"是统领全局的总则并不为过，因为只有恪守前面的所有准则，才有可能稍稍逼近"穷"的境界。

上述准则大都为新兴大国订立，但对于守成大国同样重要。从博弈角度看，窥得了对手的博弈策略，也就为赢得棋局备下了先手。不过，就像每个人手里都有一本《孙子兵法》，但未必每个战将都能赢得战争一样，知道了行为准则并不等于可以赢得大国博弈。对于大国崛起而言，准则不是万能的，但没有准则是万万不能的。恪守上述准则并不能包你崛起，但违反这些准则，你肯定与大国崛起无缘。更重要的是，问题不在于你恪守或违反了某一条或某几条准则，真正的要害在于，你是否懂得这些准则之间的逻辑递进关系——它们是一个息息相关、不可或缺的行动准则体系。只有理解并做到了这一点，握在你手中的这些准则，才能瞬间拼接成一个可以破解大国博弈所有迷宫铁锁的密钥，大国崛起的凯旋门才会向你徐徐洞开。

一切真理都是简单的。准则就这么简单，尽管它们的原理并不简单。

结论

看得见多远的过去，就能走向多远的未来。

——温斯顿·丘吉尔

一个漂浮不定的世界迫切需要全球的思想家——尤其是来自亚洲的思想家站出来。

——内森·加德尔斯

在欧盟、北约东扩顺风顺水之际，英国"脱欧"的举动震惊了世界，人们不免对欧盟的命运心存隐忧。或许，这是"欧洲之父"让·莫内生前不曾想到的。面对全球性问题的挑战，当"人类命运共同体"得到越来越多的民族国家认同时，美国作为全球化运动的主要推动者和最大受益者，却反身对全球化颇有微词。特朗普仅凭一个"美国人优先"的借口，就让美国退出 TPP、《巴黎协定》，并威胁将有更多"逆全球化"举措出台。[1] 出乎时任英国首相特雷莎·梅意料的是，本想借英国"脱欧"大势再捞一把政治资本，而推动提前进行议会选举，结果，搬起石头砸了自己的脚不说，接二连三的恐怖袭击也随之而来，一度让英国这个世界上最悠闲、最安静的国家变得人心惶惶。[2] 就在叙利亚政府军宣称成功收复多个被极端组织控制的重镇，并且已将力量推至叙利亚与伊拉克边界的当口，以沙特为首的中东四国突然宣布与卡塔尔断交，关闭陆、海、空通道。随后，又有多国加入断交行动，就连非洲岛国毛里求斯也义无反顾。[3] 同时，以色列、美国等国迅速在叙利亚展开军事行动，

---

① 特朗普曾多次表示，全球化让很多新兴国家搭了顺风车，造成贸易逆差，对美国未必有利。他称，美国将主导终结全球化；而且，但凡对美国不利的政策，他将毫不犹豫地废除之。特朗普上台后，迅速对美国内外政策作了重大调整。在对外方面，除了宣布美国退出 TPP 和《巴黎协定》、继续对古巴实行"禁运"之外，他还在北约峰会上直言成员国欠费问题，要求它们自己掏腰包。在内政方面，他终止了奥巴马的医改方案，并签署了外国人"旅行禁令"，收紧移民政策。2017 年 6 月 26 日，美国最高法院推翻原先判决，解除对特朗普"旅行禁令"的部分限制，允许对于"对美国没有善意的外国人"实行该禁令。特朗普随即表示："今天最高法院的裁决是国家安全的完胜。"从这些举动可以看出，特朗普的指向是，否定奥巴马政府的"政治遗产"，试图以此带领美国走出目前的困境，遏制"衰退"势头。至于能否如愿以偿，人们拭目以待。

② 2016 年 6 月 23 日，英国"脱欧"公投中，"脱欧"派以 51.9%对 48.1%的微弱优势胜出。特蕾莎·梅以为已稳操胜券，决定提前举行议会选举，以便继续扩大在议会中的领先优势，加快"脱欧"进程，并延长执政时间。但选举结果出人意料，保守党的席位不增反降，仅获得 318 席（原来为 331 席），未达到半数 326 席以上席位，失去了单独组阁的机会。与此同时，曼彻斯特、伦敦接连发生恐怖袭击事件，造成英国社会人心惶惶，也使特蕾莎·梅陷入内外交困的局面。尽管英国已于 2017 年 6 月 19 日在一片狐疑中正式启动"脱欧"谈判，并经过第六轮"脱欧"谈判，确定"脱欧"时间为格林尼治时间 2019 年 3 月 29 日 23 时，但全球化、欧盟、英国"脱欧"进程以及特蕾莎·梅本人的命运，依然充满变数。

③ 2017 年 6 月 5 日，巴林、沙特、阿联酋、埃及 4 国几乎在同时宣布与卡塔尔断交，理由是卡塔尔支持恐怖主义并破坏地区安全。随后，也门、利比亚、马尔代夫、

甚至伊朗也对叙利亚境内的极端组织目标发射地地导弹，美军则多次击落叙利亚、伊朗的战斗机和无人机。① 此时此刻，美俄一如既往地就进攻性武器、导弹防御系统、叙利亚内战、乌克兰危机、波罗的海军事存在以及俄"干预"美大选等问题，大打口水战、肌肉战和智力战。而刚刚入主青瓦台的文在寅面对前任留下的"萨德"系统，既要接受美国释放的"善意"，还要应对金正恩的隔空喊话，以及来自本国民众和邻国的抗议而心神不定……这就是当今的大转折时代！一个尽管身上贴满了全球化、信息化、多极化等耀眼标签，却被太平洋与大西洋两大地缘政治洋流暗地里夹击，备受此起彼伏的恐怖袭击、掠夺式黑客攻击、气候变暖等全球性问题困扰的时代；一个深陷"战略贫困"之中，几乎令包括政治家、战略家和

毛里求斯相继加入断交行列。沙特与卡塔尔的矛盾由来已久。在 2014 年召开的海湾阿拉伯国家合作委员会会议上，沙特就曾指责卡塔尔干涉其内政。尽管两国在中东许多问题上立场一致，但在争夺海湾地区影响力、海合会主导权和地区霸权等方面斗得很凶。更重要的是，在叙利亚内战中，沙特支持的支持阵线，与卡塔尔支持的穆斯林兄弟会势不两立；沙特与伊朗断交后，卡塔尔非但不跟进，反而改善与伊朗的关系。而这两件事都与叙利亚和中东地区局势有关，也与叙利亚危机背后的大国博弈有关。伴随着叙利亚战局以及地区局势的演变，围绕断交、制裁、复交等问题，双方以及背后的大国正在展开新一轮博弈。

① 在俄罗斯的军事介入下，叙利亚的内战态势发生逆转。在叙政府军优势逐步扩大的同时，大国博弈愈发白热化。2017 年 6 月以来，美国主导的打击 IS 组织国际联盟连续对叙利亚境内多处目标实施空袭，并先后击落叙利亚政府军无人机、苏-22 战斗轰炸机各 1 架。2017 年 6 月 18 日，伊朗伊斯兰革命卫队从本土向叙利亚东部的 IS 组织目标发射 6 枚中程地地导弹，理由是报复 IS 组织在德黑兰的恐怖袭击，但举动罕见。2017 年 6 月 20 日，美国主导的打击极端组织国际联盟在伊拉克与叙利亚边界击落"亲叙政府部队"的伊朗产无人机 1 架，俄罗斯副外长谢尔盖·雷亚布科夫则称美军的行动是"侵略行动"。2017 年 6 月 24 日，以色列对叙利亚境内目标进行空袭，尽管理由也是报复来自叙利亚方向的炮弹袭击，但此前以色列曾明确表示，对"开通从大马士革到德黑兰的战略通道"感到担忧。随着极端组织阵地的收缩，叙利亚内战或将进入收官阶段，但大国角力使叙利亚的紧张局势骤然升级。

占卜师在内所有人的预言都失准，充满不确定性的时代！

世界秩序重塑，深刻而残酷。经此熊熊烈焰的熔化与浇铸，源起于威斯特伐利亚和约、定型于雅尔塔协议的世界秩序及国家利益边界，正在被无情地改变。大国间结构冲突、结构布局、结构博弈的风起云涌，与对于生存要素、现实利益的赤裸裸争夺纠缠在一起，使今天的大国关系演变比以往任何时候都要诡异莫测。

一如早期世界秩序生成时必将经过铁与血的洗礼，在世界格局重构的大调整、大洗牌过程中，大国利益板块的激烈碰撞在所难免。能否跨越"中等收入陷阱""皮洛士陷阱"和"修昔底德陷阱"，依旧是决定新兴大国能否走完登顶之路的三道"死亡门槛"。只是，在核武器依然是悬在人类头顶上的达摩克利斯之剑的今天，跨越"修昔底德陷阱"的愿望和动力，不光来自新兴大国抑或弱小的民族国家；大国博弈也不会简单重复以往的对抗老路，就是把战争作为权利争夺的"最后上诉法庭"。这是因为，地缘政治、经济技术、军事布局、金融外交、文化渗透等等，任何一种不动声色的结构嵌入，都足以影响大国博弈的相对态势和最终结局。但对于此，新兴大国没有资格高枕无忧，也不能高枕无忧，正如马克斯·韦伯所言："和平不过是冲突性质的改变。"作为逻辑的必然，在大国们更愿意用合作代替对抗时，却无意间给所有合作注入了对抗的基因。在这种新型对抗中，大国们依然故我地算计、争斗和针锋相对，只是眼光更独到、手段更隐蔽，尽管多了一点微笑，下手却一样狠。不难想象，大国"和平崛起"之愿依然缥缈，人类"美美与共"之景仍旧遥远。即便客观而论，在特定时段或特定领域，大国合作共赢并非没有可能，不管是权宜之计还是真心诚意，但无法改变大国博弈优胜劣汰的终极结局。面对这种无奈，与其感叹大转折时代的云谲波诡，还不如笃定心志调动每个人的每个脑细胞，去思考如何赢得眼下这场博弈。

可以肯定，当今的大国博弈已远远超出政治、政治家、世界政治的范畴，倒更像是战略家、科学家、企业家甚至哲学家们的事，至于如何博弈，当然也就不再是政治家的专利。早在冷战将了未了之际，美国著名学者约翰·米尔斯海默就曾发出"为什么我们很快就会怀念冷战"的惊人论调。可冷战后的事实反复提醒人们，守成大国满世界寻找假想敌的冷战思维，并非是维持这颗星球稳定的灵丹妙药。于是，战略家们膜拜于多极化，指望从大国间的合纵连横中，找到对世界霸权的制衡力量。结果同样让人沮丧。尽管欧盟不断东扩、金砖国家风云际会、区域联盟日益膨胀、新兴大国如雨后春笋，但守成大国依然我行我素，大国冲突甚至愈演愈烈，以至于人们怀疑"冷战 2.0 版"的序幕已经拉开。实业家们又寄希望于新一轮科技革命，乞求借助智能化、万联网和分享经济，于再度提升"地球村"聚集度的同时，提高国家间的经济依存度，建立利益攸关的共同体。果不出所料，第四次产业革命如期而至，它带来的高度灵活、人性化、数字化的生产与服务模式，连同军事革命、媒体革命、阅读革命一起，快速地改变着世界。[①] 而令人遗憾的是，尽

---

① 发端于 21 世纪初的新一轮世界科技革命正蓄势待发。这是一次以纳米技术、生物技术、人工智能技术为支撑，以寻找"类人"为指归，最终实现工业化、信息化、智能化"三化归一"的"介观世界"科技革命。从 3D 打印、物联网、区块链、基因重组、量子计算等的发展情况看，尽管已出现颠覆现有格局、业态和人与世界关系的端倪，但仍然是初步的，离"三化归一"还甚为遥远。主要的困难在于，纳米技术作为"介观化革命"的核心技术，还没有取得实质性突破，成了制约"三化归一"的瓶颈，也使这场科技革命缺少一根导火索。参见董子峰：《信息化战争形态论》，解放军出版社 2004 年版，第 291—295 页。

管世事早已沧桑巨变，大国博弈却惨烈如故。唯一的区别是，惨烈程度以超越当年美苏两大阵营公开对抗的方式获得了升华。无须太多，只要看看海湾战争以来的高技术局部战争，看看西亚、北非的"颜色革命"，再看看乌克兰危机、叙利亚内战，以及发生在朝鲜半岛、伊朗高原和黄海、东海、台海、南海的恩恩怨怨，你定会感受到这种惨烈背后蕴含的信息量该有多大！

这就是大转折时代的大国博弈。或许，这只不过是冰山一角，但寒气逼人。当且仅当这冰山之角向我们迎面扑来时，每个人都应自我追问：我们该如何应对？假如说微笑、握手、掌声、鲜花都成了大国博弈的利器的话，那么，还有什么不可以充当对抗的道具？如果约瑟夫·奈、比尔·盖茨、伊戈尔·帕纳林、马云都已被卷入大国博弈的旋涡，那么，还有谁能够独善其身？时代留给博弈中大国的最大困惑，莫过于此。伴随着征服性对抗让位于非对抗征服、对抗性征服让位于非征服对抗，对抗与合作、敌人与朋友、战争与和平的二元对立也被彻底打破，一切都变得扑朔迷离、不知所向。除非我们找到一条路径：它可以跨越大国博弈的全部陷阱，如果这些陷阱被布设在通往大国崛起必由之路上的话；它不仅承接过去、现在和将来所有仁人志士的强国梦想，而且还承载所有政治家、战略家、军事家、科学家和企业家踏地留印的铿锵脚步。最后也是最重要的，就是它与大国兴衰之道相暗合，超越一切仁义与诡诈、王道与霸道之争，断不会被浮云遮蔽望眼而迷失自我。

如是，结构战便是这样一条路。

后记

时下，大国崛起作为一个热词，备受关注。虽然有关大国兴衰、"和平崛起"的探讨有声有色，但多半会"向后看"，在历史回顾或评价上大费笔墨。即便像保罗·肯尼迪这样的人物，因为他的《大国的兴衰》在世界历史数据的海洋中徜徉了一番，也免不了被扣上一顶"经济决定论"的帽子。

在世界秩序重塑的年代，大国们纷纷以不同寻常的博弈方式与方法粉墨登场。面对地缘政治复古、民粹主义抬头、恐怖袭击蔓延，以及英国"脱欧"、叙利亚内战、乌克兰危机和美国"逆全球化"操作等怪相丛生的世界，西方传统的经典理论、工具和方法无不捉襟见肘，落入难以自圆其说的尴尬境地，人们对世界大势的走向不免惊慌失措。时代大转折，呼唤对大国政治的新认识、新概括和新框架。本书只是一个尝试：揭示基于结构优势的大国博弈新原理，构建把握大国兴衰规律和进程的新的坐标系，并为"和平崛起"提供一套战略构想和行动方案。众所周知，尽管人们希望"和平崛起"，但树欲静而风不止。千百年来，大国的较量跌宕起伏，从未停息。更耐人寻味的是，对大国兴衰之道的探索，仁者见仁，智者见智，从无定见，没有谁敢说自己找到了"兴衰的秘密"。如是，要"向前看"，谈何容易！

这本小册子的写作，前后持续近 10 年。尽管作者在学术性与可读性的结合上竭尽全力，但细心的读者仍会发现书中的文字艰涩，甚至漏洞百出。思想一旦落在纸上也就意味着落后，在数字化时代更是如此。不过，假如这些冰冷的文字能够激起几朵有温度的思想浪花，一切付出又都是值得的。

致敬国务院参事室原主任陈进玉、国防部新闻局局长吴谦、中国人民解放军国防大学研究员郭高民、人民出版社有关同志，他们的职业精神和鼎力相助，令人没齿难忘。

书中如有谬误，敬请读者指正。

董子峰
2018 年 1 月于北京